CAMBRIDGE

创造财富
和尊重人权的
企业责任

CORPORATE RESPONSIBILITY FOR WEALTH CREATION AND HUMAN RIGHTS

［瑞士］乔治·恩德勒　著
（Georges Enderle）

张　伟　郑学易　译
董一帆　郑童心

社会科学文献出版社
SOCIAL SCIENCES ACADEMIC PRESS (CHINA)

This is a simplified Chinese translation of the following title published by Cambridge University Press:
Corporate Responsibility for Wealth Creation and Human Rights
ISBN 9781108823364 (paperback)
©Georges Enderle 2021
This simplified Chinese translation for the People's Republic of China (excluding Hong Kong, Macau and Taiwan) is published by arrangement with the Press Syndicate of the University of Cambridge, Cambridge, United Kingdom.

©Social Sciences Academic Press (China) 2023
This simplified Chinese translation is authorized for sale in the People's Republic of China (excluding Hong Kong, Macau and Taiwan) only. Unauthorised export of this simplified Chinese translation is a violation of the Copyright Act. No part of this publication may be reproduced or distributed by any means, or stored in a database or retrieval system, without the prior written permission of Cambridge University Press and Social Sciences Academic Press (China).

Copies of this book sold without a Cambridge University Press sticker on the cover are unauthorized and illegal.
本书封面贴有 Cambridge University Press 防伪标签，无标签者不得销售。

多年来，学者们一直试图解开商业利润与人类价值之间的棘手难题。在这本堪称卓越的书中，乔治·恩德勒挥舞一把利斧，以人权和创造财富为平衡，从而斩断了这个结。他对"创造财富"的巧妙解释是本书引人注目的成就之一。其他学者也曾尝试过将创造财富与价值相结合，但无人能触及恩德勒的复杂程度。

——托马斯·唐纳森（Thomas Donaldson），宾夕法尼亚大学沃顿商学院马克·温克尔曼讲习教授（The Mark O. Winkelman Endowed Professor）

恩德勒要求工商企业在全面创造财富的同时，将尊重和救济人权置于企业责任的核心地位。通过对财富定义的扩展，恩德勒将经济资本之外的自然资本、人力资本和社会资本纳入其中，细致地解释了企业责任如何通过生产私人和公共产品而进一步促进公共利益。这本书提出了一个全面、细致入微、偶尔令人惊讶，以及在文末出现的令人信服的分析，即公司的目的不仅仅是满足股东和利益相关者的需求。我谨将此书推荐给在这个人类生存正遭受威胁的多元化、全球联系紧密的世界上，探寻全面理解企业责任的人们。商业领袖、学生和学者将在本书中发掘到宝贵的智慧。这本书不仅为那些心怀好奇者提供了思想食粮，而且给那些渴望为现在和未来的几代人创造一个公正和可持续发展的世界的商业领袖们提供了行动指南。

——徐淑英（Anne Tsui），亚利桑那州立大学摩托罗拉国际管理名誉教授（Motorola Professor Emerita of International Management）

终于，我们期待已久的这本书出版了。恩德勒教授推动我们的思维超越创造财富，将商业想象成为一种考虑到广泛的人类和组织价值创造的全球相互联系的现象，从而使商业伦理领域呈指数级向前发展。然后，恩德勒将商业全球化与以权利为基础的框架联系起来，他将其总结为"创造财富和尊重人权的企业责任"。在21世纪的对话中，这本书以一种令人耳目一新的创新方式将商业全球化及其伦理挑战结合在一起，将深刻地改变人们对商业伦理的讨论。

——帕特丽夏·韦翰尼（Patricia Werhane），达顿商学院名誉教授（Professor Emerita, Darden School of Business）

献给国际企业、经济学和伦理学学会（ISBEE）的各位同事和朋友们

创造财富和尊重人权的企业责任

在全球化和多元化背景下,乔治·恩德勒对企业责任提出了全新的理解。这本书介绍了一个融合了创造财富和人权想法的框架,列举了一些企业的事例加以说明,对股东价值最大化的思想给予了尖锐的批评。恩德勒将商业企业的目的定义为,在尊重人权的同时,创造全面意义上的财富,包括自然、经济、人力和社会资本。他提请人们注意公共财富的根本重要性,没有公共财富就无法创造私人财富。通过证明公共财富的创造需要集体行动者和其他相关动机,这个框架进一步确定了市场制度和利己动机的局限性。根据《联合国工商业与人权指导原则》,本书为世界各地的企业提供了明确的道德指引,并强烈反对侵犯人权的行为,特别是发生在民粹主义和歧视性环境中的行为。

乔治·恩德勒,美国圣母大学门多萨商学院国际商业伦理学荣誉退休教授,国际企业、经济学和伦理学学会(ISBEE;2001—2004年)和欧洲商业道德网络(EBEN)的联合创始人。他曾接受哲学(德国慕尼黑)、神学(法国里昂)、经济学(瑞士弗赖堡)和商业伦理学(瑞士圣加伦)方面的教育,并在欧洲(1983—1992年)、美国(1992年以来)和中国(1994年以来)有广泛的研究和教学经验。编著著作21部,著述160余篇(书名见本书参考书目)。他研究全球化伦理、财富创造、工商业与人权、大小公司的企业责任,并着眼于研究中国的发展。

目　录

中文版序 …………………………………………………… / 001
前　言 ……………………………………………………… / 003
致　谢 ……………………………………………………… / 005

第一章　绪论和概述 ……………………………………… / 001
第二章　全球化、可持续性和金融化的背景 …………… / 017

第一部分　创造财富——商业和经济的目的

第三章　语义学与国富论 ………………………………… / 029
第四章　财富包括自然、经济、人力和社会资本 ……… / 039
第五章　财富是私人财富和公共财富的结合 …………… / 050
第六章　创造财富就是财富的生产和分配 ……………… / 058
第七章　创造财富涉及物质和精神两个层面 …………… / 067
第八章　从人类能力的角度创造可持续的财富 ………… / 076
第九章　创造意味着创造新的和更好的东西 …………… / 085
第十章　创造财富需要利己和利他的动机 ……………… / 094

第二部分　作为创造财富的公共产品的人权

第十一章　所有国际公认的人权都受到威胁 ………………… / 107

第十二章　人权构成最低的伦理要求 ………………………… / 113

第十三章　人权作为目标、手段和制约因素的成本效益考量 ………… / 127

第十四章　作为公共产品的人权 ……………………………… / 136

第三部分　创造财富和人权对企业责任的影响

第十五章　工商业组织的伦理规范被称为企业责任 …………… / 146

第十六章　商业组织的道德地位 ……………………………… / 162

第十七章　构建企业责任框架 ………………………………… / 172

第十八章　关于创造财富和人权的公司治理 ………………… / 185

第十九章　一个典型的案例：减少收入不平等的企业责任 ………… / 197

第二十章　一个典型的案例：大学如何在其供应链中促进企业责任？
　　　　　——圣母大学的经验 ………………………………… / 213

后　　记 ………………………………………………………… / 232

参考文献 ………………………………………………………… / 235

插图、表格和框注清单

插　图

图1-1　创造财富——一个内涵丰富的概念 …………………… /003
图2-1　工商业和经济伦理的扩展概念 …………………………… /019
图4-1　经合组织的福祉概念框架（The OECD well-being conceptual framework）………………………………………………… /040
图4-2　在经合组织的福祉框架内将资本存量、流动和福祉结果联系起来 ……………………………………………………………… /042
图Ⅱ-1　请求权的五个组成部分 …………………………………… /104
图15-1　保障人权的义务主体和类型 ……………………………… /154
图15-2　《联合国框架》所有权利 ………………………………… /157

表　格

表1-1　工商业与人权的基本原则 ………………………………… /012
表3-1　选定国家2005年的财富估算（以2005年人均美元计算）… /034
表3-2　选定国家2014年的财富估算（2014年人均美元不变）…… /035
表5-1　私人产品和公共产品的区别 ……………………………… /052

表 11-1 《公民权利和政治权利国际公约》 ……………………… / 109

表 11-2 《经济、社会、文化权利国际公约》 ……………………… / 109

表 11-3 国际劳工组织核心公约 …………………………………… / 110

框 注

框注 4-1 四种创造财富的资本 ……………………………………… / 041

框注 5-1 公共产品和公共损害 ……………………………………… / 051

框注 5-2 "一个国家的财富"是什么？私人财富和公共财富的结合 ……………………………………………………………… / 053

框注 8-1 人的能力 …………………………………………………… / 083

框注 9-1 创新意味着创造新的更好的东西：道德创新 …………… / 090

框注 15-1 责任——一个当代伦理思维中的关键概念 …………… / 150

框注 17-1 为了创造财富的企业责任 ……………………………… / 175

框注 17-2 企业尊重人权的责任 …………………………………… / 182

中文版序

我很高兴看到本书以中文形式出版，使得中国和世界各地的读者都可以通过中文进行阅读。正如您将了解到的，我从1994年以来在中国对商业伦理的研究和教学活动对《创造财富和尊重人权的企业责任》一书的创作具有巨大的启发作用。正如我在英文版前言中简要指出的那样，我在中国见证了邓小平领导下的伟大经济改革，并经历了人们对财富和繁荣态度的彻底转变。对个人和国家来说变得富有意味着什么？这是一个有趣的问题，远远超出了"赚钱"和"脱离贫困"的范畴。

此外，我在中国还学到并坚信经济活动并不是没有价值的。与之相反，因为人的存在，经济活动包含了伦理层面的要素，在国家层面和国际领域都是如此。那么，对于我们这个多元化和全球化的世界而言，最低的伦理要求是什么？对该问题的简要回答体现在1948年《世界人权宣言》（UDHR）中，中国外交官和哲学家张彭春（1892—1957）对该宣言做出了不可或缺的贡献。正是他在《世界人权宣言》第1条中提出，"人人……赋有理性和良心，并应以兄弟关系的精神相对待"。而正是"他最有力地捍卫了这样一种观点，即该文件应该基于不止一种道德传统，从而使得《世界人权宣言》成为一份可以在全球实施的普遍性文件"（Roth，2018：188）。

《世界人权宣言》似乎距今已经很遥远了。但它对许多国际条约、区域公约和国家立法具有启发意义。对全球商业伦理影响最重要的是《国际人权法案》（包括《世界人权宣言》、《经济、社会及文化权利国际公约》和《公民权利和政治权利国际公约》）以及国际劳工组织的四项核心公约。《国际人权法案》已成为联合国人权理事会于2011年颁布的《联合国工商业与人权指导原则》的指导性文件，适用于世界各地的所有工商企业。

本书旨在呈现"创造财富"、"人权"和"企业责任"这三个视角（如封面图片所示），并以综合的方式将它们联系起来。经济、伦理和工商企业是一体的——这是我在中国学到的，也是中国面临的挑战和机遇，希望该信息能得到广泛传播和认可。

最后，我要向中国政法大学人权研究院常务副院长张伟博士及其团队表示深切的感谢！他们为翻译英文文本花费了大量的时间，付出了的巨大努力，创作了一部令人印象深刻的杰作。

Georges Enderle

2023 年 2 月 28 日

参考文献

Roth, Hans Ingvar. 2018. *P. C. Chang and the Universal Declaration of Human Rights*. Philadelphia: University of Pennsylvania Press.

前　言

这本书在我脑子里已经酝酿多年了。从某种意义上说,我从1970年就开始构思,那年我和两个朋友驾车一路风尘仆仆地从欧洲前往印度,环游印度次大陆后最终回到欧洲。我在发展中国家目睹了为生存而挣扎的人们,不得不说,这是一次全新的生活体验。因此,我决定攻读收入不平等经济学博士学位(Enderle,1982),来充实我在哲学和神学方面的研究。此后,我攻读了第二个博士学位,研究有关瑞士贫困的商业道德问题,以及如何将适当生活水准权纳入瑞士宪法(Enderle,1987)。在《解放神学》(Gutiérrez,1988)和阿马蒂亚·森(Amartya Sen)的著作(Sen,1981,1999)的启发下,我发现了贫困问题研究的广阔视角——与一般的商业和经济伦理紧密相关,例如,以问题为导向的方法论,关注人的能力和对经济学伦理含义的认识(Enderle,1989,2014a)。然而,那时我还没有意识到创造财富的重要性。

在获得教授资格(1987)七年之后,我开始在中国从事研究和教学。我听到了"致富光荣"的口号——这是邓小平在20世纪80年代中期所说的一句名言(Enderle,2009:note 1 and 2)。它标志着人们对财富和繁荣的态度发生了根本性的变化,这成为中国经济改革开放政策的道德基础的核心价值。它已经被数以百万的中国人所接受,且从总体上被证明是相当成功的。自1994年以来,我有幸观察和研究了中国,特别是上海经济的显著发展,试图寻求适用于世界其他地区的有实践性的经验教训,并重新思索我对贫穷和财富以及企业责任的看法。我开始明白,要解决贫困和收入与财富不平等的问题,正确的创造财富概念和坚定的关注是多么重要。此外,我认识到,这些至关重要的问题不能以纯粹的技术和毫无价值观的方式来处理。道德至关重要，而人权为在全球和多元化背景下创造财富提供了共同的道德基础。

我请读者重新审视创造财富这一经济和商业企业的宗旨，并将30项国际公认的人权（见第十一章）视为企业在这个全球化和多元化环境中经营所需的共同道德基础。在我看来，这种"对创造财富和人权负有共同责任"的设想很有吸引力，也很有说服力。它可以用明确和可衡量的方式设计，并且从经济和伦理的角度来看都有充分的依据。我用许多正面和负面的公司实例来说明这一愿景的相关性和可行性。当然，这需要工商界人士和企业的承诺，民间社会组织必须监督和推动其执行，公正有效的机构和规章必须支持这些努力，等等。

在逐渐形成这一愿景并将其呈现在这本书中的过程里，我走过了一条漫长、艰辛但有趣的道路，并将其记录在我这一路出版或发表的多本图书和文章中。这些著作在本书中都有引用，并列在了参考文献中。

在这段旅程中，我从许多朋友和同事那里得到了诸多启发、鼓励支持、建设性批评和富有远见的建议。我特别感谢理查德·德·乔治（Richard De George）、基尔特·德米恩克（Geert Demuijnck）、托马斯·唐纳森（Thomas Donaldson）、阿米塔瓦·杜特（Amitava Dutt）、帕特里克·墨菲（Patrick Murphy）、卡罗琳娜·奥拉特·巴卡雷斯（Carolina Olarte Bácares）、迈克尔·桑托罗（Michael Santoro）和徐淑英（Anne Tsui）教授，他们阅读并对部分文稿提出了宝贵的意见。我也很感谢剑桥大学出版社的两位匿名评审专家提出的批评和很有帮助的意见和建议。最后，我要感谢特蕾西·托马斯（Tracey Thomas）对整本书的批评性阅读，使文字表达变得更加通俗易懂。

怀着感激和希望，谨将此书献给国际企业、经济学和伦理学学会。

致　谢

第十九章摘自：Georges Enderle（2018），"Corporate Responsibility for Less Income Inequality," *Review of Social Economy* 76（4），399 – 421，DOI：10. 1080/00346764. 2018. 1525761。

第二十章摘自：Georges Enderle（2019），"How Can Universities Promote Corporate Responsibility in Their Supply Chains? The Experience of University Notre Dame," in J. B. Ciulla and T. Scharding（eds.），*Ethical Business Leadership in Troubling Times*，Cheltenham：Edward Elgar，159 – 188。

第一章
绪论和概述

在本书中，我主张在全球和多元背景下，要对工商企业伦理或"公司责任"有一个根本性[1]的新认识。这一观点的新意在于结合了三个关键方面。第一，工商企业作为主要的经济实体，被要求在全面的意义上追求财富的创造，而不仅仅是追求利润最大化或增加企业的市值。第二，工商企业在一个日益相互联系的世界中运作。它们由人组成，并从局部到全球范围内影响着人类。为了评估它们的影响，我们在国际公约中规定了世界性标准：人权，包括公民、政治、经济、社会和文化权利以及发展权。随着《保护、尊重和救济：工商业与人权框架》（以下简称《联合国框架》）（UN, 2008a）和《联合国工商业与人权指导原则》（UN, 2011）的出台，除了国家之外，工商企业[2]也以一种新的方式为其对人权产生的影响负责。第三，在这个相互联系的世界里，不仅是个体商人，还有独立于国家义务之外的组织——工商企业，现在都承担着有关人权的道德义务。这意味着不仅仅是个体，组织也开始被视为应当承担一定的道德义务。基于这一理论，可以将道德责任真正归于企业自身。

在这种新思路下，企业伦理可以概括为"创造财富和尊重人权的企业责任"。"创造财富"是一个综合性的概念，具有七个特征。此外，它涉及所有国际公认的人权。在阐述这一新的理解之前，我先概述一下当今工商企业伦理所处的大背景。它的特点体现在三个关键方面：全球化、可持续性和金融化（见第二章）。全球化是当今世界的一个主要特征，可持续性向我们提出了应该前进的方向，而金融化则表明经济发生了深刻而富有挑战性的转变，对社会产生了深远的影响。所有这三种观点都强调了对企业责任予以重新理解的必要性，并呼吁在多个层面进行广泛的创新。

"创造财富和尊重人权的企业责任"将被分为三个部分予以阐述和解释。在第一部分，对于作为"企业"和"社会"之间主要接口的经济，我采用了一个宏观、适用于国内和国际的视角予以解读。这种经济方法是阿马蒂亚·森（Amartya Sen，1987）提出的"伦理相关方法"，它比"不作价值判断"的物流（或"工程"）方法更广泛，包括人的动机和对社会成就的判断。它超越了"财富的创造"——与亚当·斯密（Adam Smith）观点一致，但也超越了亚当·斯密——提供了一个广泛或全面的财富定义，并揭示了当前经济的许多功能失调的特征。在第二部分，通过将国际公认的人权确定为最低限度的道德标准，我转向了规范伦理的角度。在经济全球化的背景下，普遍的最低限度的道德标准对于在地球上共同生活和工作的人们来讲，是必不可少的。这些标准被视为全球"公共产品"，使用的是从第一步发展而来的准确术语。虽然人权受到多种形式的侵犯，但它们是唯一的世界性公认标准，此外，它们还为可接受的道德和文化价值提供了巨大的多样性空间。在论证了全面意义上的创造财富和人权作为全球公共产品的现实意义之后，在第三部分，我总结了这种广泛的企业责任观点的影响，它涉及全世界所有类型的工商企业。作为主要的经济组织，工商企业需要承担创造财富的责任，这包括七个特征。而且，由于由人组成并影响人，它们必须尊重所有人权，并在人权受到侵犯时予以补救。

创造财富的七个特征

第一部分提出并解释了一个全面的"创造财富"的概念，其中包括七个特征。这与国家和国际经济运转不良的方面形成了鲜明的对比。英美资本主义对全球经济有着深远的影响，其关注（如果不是唯一的话）金融财富的积累。正如教皇弗朗西斯（Pope Francis）于2015年发表的《关爱我们共同家园的通谕》（*On Care for Our Common Home*，2015）所阐述的那样，股东价值最大化的要求不计后果地破坏了自然环境。腐败和贿赂的普遍存在损害了许多国家的经济。人们遭受着文盲现象仍然普遍存在和缺乏适当培训的痛苦。他们因不健康的工作条件、空气和水污染、其他有害环境以及缺乏适当的医疗保健而生病和死亡。人们对金融服务业的信任以及消费者与银行的关系受到严重破坏和阻碍。所有这些问题都表明自然资本、经济资本、人力资本和社会资本的流失。因此,"创造财富"这个综合概念的第一个特征是将构成财富实质内容的所有四种资本都包括在内(见第四章)。图1-1概述了这个丰富的"创造财富"的概念:中间一列显示出前五个特征,左边一列显示出第六个特征,右边一列是指第七个特征。

	财富	
创造 ≠ 拥有 ≠ 获得 而是制造新的和更好的东西	内容: 自然、经济、人力、社会资本 形式: 私人财富 公共财富 过程: 生产 分配 方面: 物质 精神 时间跨度:在扩大人们享有的真正自由方面是可持续的(森)	创造财富的动机 自我考虑动机和其他方面的动机: 自身利益 发现的喜悦 创业精神 为他人服务

图 1-1 创造财富——一个内涵丰富的概念

创造财富的第二个特征是提出了不同形式的资本,即有别于资本实质方面的形式资本(见第五章)。当我们审视一个国家的财富时,可以最好地理解财富的这一特点。国家财富不仅是私人财富的积累,而且在很大程度上还包括公共财富。因此,一个国家的财富是私人财富和公共财富的结合。私人财富很容易被感知和理解,但公共财富却很难被识别,而且经常被忽视,尽管它对创造私人财富至关重要。例如，我们可能还记得在 2008—2009 年的金融危机中，金融体系的不稳定性是如何严重损害了全球经济和社会。或者，我们回顾一个国家的公平和有效的法治对外国投资者在该国投资的积极影响。从经济上区分私人产品和公共产品来看，公共财富与私人财富的区别在于其非竞争性和非排他性。值得注意的是，这是一个形式上的定义，适用于"好"和"坏"的公共产品（例如，气候变化），以及财富的有无，因此需要道德评价。广义上的财富包括私人财富和公共财富，具有深远的意义。市场在创造私人财富方面是强大的，但却无法创造公共财富，而获取公共财富的动机需要虑及他人，而不是只想到自己。

创造财富通常被认为是独立于随后的分配环节的一个生产过程，正如俗话所说的，"先烤蛋糕再分享"。创造财富的第三个特征否定了这种生产与分配的分离，并声称创造财富的生产和分配是内在相关的。事实上，分配贯穿于生产的所有阶段，从前提条件到生产过程，从结果到消费和投资的使用与分配。长期以来，"生产馅饼"和"分享馅饼"之间的区别一直是"右派"和"左派"之间的意识形态斗争的标志，尽管其经济基础存在缺陷。因此，创造财富既关乎财富的分配，也关乎财富的生产（见第六章）。

创造财富的第四个特征是拒绝对财富的物质主义理解，即在消费主义、占有欲和贪婪的驱使下，过分关注物质财产和创造财富。如果说财富不仅包括经济资本，还包括人力资本、社会资本和自然资本，那么这种唯物主义的观点就太狭隘了。它也不能考虑和说明下面要介绍的创造财富的其他特征：人力资本，即人类成为健康和受过教育的人的能力；创造财富被理解为创造新的、更好的东西；以及其他有关创造公共财富的动机。虽然这一拟议的财富概念无疑包含物质方面，但它也包括精神方面，因为它与人的精神或灵魂（无论宗教信仰如何）和（或）与宗教及宗教信仰有关（见第七章）。

创造可持续的财富反映了以人类能力或"扩大人们享受的真正自由"（Sen，1999）为概念的长期视野——这是创造财富的第五个特征。考虑到众多可持续性的定义，笔者坚持世界环境与发展委员会的"老"主张，它要求从代际角度出发，即"满足当代人的需求，而不损害后代人满足其需求的能力"（WCED，1987：7）。笔者通过使用经合组织在自然、经济、人力和社会资本方面对幸福感的可持续性的定义（OECD，2013a）进一步明确了这种观点，其与本书中定义的财富内容相符。这种人的能力视角不但充实了人力资本的内涵，而且有助于衡量自然、经济和社会资本对人类的影响。因此，创造可持续的财富成为经济生活的一个丰富而简洁的目的，它超越了（物质）资源的增长，以人为本，维持自然（见第八章）。

第六个特征明确了我们所说的创造财富中"创造"的含义。显然，创造财富不仅仅是拥有财富，也不同于获得财富。拥有不增加任何价值，获得只是意味着所有权的改变，这种改变可能通过合法或非法、道德或不道德的手段而产生。在历史的进程中，殖民列强获得了大量的财富，通常不考虑法律和道德问题，这基本上是一种再分配，而不是财富的创造。正确地说，在资本主义制度下，"进取心""资本的积累""收购公司"并不必然意味着财富的创造。从真正意义上讲，创造就是制造新的、更好的东西。这三个特征都是必不可少的。（a）它是关于创造，而不仅仅是想象，这在经济和金融方面是可行的和成功的。（b）它必须是新的，无论是渐进式的改变还是创新（即技术、社会组织或任何其他领域的根本性变化）。（c）它必须是符合道德的，能够增进人类的福祉并不破坏自然（见第九章）。

最后，关于创造财富的动机，以自我为中心的动机在创造私人财富方面可以发挥强大的作用。但正如可靠的经济理论告诉我们的那样，它们在创造公共财富方面却不成功。完全利己的行为使集体行动（为了公共财富）变得不可能，产生了"搭便车问题"，并且无法通过"看不见的手"进行协调。相反，当经济活动明显侧重于集私人财富和公共财富于一体的创造时，其他方面的动机同样是必要的（尽管不是充分的）。它们可以采取各种各样的形式，如为创业成功而无私奉献，热爱祖国，声援穷人以及为任何事业而奋斗等。在每一种情况下，不管是出于好的原因还是坏的原因，考虑他人的动机都超越了自身利益。不过，与公共产品或财富一样，利他动机也需要道德评价。总结第七个特征，创造财富不仅需要利己动机，还需要利他动机（见第十章）。

在将创造财富的七个特征发展为经济学的"伦理相关"方法的过程中，创造财富不仅与规范伦理要求相容，而且与规范伦理要求也相关。这种宏观经济方法适用于整个国家和国际经济，包括但不限于商业。它不是一种"价值中立"或"工程"的方法，它将自己限制在最终手段关系的逻辑学上。相反，它包含了许多与道德要求相联系的特征。四种类型的资本提供了财富的相关内容，两种形式的财富（公共和私人）需要不同的制度和动机。社会成就涉及物质和精神两个方面，并体现在具有可持续性的人类能力方面。创造财富需要两种动机——利他动机和利己动机，这两种动机对于创造财富是必要的，道德评价对于识别好与坏的公共财富是必不可少的，不仅要做出新的东西，而且要做出更好的东西。

作为创造财富中的公共产品的人权

正如本章开头所述，发展一个丰富而有区别的"创造财富"概念是阐述工商企业伦理或企业责任的第一步。除了这个描述—分析维度，我们还在第二步研究了规范—伦理维度的内容，以便在第三步建立一个"两条腿走路"的平衡的公司责任概念，既包括描述—分析维度，也包括规范—伦理维度。

我建议从人权的角度来定义规范—伦理维度，主要有三个原因（见第二部分）。在全球化的进程中，经济和工商业已经远远超越了国界，并以多种方式在国际上日益相互联系起来。随着这种扩张，对普遍规范标准的需求日益增长，不仅对国家来说如此，对企业和经济体来说也是如此。自 1948 年《世界人权宣言》颁布以来，人权的伦理框架已经发展成为一个被广泛接受但并非毫无争议的普遍伦理框架。虽然在世界各地有数不清的违反它的案例，但它没有可与之相比的替代方案。此外，在 21 世纪，全球对工商业和人权的关注大大加强。联合国全球契约组织（UNGC, 2000）呼吁工商界发挥积极作用，帮助应对包括人权和劳工权利在内的全球性挑战。《联合国框架》（UN,

2008a)和《联合国工商业与人权指导原则》(UN,2011)宣布了与工商业有关的所有人权：公民权利、政治权利、经济权利、社会权利和文化权利，包括发展权。而可持续发展目标（SDGs,2015）在很大程度上是由人权需求决定的。为了从广义上将人权与创造财富联系起来，我们可以首先澄清基本人权概念的四个重要组成部分：（1）范围；（2）约束力；（3）功能；（4）人权作为公共产品的资格。这将在第十一章至第十四章中讨论。

第一，在有关人权的一般性讨论中，范围通常局限于公民权利和政治权利（例如思想、良心和宗教自由权以及结社自由权）或经济、社会和文化权利（例如健康权和适当生活水准权），而且往往将某些群体排除在外。

很容易被忽视的一个重要观点是，无论国籍、居住地、性别、民族或民族出身、肤色、宗教、语言或任何其他身份，人们都有权利在生活的各个方面受到有尊严的对待。因此，有必要强调，《国际人权宪章》和国际劳工组织核心公约不加歧视地包含所有这些权利。它们适用于全球，并定义了人权的基本概念（见第十一章）。

第二，鉴于人权范围广泛，人们可能认为"人权"一词包括与经济和工商业有关的所有道德规范和价值。然而，它通常只构成最低限度的道德要求，不同于超越了最低限度的社会义务和对道德理想的渴望（De George, 1993: 184-193）。在多元社会中，人权构成共同生活和工作的必要共同伦理基础，是"《联合国工商业与人权指导原则》所称的国际公认权利的最低参考点"（UN, 2012a: 10）。但是，作为最低限度的要求，它们可以为文化和道德价值和规范的巨大多样性开辟和提供广阔的空间。它们都以人的尊严为基础，并具体规定其基本内容，它们是相互联系、相互依存和不可分割的，因此不允许在特定权利之间进行取舍。这一规定的人权概念借鉴了哲学上的思考，并支持了《国际人权宪章》和国际劳工组织核心公约中所包含的法律概念，但它们并不完全相同。毋庸置疑，到目前为止，这种普遍的伦理观念在国际上还没有法律上的强制执行力；但是，它为这些以后可能成为法律规范的自愿行动和软性法律协议提供了指导（见第十二章）。

第三，从经济角度来看，一方面，实现人权（例如健康权和适当生活水准权）往往被认为是一项可能过于昂贵而难以承担的成本；另一方面，对人权的侵害也会造成很大的伤害。毫无疑问，我们有理由提出这样一个问题：实现人权和侵犯人权可能要付出什么代价？但是，认真的成本分析必须考虑对受影响的人和实体造成的财务和非财务方面的所有成本。此外，不仅要考虑成本，还要计算收益的全部及其对分配的影响。虽然不容易进行，但有人可能会说，这种全面的人权成本效益分析很可能会显示出有益的结果。除了成本效益分析之外，人权还可被视为不应逾越的外部限制或界限。虽然从人权的角度来看，这种承认是值得称赞的，但它仍然可以被解释为一种经济学的工程方法，在这些限制条件下，对目的和手段进行价值中立的经济计算。与此相反，本书中的伦理主义主张，人权的实现是公共政策和企业战略所要达到的目的，而侵犯人权则意味着政策和战略的失败。此外，人权也被理解为实现这些目标和其他目标的手段。例如，落实受教育权是产生创新和生产力更高的劳动力的重要途径（见第十三章）。

第四，为了将人权与创造财富联系起来，我们将这些权利定义为伦理上要求的公共产品或公共财富。作为公共产品，它们具有非排他性和非竞争性，需要具备伦理资格，即伦理要求。适用于人权上，非排他性是指任何人都不应被排除在享有任何人权之外（即不歧视）；非竞争性意味着任何人都享有任何人权，不应减损自己或任何人享有的任何人权。换句话说，对任何人来说，人权之间的取舍都是不可接受的。例如，参与公共生活的权利不应损害思想、良心和宗教自由的权利，反之亦然；结社自由不应对不受歧视的权利产生消极影响，反之亦然。除了排除任何消极影响，人们可以辩称，享有一项权利甚至可能加强对另一项权利的享有。例如，落实适当生活水准（包括食物、衣服和住房）的权利可以提升工作和受教育权利的实现，反之亦然（见第十四章和第十八章）。

将人权定义为具有道德要求的公共产品，显然具有深远的意义。它们的建立和充分实现不能通过市场机制来实现；相反，它们需要在价格机制（即供求机制）之外的多个社会层面上采取集体行动。此外，动机必须是利他的，因为利己的动机将无法实现作为公共产品的人权。

对企业责任的影响

在本章第一部分和第二部分中,我概述了在人权的规范—伦理框架内,经济的目的是在全面意义上创造财富,然后在第三部分中,我将这个宽泛的概念应用于企业伦理之中。20世纪80年代初以来,英语和其他语言中使用了各种各样的术语——商业伦理(狭义上的)、企业伦理、企业公民、企业社会责任(CSR)来表达企业伦理的含义,在中文中被称作企业伦理、企业社会责任和行业道德。在本书中,我提出了"企业责任"这个术语。它在理论和实践中得到了广泛的应用,指出了道德和伦理的一个关键而复杂的特征,容易被翻译成其他语言,并在《联合国工商业与人权指导原则》("企业责任"有别于"国家义务")中占据了显著位置。

在第十五章中,我借鉴了德国哲学家沃尔特·舒尔茨(Walter Schulz)的观点,将责任定义为"源于世俗关系中自由的自我承诺"(Schulz,1972)。它包含着充满张力的两极。一方面,内极强调内部决策的相关性;另一方面,出于自由的自我承诺在世俗关系中有其出发点和终点(即外极)。责任作为一个关系概念,总是"锚定"在一个或多个行动者(谁负责?)身上,涉及一个人对什么负责的具体问题,也涉及一个人对哪个权威(authority)或接受者(addressee)[3]负责的问题。

这个三方概念有助于清楚地确定责任的基本组成部分。责任不是一个独立的伦理原则(就像"请勿伤害!"),其必须与一个行动者相关。根据《联合国工商业与人权指导原则》的规定,行动者包括所有工商企业,从大型的全球公司和大型上市公司到有限责任公司、国有企业、家族企业、中小型企业和微型企业。商业世界是无边无际的。企业不仅从事各种各样的活动,它们在规模、结构、法律形式和公司战略方面也存在极大差异。因此,问题就来了:期望企业成为负有伦理责任的行动者,并真正谈论企业责任,这样做有意义吗?如果有,又如何说得通呢?

这个问题已经争论了几十年,将在第十六章讨论。我建议采用詹姆斯·

科尔曼（James Coleman）对行动者的社会学定义，即具有"对资源和事件的控制，对资源和事件的利益，以及通过这种控制采取行动实现这些利益的能力"（Coleman，1990：542）。这些基本属性要求采取负责任的行动，并且可以向企业以及个人行动者问责。在第一种情况下，规模大、结构好、实力强的工商企业被认为是不同于生产功能、合同关系、财产或经济机制的企业行为体。企业行动者可以采取由自然人、代理人、商品和服务提供者组成的共同体的形式，或采取企业公民的形式，即主要（虽然不完全是）以经济为目的的集体实体的形式。相比之下，当企业缺乏相对独立的正式结构时——就像微型企业、小型企业和中型企业那样——它们就不是企业行动者，准确地说，它们基本上是由个人行动者——如个别企业领导人所塑造的。

当将具有相对独立的形式结构的工商企业理解为企业行为主体的时候，我想知道它们的道德地位。一方面，它们不是具有良知并以自身为目的的道德人；另一方面，它们不是没有行动能力的不道德行动者。因此，我们可以将它们定义为类似于道德人的道德行动者：它们形成了集体性的实体，这些个体与众不同，但并不与个体成员分离，具有一定的自由空间，有目的地采取行动（或至少表现出有意的行为）以实现其目标，并影响人与自然。作为道德行动者，它们承担"企业责任"，能够在伦理意义上对自己的行为负责。它们是中观层面的行动者——不同于宏观层面（或系统层面）和微观层面（或个人层面）。然而，如果（规模较小的）企业不是企业行动者，因此也不是道德行动者，那么企业责任由承担这一责任的个人和群体（即微观层面）担负。

责任的第二个组成部分涉及它的内容或"对什么负责"，将在第十七章中讨论。它从创造财富和人权责任的宏观视角出发，适用于特定意义上的工商企业。创造财富的责任主要涉及企业的核心活动，而人权责任则包括《联合国工商业与人权指导原则》（UN，2011）所定义的"尊重"人权和"补救"被侵犯的人权。

创造财富的七个特征都与企业责任有关。关于财富的内容（即自然资本、经济资本、人力资本和社会资本），每个企业都有其特殊的关注点，必须至少满足每一资本的最低限度。例如，经济资本的增加不能用低于最低限度的自然资本损失来补偿。换句话说，资本变化之间的权衡只有在这些最低限度以上才可以被接受（其定义将在第十八章讨论）。就财富的形式而言，企业应该创造私人财富。然而，它们从公共财富中获益很多，也应该"回馈"，为创造公共财富做出贡献，而这种贡献可以采用多种方式并在不同程度上发生。由于财富的产生被认为是一个相互关联的生产和分配过程，企业不仅要对其生产负责，也要对其相互关联的分配负责——例如，对其组织中的收入不平等问题负责。因为财富的创造不仅包括物质方面，也包括精神方面，所以企业文化不应该以赚钱和贪婪为主导。相反，通过创造自然资本、经济资本、人力资本和社会资本，创造财富的目标是满足员工、客户和其他利益相关者的物质和精神需求。可持续企业着眼于长远，注重增强人的能力（不仅仅是物质资源）和维持自然环境。创造意味着"更新，做得更好"，企业既追求渐进式变革，也追求突破性创新，同时虑及伦理，尊重道德要求，充分认识到创新本身在伦理上可能是值得称赞的，也可能是令人反感的。最后，企业的驱动力不能完全以自我为中心，因为它们必须帮助创造公共财富。为了公共财富和人权，其他方面的动机是必需的。

为进一步探讨企业责任的内容，我们借鉴了被普遍接受的人权伦理框架，并在伦理基础上应用了《联合国工商业与人权指导原则》。根据亨利·舒（Henry Shue, 1996: 35-64）的观点，上述联合国指导原则将确保人权的义务分为三种类型，即"保护、尊重和补救"。保护人权——国家的义务——意味着要求承认有义务避免侵犯人权，并通过适当的奖励和惩罚制度，建立尽可能防止违反这一义务的"制度性"条款。尊重人权——工商企业的责任——表明有义务避免侵犯人权。补救是国家和企业的义务，指的是为人权遭到侵犯的受害者提供其权利获得补救的渠道。换句话说，"企业责任"被明确地定义为并仅限于"尊重"和"补救"，而不包括国家的"保护"义务。

五个基本原则（FP：参阅表1-1）和十一个操作原则（UN, 2012a）阐述了"尊重"和"补救"对企业责任而言意味着什么。这些（原则）规定［工商企业］"应避免侵犯他人的人权，并应在自身卷入时，消除负面影响"（FP：#11）。这一系列人权包含所有人权，公民、政治、经济、社会和文化权利，还包括发展权——"在最低限度上，可理解为《国际人权宪章》中所表达的权利以及国际劳工组织《工作中的基本原则和权利宣言》中载明各项基本权利的原则所阐明的那些权利"（FP：#12）。基本原则#13解释了企业对其造成的人权直接负面影响要承担的责任，即"（a）避免通过自己的活动造成或加剧负面人权影响，并消除已经产生的影响；（b）努力预防或缓解经由其商业关系与其业务、产品或服务直接相关的负面人权影响，即使并非它们造成了此类影响"。"企业责任"适用于所有工商企业，不论其规模、所属部门、业务范围、所有制和结构（FP：#14）。"工商企业应制定与其规模和环境相适应的政策和程序。"（FP：#15）

表1-1　工商业与人权的基本原则（UN，2012a）

#11	企业应尊重人权。这意味着它们应避免侵犯他人的人权，并应在自身卷入时，消除负面影响。
#12	工商企业尊重人权的责任指的是国际公认的人权，在最低限度上，可理解为《国际人权宪章》中所表达的权利以及国际劳工组织《工作中的基本原则和权利宣言》中载明各项基本权利的原则所阐明的那些权利。
#13	尊重人权的责任要求工商企业： （a）避免通过自己的活动造成或加剧负面人权影响，并消除已经产生的影响； （b）努力预防或缓解经由其商业关系与其业务、产品或服务直接相关的负面人权影响，即使并非它们造成了此类影响。
#14	工商企业尊重人权的责任适用于所有工商企业，不论其规模、所属部门、业务范围、所有制和结构。然而，企业履行这些责任的手段可能因这些因素以及企业的负面人权影响的严重程度而有不同。
#15	为了履行其尊重人权的责任，工商企业应制定与其规模和环境相适应的政策和程序，包括： （a）履行尊重人权的责任的政策承诺； （b）一个人权尽职调查程序，以确定、防止和缓解人权影响，并对如何处理人权影响负责； （c）补救其所造成或加剧的任何负面人权影响的程序。

对《联合国工商业与人权指导原则》的简要概述可能暂时就足够了，因为我将在第十七章对其做更多的讨论。尽管如此，值得注意的是，它们也包括许多重要的伦理影响。"企业责任"、"尽职调查"和"政策承诺"等条款

除了具有法律和社会心理学意义，显然还具有伦理意义。然而，这些影响在《联合国工商业与人权指导原则》中都没有被提及，而且大多数情况下都不为人知，这样做也许是为了避免引发哲学上的争论，从而将人们的注意力从采取行动打击严重侵犯人权行为的迫切需要上转移开了。

在探讨了企业责任的行动者和内容之后，我们现在转向第三个部分：企业应该向哪些部门或受众负责，这在第十七章中还会讨论。第一个答案是自由市场经济学家提出的，他们声称，企业高管作为"代理人"，对企业股东（作为"委托人"）全权负责，实现股东利益最大化。这种普遍的观点——特别是在盎格鲁·撒克逊国家——受到米尔顿·弗里德曼（Milton Friedman，1970）和迈克尔·詹森以及威廉·梅克林（Michael Jensen, William Meckling, 1976）的强烈影响，在工商业从业者、教授和学生以及其他领域的许多人心中仍然占主导地位。然而，最近，约瑟夫·鲍尔（Joseph Bower）和林恩·潘恩（Lynn Paine）等人在《哈佛商业评论》（*Harvard Business Review*）的一篇文章中对其进行了尖锐的批评。

事实上，对单一关注股东的批判由来已久，可以追溯到20世纪初，之后，爱德华·弗里曼（Edward Freeman）做出了开创性贡献（1984），并得到了众多哲学和社会科学学者（如Johnson-Cramer, 2018）全面的开发和拓展。在思索企业对谁负责的第二个答案的过程中，利益相关者方法涉及企业与所有"利益相关者"的关系，"利益相关者"被定义为"能够影响或受到组织目标实际影响的任何团体或个人"（Freeman, 1984：46）。这意味着除了股东和所有者，员工、客户、供应商、社区和其他利益相关者都与管理决策相关。管理者必须对利益相关者的利益和诉求做出回应，可以用一种"工具性"的方式（即利用这些关系来追求组织自身的利益）和/或以"规范性"的方式（即为了利益相关者自身的利益而尊重他们的权益）来做这件事。换句话说，可以从社会科学的描述—分析角度和/或从哲学的规范—伦理角度来看待和理论化这些对策，从而形成所谓的"利益相关者理论"。由此产生了许多问题，至今没有得到令人满意的回答。谁是利益相关者？与西方的方法相比，日本的方法和考克斯圆桌会议原则中是否包括了竞争对手？

利益相关者之间是否存在重大差异，如何区分它们，例如，政府和民间社会组织之间或"主要"和"次要"利益相关者之间的差异？利益相关者方法能否说明所有影响战略管理决策的关键因素，以及这些因素又能影响哪些因素？工具性方法和规范性方法是如何相互联系的？

虽然利益相关者方法极大地拓宽和深化了企业与其他社会行动者的联系以及对其潜在责任的理解，但它在全面理解企业责任方面也有明显的局限性。企业对谁负责的第三个答案应该超越个体社会行动者，且应包括整个社会。公共产品不能仅由个人行动者创造和维护，而是还需要集体行动者和由正式和非正式团体构成的社会本身。此外，从可持续发展的代际视角来看，企业的责任也延伸到了尚未诞生、目前还不能确定但很重要的未来世代。此外，由于利益相关者方法关注的是企业与利益相关者的关系，这些关系的内容并没有被直接提及。它们可能部分受到与具体利益相关者的关系类型的影响，并通过利益相关者的参与和对话而发展起来。但是利益相关者方法本身需要明确的内容和指标来充实。它无法取代被广泛认可的企业责任衡量标准，如全球报告倡议的可持续发展报告、ISO 26000 标准和《联合国工商业与人权指导原则》。

综上所述，责任的三个组成部分对于全面理解企业责任的含义是至关重要的。如果缺少其中任何一项，就无法全面理解企业伦理。必须清楚地确定承担责任的行动者。责任内容要准确、全面。应当依法设立企业相关负责的机关或机构。第十七章列举了这些不同的方面，并提供了大量的例子来说明。

第十八章分析了公司治理，也就是企业责任中必须首先得到解决的地方。它被定义为企业组织在追求全面创造财富和尊重人权的过程中负责任的方向和管理。创造财富的七个特征都与公司治理有关。对金融资本的狭隘关注必须扩展到经济资本、自然资本、人力资本和社会资本。财富的创造不仅应包括私人财富，也应包括公共财富，并对指导和管理公司的生产和分配方面给予同等重视。在精神愿景的激励下，公司治理以可持续的方式促进伦理创新，并对人的能力进行评估。此外，人权是《联合国工商业与人权指导原则》界定的公司治理的指导原则。当面对艰难的权衡和伦理困境时，董事会必须仔细审视情况的严重性，运用其合理的判断，做出考虑周全的决定：它可能会坚持公司的原则，拒绝权衡，也可能会在尊重最低限度的要求的情况下做出妥协。

为结束本书的第三部分，两项具体研究阐述了公司责任的重要方面。第十九章探究了企业在组织内部和整个社会方面减少收入不平等的责任。该章没有对收入分配的整个范围进行审查，而是将重点放在上下端。"最低工资"被定义为一种最低生活工资，得到了强有力的经济和伦理论据的支持，被提议为企业能够——因此也应该——执行的最低收入标准。至于在伦理上可接受的高管薪酬"上限"，其识别和正当性比较复杂。然而，强有力的经济和伦理论证可以支持大幅削减高管薪酬。减少社会收入不平等的企业责任首先意味着"言出必行"，树立榜样；其次，通过支持制定有关最低生活工资和在伦理上可接受的高管薪酬上限的立法，使企业成为"良好的企业公民"。

第二十章探讨了全球供应链中的企业责任，以及大学作为具有明确道德使命的强大经济行动者，如何与其被许可方和制造商标授权产品的工厂合作，促进企业责任。该章记录了二十多年来圣母大学（University of Notre Dame）寻求负责任的"商标授权和人权"政策的历史。圣母大学聘请了两个专门的机构，对孟加拉国、中国、萨尔瓦多、洪都拉斯和印度的14家工厂的工人参与度和企业责任进行评估。根据《联合国工商业与人权指导原则》，该章最后为其他志同道合的大学提供了政策建议，并提出了几个值得关注的研究题目。

为了使这本书的二十个章节圆满结束，本书的尾声再次提出了工商业目的的问题。它必须与经济发展的目的相一致，并认真对待以人民为中心的导向。本书提出的答案是：在全面创造财富的过程中尊重人权。本书提出了全球多元背景下企业责任的普遍愿景，旨在与任何经济、政治和文化制度联动起来。然而，本书并没有解决创造财富和人权在不同国家、文化和行业所构成的更具体的挑战。因此，本书只是一个开始。它邀请从多种地理和文化角度进行进一步调查和对话，以促进和加强工商企业对创造财富和人权的承诺。

注释

1. 我理解阿瑟·里奇的"激进主义":"(它)与极端主义的不同之处在于,它甚至以一厢情愿的态度来看待源于整个人类的信仰、希望和爱,而不是把部分真理变成一个伪整体。"(Rich,2006:188)
2. 在这本书中,"企业"和"企业组织"这两个术语是同义词。
3. "接受者(addressee)"是指"某件东西被寄给的人"(韦氏词典)。这个术语强调责任的关系特征。接受者是一个人对其负责或负责的人,例如配偶、利益相关者、社会、自己的良心或上帝。

第二章
全球化、可持续性和金融化的背景

当今有关全球化和可持续性的讨论，尤其是关于金融化的对话，往往令人困惑，并可能引发多种反应——从愤怒和沮丧到无助和迷失方向，或是一厢情愿和不切实际的期望。在这种情绪化的背景下，对创造财富和人权的关注可能会产生一种发人深省的效果，并有助于辨别基本特征，无论我们喜欢与否，这些特征将在未来许多年不断塑造着我们的社会。通过描述全球化、可持续性和金融化的主要特征，这种全新的企业责任承担方式有望变得更加清晰可见并易于理解。

全球化

全球化可以被理解为一种正在形成的国际体系。它"不仅仅是一种趋势或时尚，还是一种国际体系……现在已经取代了旧的冷战体系，而且……它有自己的规则和逻辑，今天直接或间接地影响世界上几乎每一个国家的政治、环境、地缘政治和经济"（Friedman，2000：ix）。它的特点是，由于信息技术的革命以及运输和通信成本的大幅度降低，世界的相互联系日益紧密。这个正在形成的动态系统涉及多个层面的"全球转型"，包括政治、文化和环境全球化、移民和有组织暴力的范围不断扩大（Held et al.，1999；Held & McGrew，2000，2002）。此外，还应考虑宗教在国际政治中日益增长的影响力（Thomas，2010：chapter 7）。

从商业和经济的角度来看，世界日益紧密的联系意味着市场和劳动分工的扩大，这让人想起欧洲工业革命的兴起，当然，全球化、可持续发展和金融化无疑是全球规模的。贸易、投资和人口移徙急剧增加，迫使所有国家和企业都必须考虑正在发生的国际体系的根本变化。

这里不是回顾过去三十多年来这些突破性发展的经验证据的地方。在千禧年前后，对全球化的多重维度被观察、分析和批评——1999年11月在西雅图举行的世界贸易组织（WTO）会议上以及2001年9月11日在纽约发生的恐怖主义袭击之后都有所表达——在随后的几年里变得更加复杂并具有挑战性。国际生产体系的建立，市场和竞争通过自由化、放松管制和私有化而发挥日益扩大的作用，这些变革的赢家和输家之间日益加剧的不平等，以及跨国企业的强大推动力，构成了经济全球化的一些重要特征。[1]第十九章和第二十章将比较深入地讨论两个主要挑战：收入不平等和供应链中的企业责任。

尽管全球化是当今世界的一个关键特征，但把所有国际关系都定性为全球性是错误的。事实上，有许许多多的国际关系不能被简单地归入"全球化"的范畴。因此，需要对国际关系有更深刻的理解。尽管民族国家的衰落已经开始（Ohmae, 1995），而且一个新的、面向全球的后威斯特伐利亚世界秩序似乎正在形成（Habermas, 2001），但事实证明，民族国家具有相当大的弹性，仍然是或再次成为国际关系中的一个核心行动者，甚至在许多方面是决定性的角色。事实上，最近民族主义力量的崛起充分说明了这一趋势，往往与越来越多的专制制度相伴而生（*Foreign Affairs*, 2019）。毫无疑问，"全球离心力"（Hösle, 2019）正在发挥作用。更重要的是，要强调爱国主义是"民族主义的对立面"（Emmanuel Macron in Baker, 2019）。

气候变化、国际恐怖主义、网络安全、新冠疫情等全球性挑战，无疑需要在全球层面采取集体行动。但许多挑战并不像乍一看那样具有全球性；我们可能会想到非典等流行病，或者金融体系的不稳定威胁。尽管殖民列强的旧时代已经一去不复返，但我们可以在政治、经济、技术、商业和其他方面观察到新的帝国形式。那些决定游戏规则的掌舵者可能会忽视、无视或者理所当然地认为权力失衡是必然的，而那些受其影响的人通常会感受到影响，但在改变这些影响方面却没有发言权。此外，在全球化的背景下，仍然有一些国家、地区和生活领域与外界隔绝或"格格不入"。民族学研究往往强调本土文化的差异性，这些差异本身就应该得到承认。它们与世界其他地区之间似乎很少或根本没有互动。

这几个例子可以说明这样一个事实，即确实存在着各种各样的国际关系。如果人们希望让伦理规范能够应对更具体的挑战，并在国际事务中发挥作用，就必须以一种不同的方式认真对待它们。这不仅适用于一般情况，而且也适用于本书"工商企业承担创造财富和人权责任"的主题。因此，我提议建立一种国际关系的类型学，其标准是国家和国际领域之间边界的渗透程度。根据渗透程度，可以区分出四种类型，它们与个体（微观）、组织（中观）和系统（宏观）的分析层次相交，形成恩德勒（Enderle, 2003a）提出的工商业和经济伦理的"外延概念"（见图2-1）。[2]

微观层次	外	帝	互	全
中观层次	国	国	联	球
宏观层次	型	型	型	化型

| 国内 | 国际 |

图2-1 工商业和经济伦理的扩展概念

为了说明边界的不同意义，我们可以回顾一些例子，如柏林墙倒塌前后东西德之间关系的戏剧性变化，欧盟国家之间边界的渗透影响深远，美国—墨西哥边界的加强以及在被占领的巴勒斯坦领土等冲突地区设置边界障碍。全球各地的边界情况千差万别。摄影师瓦莱里奥·文森佐（Valerio Vincenzo, in Kuper 2013）和凯·威登豪佛（Kai Wiendhöfer, 2013）等将它们可视化，并被西蒙·库伯（Simon Kuper, 2013）、加里·奈特（Gary Knight, 2013）和拉贾·谢哈德（Raja Shehadeh, 2013）等记者讨论。除了地理、历史、经济和政治方面的边界，还可以用技术、社会文化、环境和其他方面的术语来定义。毋庸置疑，这种视角的多样性使得对边界的理解更加复杂和丰富。然而，在本章中，系统的考虑一般仅限于边界渗透性的一些关键特征。

边界可以在不同程度上被渗透。一个极端是与世隔绝，这是 16 世纪晚期中国明朝和当代阿尔巴尼亚与其邻国的特点。另一个极端是完全废除所有边界和完全开放，正如一些全球化支持者所提议的那样。介于这些极端之间的是多种形式的国际关系，其中包括所有的跨国变体，既包括迫在眉睫的冲突，也包括不同行动者之间的合作。这些变体可以分为四种国际关系类型：外国型、帝国型、互联型和全球化型。虽然这些类型可以在所有三个层次上找到，但下面的解释主要是指宏观和中观层次。

（A）外国型的例子是一个小经济体或小公司与外国的关系，例如瑞士或施莱普菲尔刺绣公司与尼日利亚的关系。国际关系与国内关系有很大的不同，不会产生相关影响。国际关系是添加到国家框架中的，并且可以相对容易地脱离它。每个国家的情况都不一样。外国人必须适应东道国，而且国界相对来说是双向不渗透的。

（B）帝国型的例子可见于英国殖民主义时期的英国和印度之间的关系以及中美洲的联合果品公司。这种类型的国际关系的特点是，国际关系纯粹是一种国内关系的跨国扩张。从东道国的角度来看，这种不对称的权力关系往往包含误解、剥削和压迫。对母国的影响是可以忽略不计的，因为国家边界从母国到东道国的渗透性要比从东道国到母国的渗透性大得多。

（C）互联型可以用意大利与欧盟之间的关系加以说明。国际关系与国内关系有很大的不同，但又与国内关系有着内在的相互联系。超越国界的事务会影响国内关系，国内关系也会影响国际关系。相互依存模糊了国家利益的概念，忽视了其他国家和超国家实体的利益。尽管国家边界仍然重要，但国家边界在很大程度上是双向渗透的。

（D）在以全球变暖为代表的全球化型模式中，国际关系是如此重要，以至于国家边界几乎变得无关紧要了。公民变成了世界性的；跨国公司变成了全球实体；民族国家逐渐消失。原则上，这种类型可以涵盖整个地球，尽管直到现在还没有完全实现。

这种被扩展的商业伦理三个层次的概念提供了一个有用的映射系统，以确定在各种不同的国家和国际环境中不同层次上的决策和行动。它如何有助于澄清对创造财富和人权的理解和相关性呢？

创造财富的意义

第一章中概述的创造财富的七个特征，通过将其与四种类型的国际关系联系起来，得到了更多的说明。几个例子（在 4×7 = 28 种可能的组合中）可以说明这种概念图谱的有效性。自然资本作为财富综合定义的一部分，以多种方式出现。外国型（A）可以表示当地有限的、清洁或污染的地下水，它独立于其他国家而存在。帝国型（B）的一个例子是由占主导地位的跨国公司开采的石油、天然气和矿产等自然资源（Cameron & Stanley, 2016）。法国和德国之间共享莱茵河作为共同的边界和空间，体现了互联型（C）。而站在全球化型（D）的角度，全球气候不分国界，所以任何国家都不能将自己排除在外。

当考虑到公共产品和公共危害、公共财富（及其缺乏）时，国际关系类型的相关性就变得特别明显。外国型的公共财富是外国的事情，既不影响也不涉及其他国家。然而，帝国型可以对公共财富的创造或破坏产生巨大的影响。在互联型中，一个国家的公共财富（及其缺乏）取决于另一个国家的公共财富（及其缺乏）。至于全球化型，地球上的任何人都不能被排除在公共财富的利益之外，也不能被排除在公共财富缺乏所造成的危害之外。

因为创造财富的生产层面和分配层面在本质上是相互关联的，每一种国际关系不仅涉及生产和增长，也涉及分配和不平等。关于外国型，从局外人的角度看，国内和与其他国家有关的不平等可能不会发挥重要作用。在帝国型中，不平等是由强大的国家和公司深刻塑造的。互联型允许相互依存的国家之间和国家内部保持一定的平衡；例如欧盟的凝聚力基金就是一个例子，其目的是缩小经济和社会差距，促进可持续发展。[3]由于全球化型几乎没有边界，不平等的挑战变得更加明显和紧迫。

创造和革新也受到国际关系类型的强烈影响。外国型对国外的新思想和新实践的刺激很少。至于帝国型，创新可能会传播到被支配的国家；但其影响不一定是好的，可能是破坏性的。互联型可以产生互利共赢的结果，例如，两国在研发和市场机会方面相互补充（参见 2018 年 1 月马克龙访华的预期，《金融时报》，2018）。全球化型为全球范围内的创新提供了巨大机遇；但是，如果管理不当，也会导致混乱和无序。

对人权的意义

考虑到上述四种类型的国际关系，人们可能会问，哪种类型的国际关系或多或少更有利于保障人权？外国型和帝国型的国境渗透程度都很小，而且是单方面的，因此很难促进人权的发展。正如许多孤立国家和多种形式殖民主义的历史所揭示的那样，这些类型的国家通过传播伦理相对主义和伦理帝国主义，阻止了而不是促进了人权的出现。国际关系的互联型和全球化型更有利于保障人权。这两种类型都在很大程度上开放了国家边界，以至于在后一种情况下，它们实际上是无关紧要的。互联型的前提是建立一个相对健全的民族国家体系和一些相当成熟的国际机构，而全球化型仍然需要一套强大的全球机构。

这两种类型都可以带来更好的保障人权的方式，因为它们能使一个国家强烈地感受到其他国家和人民的态度和行为。在互联型中，商品、思想、人员在一个方向上的流动与商品、思想、人员和其他物品在相反方向上的流动相互作用。一个人影响他人的方式会受到他人影响的方式的强烈作用。这种相互依赖性要求建立一种互惠的伦理，或者简单地说，要求建立集体实体之间的黄金法则（这本来就是一种人际关系的道德原则）。如果进一步扩大这种相互联系和互惠之间的关系，人们就可以理解，人权已经成为欧盟内部必要的基本道德标准。

全球化型的假设是，流入该国的资金是如此之多，以至于国界是微不足道和毫无意义的。无论是否愿意，这个国家迟早都必须面对来自外部的威胁，并试图将其转化为机遇。我们有充分的理由认为："地球上所有的人都在同一条船上。"不论国籍、民族、性别、种族和宗教，我们都是"赤裸裸的"人。鉴于没有可行的替代办法，这种见解要求在人权方面建立一种普遍的伦理。

值得注意的是，这四种类型的国际关系在某种程度上同时存在，并相互影响。在全球化的冲击下，第三类和第四类的重要性日益增强，但第一类和第二类依然强大，导致这四种类型之间的多重冲突。此外，互联型与全球化型是对彼此的重要矫正，前者强调民族国家的根基和伙伴间的互惠性，后者则超越民族国家，肯定普遍的共同伦理基础。

可持续性

多层次的全球化是当今世界形势的一个主要特征，可持续性给我们提出了一个应该前进的方向。然而，"可持续发展"一词却以许多令人困惑的方式扩散开来。在商业界，一个可持续的活动或公司往往意味着，"其运作大致如此，它能够无限期地继续下去"（Audi, 2009：47）。同样，大多数首席执行官将公司的可持续发展与公司在一段时间内的连续性等同起来（Rego et al., 2017：133-136）。此外，可持续发展常常被视为生态效率的同义词，它既指经济效率，也指生态效率。但是，正如世界可持续发展商业委员会（World Business Council for Sustainable Development）所警告的那样："不应将生态效率与可持续发展相混淆，后者是整个社会的目标。"确实，"甚至有可能出现这样一个世界：每个公司的生态效率都在提高，但由于人口增长以及工商业的急剧增加，地球的资源基础正在恶化"（Schmidheiny & Zorraquín, 1996：17）。

这本书中，我支持世界环境与发展委员会在其1987年出版的《我们共同的未来》报告中所做的著名定义。可持续发展是指"既要满足当代人的需要，又不损害后代人满足自己需要的能力"（WCED, 1987：8）。

这一定义采用了一种长期的、代际的视角，不仅得到了科学家和政策制定者的广泛接受，也得到了企业和民间社会的广泛认可。它解决了在这一开创性报告出版之前公众讨论中存在的将环境与发展割裂开来的问题。它还为

1992 年在里约热内卢举行的联合国环境与发展会议提供了概念基础，其在《21 世纪议程》中呼吁所有国家，无论贫穷还是富裕，都致力于可持续发展。这种全面意义上的可持续性"承认并融合了几代人的社会、经济和生态目标"（Prizzia，2007：20）。1997 年推出的《可持续发展报告指南》也是基于这三个概念。它们使所有组织能够在三个关键领域测量并报告其业绩表现：经济、环境和社会领域，最近又补充了作为第四个关键领域的治理（http://www.globalreporting.org）。

同样，在 2012 年联合国可持续发展大会上，可持续发展的三重概念发挥了根本性作用，形成了"里约热内卢＋20"成果文件《我们憧憬的未来》（UN，2012b）。在"我们的共同愿景"中，缔约国重申它们的承诺，"确保为我们的地球以及今世后代促进一个经济、社会和环境可持续发展的未来"（第 1 段），并承认"有必要进一步将可持续发展纳入所有层面的主流当中，整合经济、社会和环境方面，并认识到它们之间的相互联系，以实现各方面的可持续发展"（第 3 段）。

2015 年 9 月 25 日，联合国大会通过了《改变我们的世界：2030 年可持续发展议程》（UN，2015）。它颁布了 17 项可持续发展目标（SDGs）和 169 项具体指标，这是继 2000 年《千年发展目标》之后，在全世界范围内经过多次磋商后确立的。它们寻求实现所有人的人权，实现性别平等，为所有妇女和女童赋权。它们是相互联系和不可分割的，并平衡了可持续发展中经济、社会和环境三个方面。这些目标和指标将"推动今后 15 年在对人类和地球至关重要的领域采取行动"（UN，2015：from the Preamble）。[4]

不难看出，可持续发展目标以多种方式充实了全面的创造财富和人权。目标 6（清洁饮水和卫生设施）、目标 7（经济适用的清洁能源）、目标 13（气候行动）、目标 14（水下生物）和目标 15（陆地生物）强调了自然资本的重要性。经济资本涉及目标 1（无贫穷）、目标 8（体面工作和经济增长）、目标 9（产业、创新和基础设施）、目标 10（减少不平等）、目标 11（可持续城市和社区）和目标 12（负责任消费和生产）。目标 2（零饥饿）、目标 3（良好健康与福祉）、目标 4（优质教育）和目标 5（性别平等）强调了健康和受教育人群方面的人力资本。社会资本涉及目标11（可持续城市和社区）、目标16（和平、正义与强大机构）和目标17（促进目标实现的伙伴关系）。此外，所有目标不仅由私人产品组成，还由公共产品组成。毋庸置疑，所有这些目标是相互联系和相互依存的。在实现这些目标的时间规划方面，大家为实施这一雄心勃勃的议程留出了15年的时间（到2030年）。

联合国决议明确地将17项目标和169项具体指标与人权联系起来，声明"它们寻求实现所有人的人权"。虽然目标比较笼统，但指标比较具体，在许多情况下表明它们如何涉及特定的人群（妇女和女孩、少数群体、残疾人等），并涉及具体的人权，如公民、政治、经济、社会和文化权利或发展权。值得注意的是，该文件将这些权利界定为需要实现的目标，而不仅仅是需要尊重的约束（见第十三章）。

金融化

虽然全球化和可持续发展的术语已经相当成熟和明确，但是，在全球化和可持续发展的过程中，"金融化"一词并不广为人知。在大多数关于经济学、货币学和金融学的百科全书中，都没有这个词，而且，在使用时，它可以有非常不同的含义。凯文·菲利普斯（Kevin Phillips）将美国的金融化（1980—2000年）描述为一个过程，即证券业取代银行业，成为整个金融业的关键部门。这使得金融在经济重要性上获得了一个巨大的飞跃（Phillips, 2002: 138-147），导致出现了收入和财富两极分化的极端现象。这是一种拜金文化，是公开支持投机和完全开放市场的哲学态度（Phillips, 2009: 21）。

在《金融化与世界经济》（*Financialization and the World Economy*）一书中，杰拉德·爱泼斯坦（Gerald Epstein）将该词定义为"金融动机、金融市场、金融行动者和金融机构在国内和国际经济运行中日益增长的作用"（Epstein, 2005: 3）。葛丽泰·克里普纳（Greta Krippner）提出了20世纪70年代后美国经济金融化的系统性经验证据（Krippner, 2005）。她考察了金融企业和非金融企业的活动，并使用两种不同的标准来衡量金融化的程度：（1）相对于非金融企业生产活动产生的收入而言的"投资组合收入"(包括利息支付、股息和投资资本收益所得);(2)经济中金融和非金融部门产生的利润。数据显示,在投资组合收入与公司现金流的比率以及金融与非金融利润的比率方面,金融化程度相当高。

这些研究和其他研究(Palley,2007;Orhangazi,2008)从进步的角度关注宏观和微观经济的发展,而保罗·德宾斯基(Paul Dembinski)提出了一个完全不同的、可以被描述为既全面又激进的观点:金融化是一种深刻的社会变革。金融被理解为一种理性,它被纳入一种行为模式,成为一种组织原则,从而引发了深远的心理、社会、经济和政治变革(Dembinski,2009:5-6)。正如《金融观察宣言》(the Manifesto of the Observatoire de la Finance)所描述的那样,金融化导致交易几乎完全战胜了关系;效率精神已成为判断的最终标准;在脱离道德考量之时,它已经使得贪婪的表现越来越残酷(Dembinski,2009:168)。因此,《金融观察宣言》呼吁"扭转金融化进程,确保金融服务再次致力于人的尊严和进步",提供储蓄方面的基本服务,并为生产性投资提供资金(Observatoire de la Finance,2011)。值得注意的是,《金融观察宣言》第一版是在 2008 年 4 月全球金融危机爆发前发布的。同样有趣的是,梵蒂冈文件《商业领袖的使命》(Vocation of the Business Leader)将金融化视为当今商业世界的一个主要特征。在反思的章节部分(Vocation,2018:¶17,22,23),金融化被认为是"资本主义经济从生产向金融的转变"。金融部门的收入和利润已经成为全球经济中越来越大的一部分。它的机构、手段和动机对企业的经营和认识产生了重大影响(Vocation,2018:¶22)。这里对金融化的评价是谨慎的,不同于德宾斯基的激进观点。

在金融危机和欧洲主权债务危机之后,金融服务业受到了尖锐的批评,金融化受到了更加强烈的指责,对此我们并不会感到意外。国际货币基金组织(IMF)总裁克里斯蒂娜·拉加德(Christine Lagarde)呼吁金融服务业将金融激励与社会目标相结合(Lagarde,2015)。而路易吉·津加莱斯(Luigi Zingales)教授于 2014 年在美国金融协会发表的主席演讲中,自我批判性地审视了没有适当规则的金融如何容易沦为一种寻租活动,以及金融学者从研究和教育的角度可以做些什么来提升金融治理水平，从而最小化糟糕的金融治理（Zingales，2015）。

关于金融化的这些描述只是为了指出一个不可否认的事实，即金融化以某种形式已经发生了，并与全球化和可持续性一起成为一项重大挑战。显然，它与本书提出的全面创造财富的概念形成了鲜明的对比。它没有适当地考虑经济资本，更没有考虑到自然资本、人力资本和社会资本。金融体系的稳定是经济运作不可或缺的公共利益，但它受到了威胁和破坏。大量即使是金融专家也难以理解的高度复杂金融产品的创新，可能有助于在短期内赚大钱，但却无法创造，甚至摧毁财富。管理层必须实现股东利益最大化的结果，企业组织中的金融化，"会造成不安全感、工作加剧、话语权被压制……［并］促使劳动者感到痛苦和愤怒"（Cushen，2013：314）。这甚至导致法国一家电信公司发生了69起员工自杀事件（Chabrak et al.，2016）。

这是个说明金融化如何侵犯人权的极端事例。但是，金融化如何通过收入和财富的极端不平等，通过支付令人食不果腹的工资、破坏就业机会、令人失去家园和关闭良好的企业等方式影响人权的案例还有很多。当交易战胜了关系，人们的尊严就会在冷漠和蔑视中消失。

* * * * *

在描述了全球化、可持续性和金融化的当代背景之后，我们现在转向本书的主题，首先，将创造财富的概念作为商业和经济的目的。

注释

1. 从大量关于全球化的文献中，这里再补充一些出版物：Hesse，1993；Mazur，2000；Stiglitz，2002，2006；Virt，2002；Arruda & Enderle，2004；Bhagwati，2004；Enderle，2005；Radin，2018，*Journal of Globalization and Development*（since 2010）。
2. 在全球化的影响下，商业和经济道德的三个层次概念发生了演变。古德帕斯特（Goodpaster，1992，2001）和恩德勒（Enderle，1996，2003a）的文章提供了这种全面的理解。随着时间的推移，该框架已被广泛采用，其中包括乌利奇（Ulrich，2008）

以及罗索夫和施蒂克尔贝格（Rossouw & Stückelberger, 2011）编辑的《全球商业道德调查》（the Global Survey of Business Ethics）。艾伦比和萨雷维茨（Allenby & Sarewitz, 2011）也采用了三层次的方法来分析技术（见第九章）。关于国际关系的类型化，参见恩德勒的观点（Enderle, 2015a）。

3. 凝聚力基金的对象是人均国民总收入低于欧盟平均水平 90% 的欧盟成员国。参见 http://ec.europa.eu/regional_policy/en/funding/cohesion-fund。

4. 有关详细的筹备讨论参见 "Forum: The Sustainable Development Goals," *Journal of Global Ethics*, 11 (1) (April 2015)。

第一部分

创造财富——商业和经济的目的

第三章
语义学与国富论

语义简探

财富可以有很多不同的含义。在口语中,它可以指巨额的金钱或丰富的物质。2003年出版的《韦氏词典》对财富的定义为:大量有价值的物质财产或资源,充足的供应,具有货币价值或交换价值的财产,或具有经济效用的物品,特别是在任何时候存在的具有经济价值的有用物品的存量(如"国家财富")。由于财富往往具有极度富足的含义,所以人们倾向于避免使用这个浮夸的词语,而更愿意说"繁荣"。但是,财富也可以具有比喻的意义,比如数据的财富(比如在世界银行可以获得的)、新思想的财富、健康的财富,或者"他极丰富的恩典 [πλουτος]"(如保罗在以弗所书第二章第七节写到的上帝)。

正如罗伯特·海尔布隆纳(Robert Heilbroner)所说:"财富确实是经济学的一个基本概念,也许是这门学科的概念起点。"(Heilbroner,1987:880)然而,尽管财富的概念处于中心地位,但它从未成为一个具有普遍共识的问题。至于这个词本身,它在亚当·斯密的《国富论》(*An Inquiry Into the Na-*

ture and Causes of the Wealth of Nations，1776）一书中占有显著地位，但在贡纳尔·默达尔的《亚洲戏剧：关于各国的贫困研究》（Asian Drama：An Inquiry Into the Poverty of Nations，1968）一书中却明显缺席。在戴维·兰德斯的《国富国穷》（The Wealth and Poverty of Nations：Why Some Are So Rich and Some So Poor，1999）一书中，它得到了与之相反的补充，并引用了马尔萨斯（Malthus）在1817年1月26日给里卡多（Ricardo）的信中的一句话："国家富强和贫穷的原因——政治经济学中所有研究的主要对象。"（Keynes，1933/1972：97–98；Landes，1999：vii）

值得注意的是，斯密的"财富"是如何被翻译成其他语言的：在德语中为 Wohlstand——繁荣（不是：Reichtum——财富，Wohlfahrt——福利，Wohlergehen——福祉，Vermögen——财富）；在法语中译为 richesses——财富（不是：prospérité——繁荣，opulence——富足，aisance——富裕）；在西班牙语中译为 riqueza——财富（不是：bienestar——福祉，prosperidad——繁荣），在汉语中译为 cái fù——财富（不是：fán róng——繁荣）。

这个简短的语义探索表明，财富意味着物质的丰富，并不等同于金钱。它在强调物质性的同时，不只限于物质性，还可以超越物质性。此外，财富能够被归于不同的主体：个人、家庭、社区、企业和其他组织、经济体、国家、世界地区和整个地球。相应地，财富的含义可能在某种程度上有所不同。富有的个人可能拥有大量的证券或房地产。跨国公司可能在多个国家拥有数百家子公司。地球上自然资源丰富。一个富裕的国家不只是富裕的个人和组织的总和，还是由强大的制度、可靠的基础设施、充满活力的文化和其他所谓的"公共产品"组成的。然而，值得注意的是，财富往往只与个人有关，而与国家无关。例如，《牛津经济学词典》（Black et al.，2009）没有关于"国家财富"的词条，只从个人的角度看待财富。

是什么让一个国家富有？对国家财富的关注

为了讨论财富的概念，我们首先可以集中讨论一个国家或民族的财富意味着什么（我们交替使用这两个术语）。乍一看，由于当今"民族国家的衰落"，日益增多的紧迫的国际挑战以及许多跨国公司的非凡力量，这种做法似乎已经过时并不合时宜了。然而，随着近来民族国家的复兴，与其他方法相比，关注单一国家的财富为更好地理解财富提供了一些优势。尽管全球化的进步及日益增长的相互联系，融合了许多民族特有的传统、制度和实践，有别于个人、组织和超国家实体的民族国家仍然是一个不可或缺的实体。此外，民族国家的视角也可以为应对国际挑战提供有益的经验教训，因为在国内背景下，社会生活的基本方面可能是重要的，经过必要的变化，在国际背景下也是如此。此外，全球金融危机和欧洲的欧元债务危机已经清楚地表明，尽管各国在金融和其他方面存在深远的相互依存关系，但国家机构、政策和行为仍然至关重要。

20世纪的一些历史事例可以说明国家（或领土一部分，如中国台湾地区）作为分析创造财富的一个单位的重要性。在《国富国穷》一书引人入胜而又有力的历史论述中，兰德斯（Landes）仔细考察了过去50年创造财富过程中的赢家和输家。从赢家来看，除了法国"从1945年到1975年的30年美好时光"和德国的"经济奇迹"，他还重点介绍了日本、"四小龙"（韩国、中国台湾、新加坡和中国香港）以及马来西亚、泰国和印度尼西亚等区域性追随者的东亚成功故事，其中提到了世界银行的研究报告《东亚奇迹》（1993），并在他的《后记1999》中加入了中国（Landes，1999：524-531）。输家是中东、拉丁美洲和撒哈拉以南非洲等。

事实上，东亚的经济奇迹首先出现在上述八个经济体，然后出现在1978年以来的中华人民共和国，主要是在强大的政府支持下，在全国范围内展开的。它们为我们更好地理解经济发展和伦理在这一过程中的作用提供了宝贵的经验。在20世纪90年代中期，我从伦理的角度讨论了世界银行的报告（1993），并强调了以下几点的重要性：(1) 包容的道德；(2) 将经济理解为一个相互联系的生产和分配过程；(3) 政府与私人企业之间的政府主导关系；(4) 以群体为导向的工商业组织概念（Enderle，1995：95-105）。最近，在中国经济改革开放40周年之际，我将其经济增长视为一个"创造财富"

的过程（Enderle，2010a，2013c）。运用全面的财富概念（本书第一部分对此进行了解释），中国的经历为发展中国家提供了一些重要的经验。(1) 真正的财富创造远远超过以 GDP 衡量的经济增长，不仅包括经济资本，还包括自然资本、人力资本和社会资本。(2) 20 世纪 80 年代的"创业十年"表明，相对自由的企业在为广大民众创造更多财富和摆脱贫困方面可以发挥解放和创造性的作用。(3) 理解经济改革和国家开放之间的辩证关系是应对全球化挑战的关键。(4) 成功的经济发展只能被理解为创造私人财富和公共财富的共同努力。(5) 必须认真关注创造财富过程中生产层面和分配层面之间的相互联系。(6) 财富的创造不仅仅是一个物质创造的过程，还包括精神的层面。[1]

除了从历史的视角外，从分析的角度来看，国家财富的问题也得到了相当多的关注。人们越来越担心目前衡量经济业绩的措施是否充分，尤其是那些基于 GDP 数据的措施。此外，人们对这些数字作为社会福祉的衡量标准以及经济、环境和社会可持续性的衡量标准的相关性表示了更广泛的关注。为了解决这些问题，2009 年约瑟夫·E. 斯蒂格利茨（Joseph E. Stiglitz）、阿马蒂亚·森（Amartya Sen）和让－保罗·菲图西（Jean-Paul Fitoussi）关于衡量经济业绩和社会进步的报告（2009）提出了影响深远的改革建议（见报告第 11—18 页的摘要）。这里简要提及其中几个因素：衡量生产——除其他外，这是决定就业水平的一个变量——也应衡量质量变化，这对衡量实际收入和消费水平是至关重要的，这是人民物质福利的一些关键的决定因素。应强调家庭的角度，收入措施应扩大到非市场活动（例如，以实物和/或在家庭内提供服务）。至于财富，报告总结道：

收入和消费对于评估生活水平至关重要，但最终只能结合财富信息来衡量。如果一个家庭把自己的财富花在消费品上，就会增加其当前的幸福感，但以牺牲其未来的幸福为代价。这种行为的后果将体现在一个家庭的资产负债表上，对于其他经济部门乃至整个经济来说，也是如此。为了构建资产负债表，我们需要对资产和负债进行全面的核算。国家资产负债表在概念上并不新颖，但其可用性仍然有限，应促进对它的构建。衡量财富是衡量可持续

性的核心。未来要延续的必然是存量——物质、自然、人力和社会资本。（Report，2009：13）

因此，一个国家的财富——在某一个时间点的存量——表现在一张包含所有资产和负债的综合国家资产负债表上，它决定了国家未来发展的可持续性。

关于构建这样的综合资产负债表的文献越来越多（Hamilton & Clemens，1999；Dasgupta & Mäler，2000，2004；Arrow et al.，2003；UN et al.，2003；UNECE et al.，2008）。斯蒂格利茨、森、菲图西的报告提供了一个出色的、相当全面的讨论。我们需要特别关注的是世界银行的三项研究：《国家财富在哪里？衡量21世纪的资本》（Where Is the Wealth of Nations? Measuring Capital for the 21st Century，World Bank，2006）、《国家财富的变化：衡量新千年的可持续发展》（The Changing Wealth of Nation: Measuring Sustainable Development in the New Millennium，World Bank，2011）和《国家财富的变化：建设可持续的未来》（The Changing Wealth of Nations 2018: Building a Sustainable Future，Lange et al.，2018）。

这些研究是如何将国家财富概念化并予以衡量的？第一份出版物区分了四类资产（自然资本、生产资本、无形资本和总财富），第二份出版物则在这一区分的基础上增加了外国净资产。五类资产如下（World Bank，2011：3－5，Appendix C）：

（1）包括所有金融和非金融净资产的总财富。对总（或综合）财富的衡量建立在一个直观的概念上，即当前财富必须制约未来的消费。（本报告第五章介绍了这一假设所依据的理论和用于估算总财富的方法）。

（2）生产资本包括机器、结构和设备，也包括城市土地。

（3）自然资本包括农业用地、保护区、森林、矿产和能源。

（4）国外净资产的计算方法是国外总资产减去国外总负债，即外国直接投资资产、证券权益资产、债务资产、衍生资产和外汇储备之和减去外国直接投资负债、证券权益负债、债务负债和衍生负债之和。

(5) 无形资本被衡量为一种剩余，即总财富与净外国资产、生产资本和自然资本之间的差异。它隐含着人力、社会和体制资本，其中包括法治、治理、教育水平、对机构的信心和社会中没有暴力等因素；换句话说，就是后面将讨论的各种"公益物"。

为了更清楚地了解国家财富的概念及其不同的组成部分，我们可以看看几个国家的估计数字。可采取两种方法来进行估算（World Bank, 2011：appendix A）。对于生产资本存量的价值估算，采用永续盘存法（PIM），该方法将资本估计为初始存量随时间增加减去的总和。对于自然资本和总财富的价值估算，采用净现值方法（VPN），该方法通过资本随着时间的推移能够产生的净现值对资本进行衡量。显然，这些估计是相当粗略的，特别是就净现值而言，取决于对（不确定的）未来价值流的假设和（不确定的）贴现率的选择。

表3-1显示了以2005年人均美元计算后，五个国家的财富估值。最贫穷的国家是布隆迪，最富有的是挪威。[2]考虑到它们的人口规模，印度和中国显然属于中低收入发展中国家（平均17112美元）。在高收入的经合组织国家（平均为581424美元）中，美国和挪威排名第一。

表3-1 选定国家2005年的财富估算（以2005年人均美元计算）

单位：人，美元

国家	人口	自然资本	生产资本+城市土地	国外净资产	无形资本	人均财富总额
布隆迪	7547515	2697	166	-145	-527	2191
印度	1094583000	2704	1980	-107	5961	10539
中国	1304500000	4013	6017	284	8921	19234
美国	296410404	13822	100075	-6947	627246	734195
挪威	4623300	110162	183078	36436	532121	861797

资料来源：World Bank, 2011：173-183。

有几个特点特别值得注意。第一，总财富及其组成部分不仅是整个国家的数字，而且是平均每人（即人均）的数据。第二，国家间财富的极端不平等是显而易见的；挪威的人均财富总额几乎是布隆迪的 400 倍。这意味着挪威人的可持续生活前景要比布隆迪人好得多。第三，国家的规模也很重要。2005 年中国的总财富规模已经非常庞大，约有 25 万亿美元（却落后于五个最富有的国家：美国、德国、英国、法国和意大利）。2010 年，中国成为世界第二大经济体（仅次于美国）。然而，由于人口众多，它仍然是一个发展中国家。第四，考虑到财富总量的构成，富裕国家最重要的组成部分是无形财富，包括人力、社会和制度资本。第五，发展中国家为了摆脱贫困，必须非常重视增加无形资本。

世界银行关于国家财富变化的第三份也是最新的出版物（Lange et al., 2018）取消了无形资本的类别，并大幅提高了人力资本和自然资本的估算。值得注意的是，社会资本和制度资本不再包含在财富总量中。最贫穷的国家现在是加蓬，最富有的国家是挪威。[3] 表 3-2 显示了五个国家的财富估值，以 2014 年人均美元不变表示。

表 3-2 选定国家 2014 年的财富估算（2014 年人均美元不变）

单位：人，美元

国家	人口	自然资本	生产资本+城市土地	国外净资产	无形资本	人均财富总额
冈比亚	1928201	1413	1545	2745	-496	5208
印度	1295291543	4739	5161	8755	-444	18211
中国	1264270000	15133	28566	63369	1104	108172
美国	318907401	23624	216186	766470	-23000	983280
挪威	5173232	103184	423905	1004649	140018	1671756

资料来源：Lange et al., 2018: 225-233。

对比表 3-1 和表 3-2（即 2005 年和 2014 年的数值），有几个变化是显著的。第一，最贫穷国家（布隆迪、冈比亚）和挪威之间的人均财富差距从近 400 倍下降到约 321 倍。第二，印度和中国的人均财富差距增加了 10 倍以上（从 8695 美元增加到 89961 美元）。第三，各国人均财富的增长差异很大：印度是72%，中国是562%，美国是34%，挪威是194%。

正如这些研究表明的那样，一个全面的、有充分根据的国家财富概念，不仅对比较而言至关重要，而且对政策目的来说也是如此。这关系到一个国家应该如何发展的根本问题。鉴于本章篇幅所限，我们只能将世界银行这些研究报告提出的发展概念与联合国开发计划署的"人类发展"概念进行比较。它们各不相同，存在某种紧张关系，但它们也有共同的元素。世界银行将"发展"定义为"以可持续方式建立和管理资产组合的过程"。

> 发展的挑战不仅是管理资产总量——储蓄多少与消费多少——而且要管理资产组合的构成，即有多少投资于不同类型的资木，包括构成社会资本的机构和治理。（World Bank，2011：4）

相反，开发计划署在其第一份《人类发展报告》——《1990年人类发展报告》中创造了"人类发展"一词，并将其定义为"扩大人民选择"的过程（UNDP，1990：10）。《人类发展报告》二十周年纪念版——《2010年人类发展报告》（副标题为"国家的真正财富：人类发展之路"）宣称"人民是国家的真正财富"（UNDP，2010：1），重申了其长期以来的重点：

> 人类发展是广大人民过上长寿、健康和有创造力的生活的自由；推进它们有理由重视的其他目标；并积极参与在一个共同的星球上公平和可持续的发展。作为个人和群体，人民既是人类发展的受益者，也是人类发展的推动者。（UNDP，2010：2）

《人类发展报告》将真正的财富与人等同起来，采取了一种全面的办法，指出了人类发展应努力实现的最终目标。另外，世界银行似乎采取了一种经济办法，谈到以可持续的方式建立和管理的"资产组合"，并侧重于实现人民福祉的手段。

这些对立的观点不一定是矛盾的，但它们强调不同的方面，但又有几个共同的特点。一个国家的"总财富"不仅仅是物质财富，就像自然资本和生产资本以及净外国资产一样。总财富还包括人力和社会资本——无形资本的一部分——这意味着健康和受过教育的人以及值得信赖的关系。人作为一项无形资本，被认为是需要被开发和管理的"资产"，或被当作工具使用。然而，作为手段的这种工具性的使用并不一定意味着健康和受过教育的人以及值得信赖的关系只是手段；他们也有内在价值。换句话说，世界银行定义的财富比物质财富更广泛，包括了非物质层面，但没有明确界定人民的福祉。

关于人类发展观，"人民是国家的真正财富"这一主张似乎暗示，物质财富本身不是"真实的"或好的，而只是一种手段。这可能会让我们想起亚里士多德的名言——森（Sen，1999：14）在《发展即自由》（*Development as Freedom*）中引用的这句话——"财富显然不是我们所寻求的善"（Aristotle，1980：7）。然而，人与物质资产之间的这种明显的区分可以从人类学的角度提出质疑。如果一个人的身体和灵魂是相互依存的亲密统一关系（也就是说，与亚里士多德的哲学相反），那么，物质性就是人的一部分，与他的福祉密切相关，因此，它很难被定性为"非真实的"。但是，通过对报告副标题的不同解读，可以淡化这种具有挑衅性的说法："国家的真正财富"不仅是目标（即人民），而且是"人类发展之路（即手段）"。

在这一点上，我们结束了对为什么可以首先关注国家财富的考量。这种方法论的优势在于，强调通过列举一些现实案例以及不同的概念差异，从而构建起对财富更为丰富的理解。财富包括自然资本、生产资本、金融资本、人力资本和社会资本（其中一些被定义为无形资本或制度/社会资本）。它有很强的物质成分，也在一定程度上涉及人们的教育禀赋和信任关系。这些是国家财富的一些基本特征。它们也适用于民族国家以外的实体，即区域、大陆和地球。不言而喻，本章将重点放在作为分析单位的国家上，不应误导人们低估对其他实体在区域、大陆和全球背景下日益增长的重要性。

注释

1. 世界银行最近的一份报告《乘风破浪：21世纪的东亚奇迹》（*Riding the Wave：An East Asia Miracle for 21st Century*，2017）显示了快速和广泛共享的增长如何使数百万人摆脱贫困，大多数国家出现了稳固的中产阶级。但报告也指出，这些成功并不能保证包容性增长——减少贫困并为所有人提供向上流动和经济安全的增长——能够得到实现。

2. 在 2005 年，冰岛和卢森堡的人均财富总额更大，分别为 902960 美元和 917530 美元。冰岛拥有迄今为止最大的外国无形资产净值（799123 美元）——这是金融危机之前的数据；卢森堡是迄今为止海外资产净额（99499 美元）最高的国家。这些结果可能表明，对无形资本的概念需要进行一些修订，2018 年世界银行出版物（Lange et al.，2018）实际上已经采取了行动。

3. 正如第一个作者在与恩德勒的电子邮件交流中解释的那样，旧的衡量财富的方式并不令人满意，原因有很多。（1）对总财富的估计假定所有国家的收益率都是相同的，这根本不准确。最好是估算财富的所有组成部分，并将它们合计起来。然后我们就可以计算出各国的隐性回报。（2）无形资本的概念是非常令人不满意的，因为它只是人们可以衡量的东西的剩余。但是，大部分剩余物是人力资本，无法直接计量。（3）当一个指标（人均财富及其随时间的增长）的最大组成部分是剩余物时，很难得到同事们的支持。机构/社会资本被认为是不可分离的资产。它们影响着各国机构/治理的排名，本书将在以下的研究中加以说明。

第四章
财富包括自然、经济、人力和社会资本

第三章对财富问题的探讨，旨在初步了解概念和方法问题；这一点是通过借鉴最近的文献，并以语义学的考量和历史实例来阐明的。对国家财富的关注带来了相当丰富和全面的财富概念，它远远超越了将财富等同于金钱的庸俗概念。

在本章和接下来的六章中，我们对财富及其创造进行了较为系统的调查，并对本书提出的创造财富概念的七个特征进行了阐述（见图4-1）。第一，从实质内容来看，包括四类资本：自然资本、经济资本（即生产资本和金融资本）、人力资本和社会资本（见框注4-1）。第二，从资本的形式——也就是形式方面来看，私人财富和公共财富都有关系。第三，从过程来看，财富的产生涉及生产和分配两个层面，两者相互依存。第四，这个过程不仅仅是一个物质的过程，也有精神的一面。第五，这个过程的时间范围不仅包括现在，也包括未来，也就是说，财富的创造是"可持续的"，是以"人的能力"来证实的（Amartya Sen）。第六，更具体地说，财富的产生被理解为一个创造性的过程，它使事物变成新的和更好的。第七，创造财富既要有利己的动机，也要有利他的动机。

财富包括自然、经济、人力和社会资本

正如前一章简要讨论的那样，最近关于国民经济核算的文献确定并阐述了五种类型的财富：自然资本、生产资本、金融资本、人力资本和社会资本。[1]虽然每种类型的定义在一定程度上有所不同，但这种分类可以作为我们

研究的起点，本章将按照联合国欧洲经济委员会等（UNECE et al.，2008）解释的可持续发展的资本方法展开。因此，根据经合组织的定义，生产资本和金融资本被聚合并被设想为经济资本（OECD，2013a）。因此，我建议将一个社会——例如一个国家——的财富定义为与经济相关的私人和公共资本的总量，包括自然资本、经济资本、人力资本和社会资本。不用说，这种全面的资本概念远远超出了"资本主义"和卡尔·马克思在《资本论》中通常采用的概念。

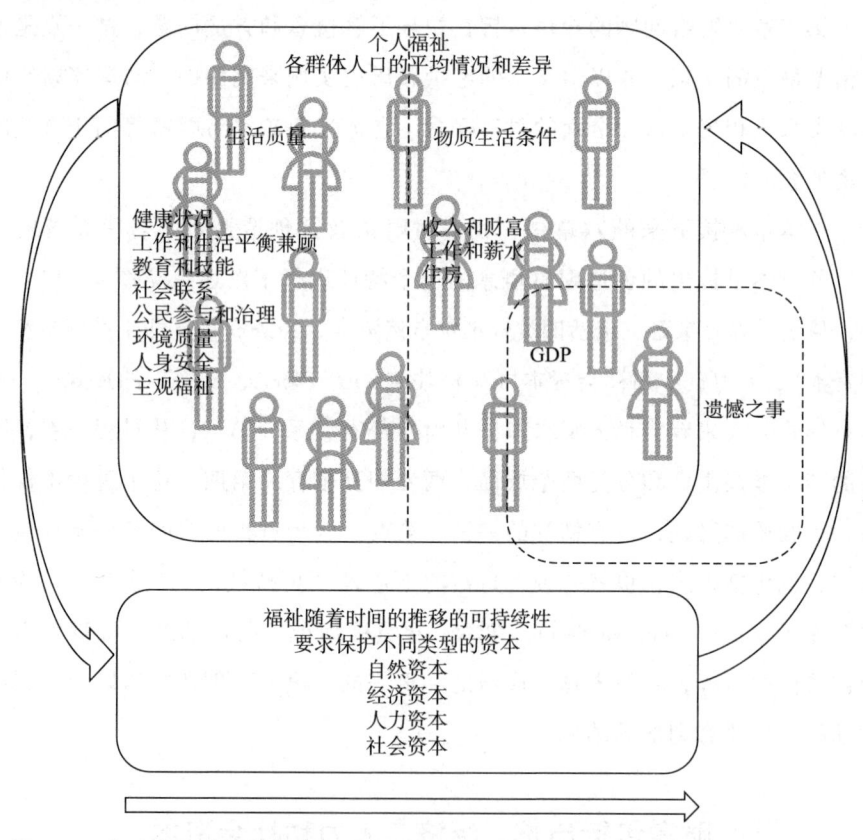

图 4-1　经合组织的福祉概念框架（The OECD well-being conceptual framework）
资料来源：OECD（2011），How Is Life? Well-Being，OECD Publishing，Paris，http://dx.doi.org/10.1787/9789264121164.en。

这四种类型都被认为是把握财富的广泛性和现实性所不可或缺的。如果遗漏或忽视其中任何一种类型，被删减的财富概念就会导致严重的误解和政策缺陷。值得注意的是，这种包含四类资本的财富概念与经合组织的福祉框架是一致的，根据该框架，福祉的长期可持续性要求保留所有四类资本（见框注4–1）。

但是，坚持这四种财富的基本要素，并不意味着将来不能增加其他类型的财富。人们可能会想到"文化财富"和"道德财富"，这些概念在文献中被使用（例如，Donaldson, 2001; Pagel & Mace, 2004; Bandelj & Wherry, 2011; Jennings & Velasquez, 2015）。然而，由于这些很难概念化和操作化，所以在此不做进一步探讨。

框注4–1 四种创造财富的资本

自然资本包括：

- 不可再生的自然资产：石油、铜和所有其他矿产。
- 有条件的可再生自然资产：可以自我繁殖的鱼类和树木。
- 自然负债：二氧化碳和其他化学物质。

经济资本包括：

- 有形资本：机器、设备和建筑物以及城市土地。
- 金融资本：指其他机构单位存在对应负债的任何资产……（以及）黄金储备……尽管它们没有相应的负债。

人力资本包括：

- 个人所具备的知识、技能、能力和特质，有助于创造个人、社会和经济福祉（"受教育者"）。
- 完全的身体、社会和精神健康状态，而不仅仅是没有疾病或虚弱（"健康人"）。

社会资本包括：

- 个人之间的联系——社会网络以及由此产生的互惠和可信的规范。

在阐述财富的四种类型之前，应该强调的是，本书中使用的财富概念既包括存量，也包括流量，不仅包括某一时间点上与经济相关的资本存量，也

包括一定时期内资本存量的变化。这样一来，人们就会既考虑财富和收入，又考虑自然资源的存量及其变化。存量是前一时期正流量和负流量的结果，更重要的是，它表明了以后一段时间内的潜在流量。作为一种资产，存量为未来开辟了机会；作为一种负债，它给前景带来负担。因此，正如第三章提到的斯蒂格利茨、森、菲图西的报告（Report，2009：13）所述："衡量财富是衡量可持续性的核心。留存到未来的必然是物质、自然、人力和社会资本的存量。"图4-2显示了经合组织的福祉框架是如何将资本存量、流动和福祉结果联系起来的，并明确说明了它们的分布情况。[2]

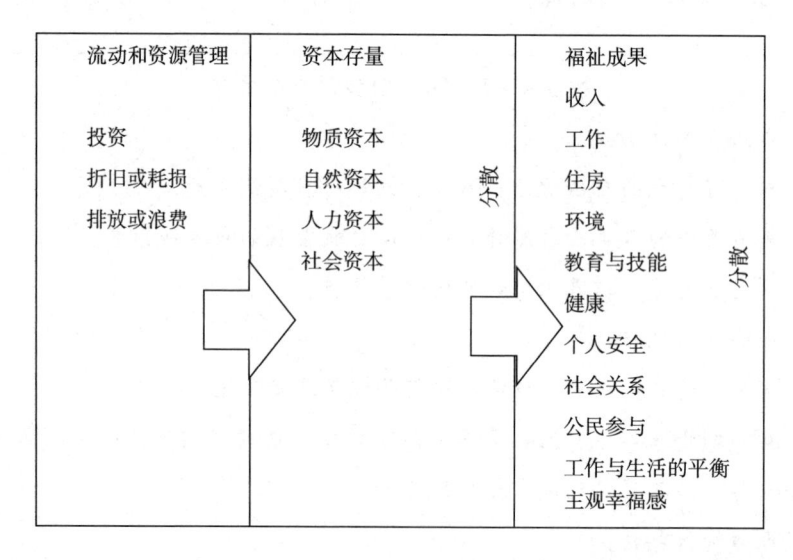

流动和资源管理	资本存量	福祉成果
投资	物质资本	收入
折旧或耗损	自然资本	工作
排放或浪费	人力资本	住房
	社会资本	环境
		教育与技能
		健康
		个人安全
		社会关系
		公民参与
		工作与生活的平衡
		主观幸福感

图4-2 在经合组织的福祉框架内将资本存量、流动和福祉结果联系起来

自然资本，作为第一种财富，包括不可再生的自然资产和有条件的可再生自然资产和自然负债。[3]不可再生的自然资产，如石油、铜和所有其他矿产，只能使用一次，本质上是消耗性的。有条件的可再生自然资产，如鱼类和树木，在繁殖所需的大量种群不被过度采伐的情况下，会自我繁殖，成为自然制造的种群，随着时间的推移产生自然收获。在自然责任中，根据广泛的科学共识，二氧化碳已经成为导致气候变化的最重要因素。碳实际上是生命的基本成分。它在大气中积聚，吸收热量。但随着全球经济的大规模增长，碳的累积量超过了全球温度显著升高的临界阈值，这成为一个问题。

自然资产和负债都是决定自然资本的重要因素。然而，要使它给人们带来效益，还需要做更多的工作。保罗·科利尔在其开创性的著作《被掠夺的星球：为什么我们必须以及如何能够管理自然以实现全球繁荣》中，将决策链划分为四个关键阶段：(1) 发现自然资产；(2) 搜捕自然资产；(3) 出售自然资产；(4)"投资于投资"。他的目标是解释（正如副标题所示）"为什么我们必须以及如何能够管理自然以实现全球繁荣"（Paul Collier，2010）。

联合国欧洲经济委员会等（UNECE et al., 2008）的报告借鉴了环境经济核算体系（the System of Environmental-Economic Accounting, SEEA, 2003）和联合国千年生态系统评估（the United Nations Millennium Ecosystem, UN, 2005）的工作，提出了一个更全面的自然资本定义。根据环境经济综合核算体系，一般认为，自然资本包括三个主要类别：自然资源存量、土地和生态系统。所有这些都被认为对长期可持续发展至关重要，因为它们为经济以及经济之外的人类和其他生物提供了"功能"（UNECE et al., 2008: 49）。

因此，自然资本包括不可再生的自然资产和有条件的可再生自然资产。此外，它还包括为人类提供各种基本服务的生态系统和其他自然系统。继联合国千年生态系统评估之后，生态系统服务可分为供应、调节和文化服务：第一种包括矿物、木材、鱼和水等物质资源；第二种包括吸收生产和消费中产生的废物以及调节全球气候等服务；第三种有时被称为舒适功能，如审美、精神、教育和娱乐服务。在不同的形式和程度上，所有的生态系统服务都有助于实现人类在安全、美好生活的基本物质、健康和良好的社会关系方面的福祉。作为福祉的组成部分，这种分类甚至包括"选择和行动的自由，（这是）能够实现个人价值的机会"（UNECE et al., 2008: 50）。这是第八章将讨论的能力方法的关键概念。

总之，报告提出了如何评估自然资本的问题。它简明扼要地将情况总结如下：

> 这些问题……就像资源本身一样多样。对于大多数传统的自然资源

(矿物、化石燃料、木材等)而言,市场价格是存在的,尽管它们很少反映资源开发所产生的负面外部因素。例如,木材开采往往以牺牲生物多样性保护、土壤保护和其他环境服务为代价,而这些服务是由为我们提供木材的树木提供的。为了得出森林资本会计价格的近似值,市场价格必须根据这些负面外部性加以修正。

由于生态系统服务通常不在市场上定价,因此必须采用特殊方法进行修正。在相当多的情况下,很难找到可靠和客观的会计价格。总的来说,公平而言,自然资本的货币核算还不能像生产资本和金融资本那样操作。鉴于这些困难,必须将自然资本的实物衡量作为一套以资本为基础的可持续发展指标的一部分。(UNECE et al., 2008:51)

尽管存在这些困难,世界银行2011年的研究(The World Bank Study, 2011)仍试图估算自然资本的一些变化。它集中注意1995—2005年的下列组成部分:土地(谷物、水果、蔬菜、糖、其他作物、牧场和保护区)、森林(木材和非木材)和底土资产(石油、天然气、煤炭和矿物)(第51—71页)。它还承认一些环境退化的重要来源,例如地下水枯竭、不可持续的渔业,土壤退化不包括在内(第150页)。通过分解价格和数量的影响,研究显示,自然资本的积极变化特别发生在中东和北非,而消极变化尤其影响到撒哈拉以南非洲。此外,该研究还专门用了另一章讨论"温室里的财富核算"(第75—91页)。它概述了气候变化的经济学,强调碳的社会成本是一个关键因素。它研究了全球共有物的产权如何影响我们进行财富核算的方式,并在最后估算了一些国家2005年的二氧化碳储量和流量的价值。

世界银行2018年的研究以2011年的研究为基础,时间范围涵盖了1995年至2014年。自然资本包括农地、森林(木材和非木材)和保护区(用于维护和保护生态系统)的可再生资源以及不可再生能源(石油、天然气和煤炭)和矿物资源(第8—14页,第85—95页,第212—219页)。研究还讨论了"各国的碳财富:从租金到风险"(第97—113页)、空气污染对人类健康和财富的影响(第171—188页)和"减少海洋渔业财富的补贴"(第

189—197页）。此外，为了填补"缺失的"自然资本的空白，它制定了生态系统服务的生物物理量化方法（第199—210页）。

除了这些评价自然资本的问题之外，还有一个不可回避的伦理问题，即自然资产和负债的产权应该分配给谁。正如科利尔所写，"自然资产没有自然所有者"（Collier, 2010：17）。谁拥有公海的鱼和北极的地下资源？子孙后代对自然资产拥有什么所有权？谁愿意承担像碳排放这样的自然责任？不难预见，一方面是对资产的激烈竞争，另一方面是对负债同样强烈的拒绝。这个问题将在第五章关于公共产品和公害的讨论中再次出现。

第二种财富是经济资本，包括物质资本和金融资本。世界银行2011年的研究将"机械、设备和结构"以及城市土地作为有形资本价值以固定的比例列入有形资本。联合国欧洲经济委员会（UNECE et al., 2008）的报告使用了以下相当精确的定义：

> 生产资本是指在生产过程中反复或连续使用一年以上的固定资产。固定资产可以是有形资产，如机械、建筑物、道路、港口和机场；也可以是无形资产，如计算机软件、具有艺术价值的原创作品（唱片、手稿）和用于生产的其他专门知识。生产资本还包括为未来销售而持有的原材料、半成品和成品库存，以及宝石、古董和绘画等贵重物品。(UNECE et al., 2008: 49)

斯蒂格利茨、森、菲图西的报告敦促通过捕捉质量变化来扩展对生产衡量标准的定义。它似乎没有被囊括在上面的定义中，但将在第九章讨论创造财富时加以论述。

为生产资本估值远没有对自然资本进行估价那么复杂，因为前者被记录在国民核算账户的资产负债表中。联合国欧洲经济委员会的报告（UNECE et al., 2008：49）指出："常见的假设是，观察到的生产资本和金融资本的市场价格公平地反映了它们的福利效应。换言之，市场价格接近于生产和金融资本会计价格的理论理想。然而，在实践中，报告的数字并不总是确定的。"

作为经济资本一部分的金融资本被正式定义为"包括任何资产,其对应的负债存在于另一机构单位某处……[以及]黄金储备……尽管它们没有相应的责任"(UNECE et al.,2008:48)。这意味着单位内部的资产和负债会相互抵消。例如,如果一个兄弟欠他的妹妹100美元,这是妹妹财产的一部分,而不是整个家庭的财富。同样,一个国家的金融资本是抵消国内资产和负债的净外国金融资产。金融资本包括货币和其他形式的银行存款、股票和债券、衍生品、应收账款、养老基金和保险储备金。

人力资本,第三种财富,可以用不同的方式来定义。杰雷·贝尔曼和陶布曼(J. R. Behrman & B. J. Taubman,1994:493)强调经济方面:人力资本是"具有经济生产力的人力能力的存量"。罗森(S. Rosen,1987:681)也这么认为,他将"人类的生产能力称为经济中的收入生产主体"。他们采纳了加里·贝克尔的人力资本参考标准(Gary Becker,1964),其中,在职培训(一般和特殊)、学校教育和其他知识(如就业机会信息)被视为人力资本的组成部分,对收入和经济生产力产生影响。

另一些观点则更重视幸福感方面:人力资本是"个人身上体现的知识、技能、能力和属性,有助于创造个人、社会和经济福祉"(OECD,2001:18)。它是个人拥有的(即"具身性",因此是不可分割的),包括认知和非认知技能,是正式和非正式的学习,是终身和多方面的,包括从识字到团队精神和坚持不懈等素质。人力资本不仅能带来私人经济利益(这是原始人力资本理论的核心),也是经济增长的一个关键因素,并产生了广泛的非市场效益,如改善健康状况、降低犯罪和违法率以及促进下一代的教育(UNECE et al.,2008:51-52)。

我建议采用经合组织对人力资本的这一定义,并以"健康"的概念为补充,世界卫生组织在其1948年章程中将健康定义为"身体、精神上和社会适应上的完好状态,而不仅仅是没有疾病或虚弱"(WHO,1948,2006)。20世纪80年代,在促进健康的背景下,世界卫生组织修订了这一雄心勃勃的定义,强调健康是一种动态的韧性或"生活的资源"。健康是指"个人或团体能够实现愿望和满足需求以及改变或应对环境的程度。健康是日常生活的资源，而不是生活的目标；这是一种积极的观念，强调社会和个人资源以及身体能力"（WHO，1948）。这个修订后的定义类似于森关于人类能力的概念（参见第八章），基本上是指"健康的人"。

由教育和健康组成的人力资本对创造财富具有重要意义。例如，森指出，毛泽东去世后，毛泽东思想给中国带来了意想不到的积极后果。改革前中国实施的土地改革、扩大扫盲、扩大公共卫生保健和其他社会政策，对改革后中国的经济增长产生了非常有利的影响（Sen，1999：259-260）。

一般来说，作为人力资本的组成部分的教育和健康具备个人特征，因此不能像生产资本那样与个人分开。可以直接或间接地对它们进行估价。重视良好教育和健康的一个直接原因是丰富人类的生活；一个间接的原因在于，它们可以促进更有效的生产，并在市场上控制价格。人力资本的这种后一种间接作用，当然支持了狭义的人力资本理论以及中国的实例。然而，值得注意的是，这种人力资本的方法与人的能力方法形成了鲜明的对比，后者包含了受过良好教育和健康（所谓的功能）与人民的幸福和自由的直接关系（Sen，1999：292-297）。人的能力方法将在第八章中进一步讨论。

最后，社会资本，作为第四种财富，是一个相对较新的概念，近年来吸引了相当多的研究和关注。然而，却存在许多不同的定义（Dasgupta & Mäler，2000；Bartkus & Davis，2009；Svendsen & Haase Svendsen，2012；Ayios et al.，2014；Kwon & Adler，2014）。社会上既有诸如皮埃尔·布迪厄（Pierre Bourdieu，1986）、詹姆斯·科尔曼（James Coleman，1990，2000）、罗伯特·普特南（Robert Putnam，1983，1995，2000）和埃莉诺·奥斯特罗姆（Elinor Ostrom，2000，2009）等强力推动者，也有肯尼斯·阿罗（Kenneth Arrow）和罗伯特·索洛（Robert Solow）等经济学家的大量批评（Dasgupta & Mäler，2000）。在回顾了90多本书和文章之后，康文和阿德勒（Kwon & Adler）得出结论："社会关系可以有效地提供信息、影响和团结——这个基本论点不复存在争议了。"（Kwon & Adler，2014：419）另外，联合国欧洲经济委员会等的报告也观察到"社会网络及其相关规范产生效益这个观点日益形成共识了"，并支持经合组织 2001 年提出的最普遍采用的社会资本定义：

>　　网络，以及促进团体内部和团体之间合作的共同的规范、价值观和理解。（UNECE et al.，2008：53）

社会资本可以通过一个来源、资产和结果的简单模型来理解。资料来源是指个人、群体和机构。资产是网络和相关的规范，如影响行为的共同理解和非正式规则。它们以许多不同的模式和论坛将个人、群体和机构联系起来，包括面对面的会议、立法和技术辅助的信息传输。社会资本的结果具有积极和消极的影响：身份认同和归属感，增加知识和理解，社区复原力，降低交易成本，解决冲突，社会排斥或不容忍差异，减少家庭功能和腐败（UNECE et al.，2008：51）。

帕萨·达斯古普塔（Partha Dasgupta）在他的文章《社会资本和经济表现的分析》（Social Capital and Economic Performance：Analytics）中指出，社会资本被视为人际网络系统是最有益的。这是人力资本的一个方面（在上面提到的经济意义上），前提是网络的形成产生了本地化的外部效应。然而，如果说网络外部效应更多的是公共产品的性质，那么社会资本就是全要素生产率的一个组成部分。没有一个单一的对象被称为社会资本，而众多的子元素组合在一起可以被称为社会资本，它不同于信任、文化和制度（Dasgupta，2003；Dasgupta & Serageldin，2000）。

在这本书中，我专注于与经济相关的社会资本，并采用罗伯特·帕特南的定义，即"个人之间的联系——社会网络以及由此产生的互惠和可信赖规范"（Putnam，2000：19）。社会资本既可以是私人的，也可以是一种公共的，也可以有"阴暗面"（意味着限制自由和鼓励不宽容），这是圣伊利斯等人从伦理学角度所做的研究（Ayios et al.，2014）。因此，本书中使用的社会资本定义与恩德勒（Enderle，2018d）讨论的社会凝聚力概念不同。

注释

1. 同样地，国际综合报告委员会（International Integrated Reporting Committee）将资本分为六种类型：金融资本、制造资本、智力资本、人力资本、社会资本和关系资本以及自然资本（IIRC，2013：particularly 12-13；Adams，2015；Dumas et al.，2016）。
2. 经合组织（OECD，2013a：190）认为，"与斯蒂格利茨等人（Stiglitz et al.，2009）和可持续发展工作组（TFSD）的说法一样，实物和货币指标的指示板最适合监测长期维持福祉的资本存量"。TFSD 是衡量可持续发展的工作组（OECD，2013：211）。
3. 自然资本的重要概念在 2012 年的《自然资本宣言》中得到了强调，这是金融部门对"里约+20"峰会及以后的承诺。它将自然资本定义为地球的自然资产（土壤、空气、水、动植物）以及由此产生的使人类得以生存的生态系统服务。宣言签署方希望表明它们致力于最终将自然资本考虑因素纳入私营部门的报告、核算和决策，并将私营部门使用自然资本的计量和披露予以标准化（http://legalus.jp/media/fx/）。

第五章
财富是私人财富和公共财富的结合

当我们着手定义"一个国家的财富"时，我们很难否认财富应该包括私人产品和公共产品。这两类产品基本上能被定义为可以归个人行动者（个人、团体或组织）所有、享受和控制的产品，以及国内任何行动者都不能被排除在外的产品。在主流的新古典经济理论中，"公共产品"——因此也是公共财富——被定义为具有非排他性和非竞争性的特征（参见Windsor, 2018a的精彩总结）。一个典型的例子是国防（在民主背景下）。一旦它确立了，任何人都不能被排除在外。此外，一个人可以从中受益，而不会减损另一个人的利益；换句话说，一个人的"消费"或"享受"并不等于另一个人的"消费"或"享受"。或者再举一个例子：使用一个软件程序或欣赏一张音乐光盘。在没有独家版权保护的情况下，该程序和光盘可以被任何人使用（即"复制"），而并不会降低程序和光盘本身的质量（同时降低了拥有该知识产权的制作公司的利润）。与之相反，私人产品具有排他性和竞争性的特征。

这两个关于公共产品和公共财富的正式标准——有别于自然资本、经济资本、人力资本和社会资本的实质标准——也适用于消极的公共产品，即所谓的"公害"。[1]当一个地区受到流行病（如埃博拉）的袭击时，（原则上）任何人都不能被排除在外，该地区居民感染的风险并不会降低其他居民感染的风险。相反，它甚至可能增加其他人感染的风险。

重要的是要认识到，一个社会的财富，不论是地方的财富还是全球的财富，都应被视为私人财富和公共财富的结合，而不仅仅是私人财富的集合。这意味着，私人财富的创造取决于公共财富的供给，而公共财富的创造又取决于私人财富的供给。

为了说明这一论点，我想举一个中国近代历史上的例子。1978年，毛泽东逝世后，邓小平开启了国家的经济改革和开放，号召中国人民"下海"；也就是离开国有企业的保障，冒着风险开办和经营自己的企业。在随后的几十年中，市场经济的引入被证明大体上是非常成功的。成功的一个决定性因素是所谓的"邓小平效应"（Huang，2008：34-38）。中国人相信邓小平不会欺骗他们，而是会承认和支持他们的努力。因此，我们可以得出这样的结论：对邓小平的信任是中国经济改革中私营企业举措成功的关键因素。[2]

另一方面，公共产品的创造也依赖于私人产品的创造，这也是事实。只要回顾一下私人对创造公共财富的多方面贡献就足够了，这些贡献是通过商业、教育、研究和发展、艺术与医疗保健，以税收和许多其他形式提供的（见框注5-1）。

框注5-1　公共产品和公共损害

公益和公害的正式定义具有非竞争性和非排他性。

公益的例子：公平有效的法治、相对廉洁的商业环境、金融体系的稳定。

公害的例子：气候变化（全球变暖）、空气和水污染、性别歧视、种族和民族、受冲突影响的地区。

私人产品和公共产品的区别可以追溯到保罗·萨缪尔森（Paul Samuelson）（见表5-1）。在1954年和1955年，受理查德·马斯格雷夫（Richard Musgrave）的影响，萨缪尔森发表了两篇关于公共支出理论的短文（Samuelson，1954，1955），这两篇文章对现代公共经济学理论的发展具有开创性的重要意义，并包含了市场失灵的基本含义（Enderle，2000）。英奇·考尔（Inge Kaul）、伊莎贝尔·格伦伯格（Isabelle Grunberg）和马克·斯特恩（Marc Stern）将公共产品的范围扩大到"全球公共产品"，以促进21世纪国际合作（Kaul et al.，1999a，1999b，1999c；Kaul，2003；见第十四章）。[3]

表 5-1 私人产品和公共产品的区别

		竞争性	
		是	否
排他性	是	私人产品	(俱乐部产品)
	否	(公共资源)	公共产品

第三种商品是由理查德·马斯格雷夫（Richard Musgrave，1957，1958）在《公共财政理论》（*Theory of Public Finance*）中提出的"优质商品"（merit goods）。虽然存在不同的解释，但一些基本特征是共同的（Musgrave，1987）。一个优质商品不是由商品本身的特征（如竞争性或排他性）定义的，而是由其衍生的消费者偏好类型定义的。因此，不应将其与公共产品相混淆。与通常认为个人偏好是私人产品和公共产品需求的基础不同，社区价值（或偏好）限制了个人的选择。它们决定了社区或政府应该提供的产品，如教育、疫苗接种、收入和财富的再分配或初级分配。由于社区价值观可能与个人偏好不同，因此，优质商品可能会被强加给具有某些个人偏好的人（这就引发了家长作风的问题）。虽然这类产品在公共财政中很重要，但考虑到本章的重点和优质商品的具体特征，这里将不做进一步讨论。

这里强调的私人产品和公共产品之间的关键区别也适用于私人财富和公共财富。经济学上的商品是"流量"，而财富则由"存量"组成。然而，为了充分反映经济绩效，必须将流量和存量都计算在内（Stiglitz et al.，2009）。因此，本书中的财富概念既包括流量也包括存量。它是私人财富和公共财富的结合，可以概括如下（见框注 5-2）。第一，财富作为一个组合，包括私人财富和公共财富，因此排除了严格意义上的个人主义和集体主义财富概念。第二，私人财富和公共财富可以通过加法或乘法的方式进行组合，这取决于私人财富和公共财富更具体的形式和各自的外延。第三，尽管可能的组合方式千变万化，但需要强调私人财富和公共财富的相互依赖性。私人产品的生产依赖于公共产品，可能也会受到公共产品的负面影响。个人和公司需要公共产品来提高生产力。反过来，公共产品的生产又取决于个人和公司通过税收、慈善事业和科学技术、艺术与人文科学以及许多其他领域的专门知识所做的贡献。因此，不应忽视或低估私人财富和公共财富的这种相互依存关系。

> **框注5-2　"一个国家的财富"是什么？私人财富和公共财富的结合**
>
> 公私物品生产的相互依赖：
>
> ● 私人产品的生产依赖于公共产品，并可能受到公害的影响。个人和公司需要公共产品才能提高生产力。
>
> ● 公共产品的生产取决于个人和公司通过税收、慈善、科学和技术、艺术和人文以及许多其他领域的专业知识做出的贡献。
>
> 例如："邓小平效应"在20世纪80年代的中国（Huang, 2008）两个基本含义：
>
> ● 创造财富既需要市场机构，也需要集体行动者。
>
> ● 财富的创造既需要利己的动机，也需要利他的动机。

当然，介于纯粹的私人产品和纯粹的公共产品之间的商品种类繁多，这取决于竞争性和排他性的程度。保罗·罗默（Paul Romer）的技术概念就是一个突出的例子。在他的"内生技术变革"理论中，他在开篇就指出："作为一种投入，技术的显著特征是，它既不是传统产品，也不是公共产品；这是一种非竞争性、部分排他性的产品。"（Romer, 1990：S71）他虽然保持了非竞争性的特点（表征公共产品），但他引入了不同程度的可排除性（背离了公共产品的概念）。[4]如基础研究与开发、沃尔玛商店的操作手册、软件应用程序的计算机代码和卫星电视编码广播等非竞争性商品。通过保密、专利、商标、秘密成分、访问代码、专有标准、持续创新等多种方式，可以将排他性提高到100%（Warsh, 2006：285-287）。而通过提高排他性，商品就会变得（更）有商业价值。尽管如此，私人财富和公共财富之间的根本区别仍然至关重要。

将财富理解为私人财富和公共财富的结合，对创造财富所需的机构类型和动机具有深远的影响。经济学文献中关于公共产品的讨论突出了市场体制的优势和局限性。基于个人偏好和协调供求的价格体系，市场已被证明是高效生产私人产品的有力手段。价格传递信息，提供激励，引导选择，配置资源。从理论上讲，如果供应满足需求，生产出更多（或更少）的商品，那么价格就是"正确的"。基本假设是，在没有大公司、没有外部性、没有完整的信息、没有社会制度等造成的扭曲的情况下，有一个价格能正确地反映供求关系，使市场畅通。

相比之下，可以协调供求关系的公共产品没有价格可言。因为它们的消费是非竞争性的和非排他性的，所以价格体系不起作用。公共产品可以在不支付价格的情况下被消费（这就是所谓的"搭便车问题"），而公害不能通过收取较高的价格来减少或避免（除了税收等）。因此，从定义上看，市场体制不能生产公共产品。

不足为奇的是，人们已经采取了许多尝试来减轻这一令人警醒的后果。人们可能会提到影子定价的近似法。[5] 以上提到的另一种方法是抑制个人偏好的假设和引入社区偏好（见第十章）。然而，私人产品和公共产品之间的根本区别仍然存在，市场制度的基本局限性也必须被接受。

由于市场制度原则上不能生产公共产品，大家可能会问，有没有其他的制度安排可以实现这个目的。主要的集体行动者是国家和各级政府。根据公共产品的种类和范围，这些行动者可能有能力应对这一公共挑战。在通常情况下，特别是在国际舞台上，它们并不存在，或可能由于软弱而失败。继加勒特·哈丁（Garret Hardin）在《公地悲剧》（The Tragedy of the Commons, 1968）一文中提出挑战后，对集体行动制度演变的开创性研究开始展开，显示出丰富的自我组织和自治的制度多样性。埃莉诺·奥斯特罗姆的工作（Ostrom, 1990, 2005）是特别有价值的。虽然她的重点是公共资源（不是严格意义上的公共产品，见注释3；Ostrom et al., 1977），但是她的见解当然也有助于更好地解释生产公共产品的成功和失败的机构。[6]

此外，市场体制不仅不能生产公共产品，而且它本身还可以被理解为上述更广泛意义上的公共产品。它符合非竞争性和非排他性的标准。在一个完美的市场中，只要市场参与者具有必要的禀赋，一个行为人的参与并不会减少另一个行为人的参与，任何行为人都不能被排除在外。因此，市场的运行是一种真正的公共产品，而市场的失灵则是一种公害。这种"辩证法"的一个有趣的历史事例可以从亚当·斯密的著作和18世纪苏格兰的创造财富中找到：一方面，他提倡自由的国际贸易，以有效地生产私人产品；另一方面，他又默默地接受了他那个时代的财产制度（从技术上讲，是一种公共产品），这种财产制度在非洲的国际奴隶贸易和北美的烟草生产中蓬勃发展起来。[7]

这个例子展示了上面提到的私人产品和公共产品的正式定义。和私人产品一样，公共产品也有"好"和"坏"之分。正如我们今天所定义的那样，在国际奴隶贸易中建立起来的奴隶制是一种"公害"。在欧洲、非洲和美国的贸易三角中，它影响了每个人，尽管影响的方式不同；因此它是非排他性的。比如，美国的棉花种植园主对奴隶制的使用并没有减少英国布厂的利益；因此，它们之间没有竞争。恰恰相反，一般来说，它们以牺牲奴隶的利益为代价，彼此受益。换句话说，以奴隶制为"公共利益"（亚当·斯密认为）的国际贸易使种植园主和制造商都受益了。

由于"私人"和"公共"产品的定义是一种形式上的定义，它不涉及对产品的道德评价。至于私人产品，这种评价可能基于个人的偏好，让个人选择。至于公共产品，伦理评价不能留给个人选择，而需要集体选择，而集体选择往往更难以做出（James，2018）。然而，在很多情况下，伦理评价是不可避免的：奴隶制是积极意义上的公益还是消极意义上的公益？同样地，我们想知道如何评价全球公共产品，如气候变化？它是"公益"还是"公害"？公平地说，财富作为私人财富和公共财富的结合体，不能不要求进行伦理评价。伦理评价的问题已经在第四章中提出的非人为自然资产的财产权中提出了，并将在本书的第二部分从人权的角度加以讨论。

被视为私人财富和公共财富相结合的财富的另一个深远影响涉及不同类型的动机（见第十章）。为了生产私人产品，利己的动机虽然不是排他性的，但无疑起着重要的作用。人们可能会想起斯密的名言，即"我们期望我们的晚餐不是出于屠夫、酿酒师或面包师的仁慈，而是来自他们对自身利益的考虑"

(Smith，1776/1981：26 – 27)。然而，正如阿马蒂亚·森（Sen，1993：7 – 8）指出的那样，这句话只关注了交换（而不是生产和分配），并没有表达出斯密理论的整个动机。毕竟，斯密不仅出版了《国富论》一书，还出版了《道德情操论》（*The Theory of Moral Sentiments*，Smith，1759/1976）一书。

在生产公共产品方面，利己的动机是完全不够的。利己的极端形式是基于人类学的假设，即个人是一个自主的、完全独立的人，必须只关心自己。对别人的承诺只有在对自己有帮助或至少不伤害自己的情况下，才是可以接受的。任何为他人的牺牲都要被拒绝。这种观点表达了"自力更生的人"的理想，并得到了艾恩·兰德（Ayn Rand，1957/2005，1964）等哲学家的大力支持。然而，它忽视了一个基本事实，即人是关系型的生物，他们被他们与他人的关系所塑造，反过来他们也能够塑造与他人的关系。

公共产品的生产建立在人际关系的基础上，需要利他动机，如对收到的礼物的感激、企业家精神以及为他人服务。对公共产品的承诺不会立即获得回报，可能在未来提供不确定的个人利益，甚至可能要求个人做出牺牲。但是，其实也不缺乏这样的情况，因为他人的利益是重要的，他们的权利应该得到尊重，社区和社会的需求也要得到解决。因此，其他方面的动机对于创造公共财富是必不可少的——这个问题将在第十章进一步讨论。

注释

1. 在经济学中，"公害"一词是作为"公益"的对称词来使用的，因为它具有非排他性和非竞争性的特点，并对人和自然产生负面影响。空气污染就是公害的一个明显例子。目前关于"公害"的定义，见科尔斯塔德的著作（Kolstad，2010）。
2. 这里的"公共利益"一词是广义的，包括非物质的物品，如基于期望的信任；"社会资本"的定义请见第四章和本章中的相关观点（Kaul，2003）。
3. 后来出现了新的商品类型，如"俱乐部商品"，它具有非竞争性，但也具有排他性，以及"共同资源"或"共同池资源"，它具有竞争性，但也具有非排他性（Windsor，2018a）。

4. 戴维·沃什（David Warsh，2006）在《知识与国富，经济发现的故事》（*Knowledge and the Wealth of Nations: A Story of Economic Discovery*）一书中为非专业读者很好地解释了这一概念发展的思想过程（特别是第 276—288 页）。

5. 布莱克（Black）等人将"影子价格"定义为"在考虑到所有外部因素的情况下，与经济的真实机会成本成正比的商品、服务和资源的价格……在一个没有市场失灵的经济中，市场价格和影子价格将是相等的。在市场失灵的经济中……实际价格和影子价格并不一致"。（Black et al.，2009：409）然而，在这种不重合、可以估计的范围内，一种影子价格可以被近似地估算出来。关于影子价格以及在实践中如何估算影子价格的文献很多。它们也需要政府采取行动来设定。

6. 同样地，达龙·阿西莫格鲁和詹姆·斯罗宾逊（Daron Acemoglu & James Robinson，2012）认为，如果国家想要获得成功，就需要有包容性的经济体制。许多人都讨论过这些问题，包括新老制度主义者，后者包括道格拉斯·诺斯（Douglass North）。

7. 参见第二章中马文·布朗（Marvin Brown）在《经济文明》（*Civilizing The Economy*，2010）一书中的分析。

第六章
创造财富就是财富的生产和分配

长期以来，商业和经济的目标一直是经济增长，通常用 GDP 来衡量，而不考虑其对环境的影响。在第四章和第五章中，这种对经济增长的狭隘和误导性关注已经通过对财富的全面定义而得到了纠正。因此，它囊括了与经济相关的私人和公共资本的总量，包括自然、经济、人力和社会资本（"存量"）及其随时间的变化（"流量"）。[1] 然而，如何理解财富的产生仍有待观察。它首先是一个产出随后分配给消费者和投资者的生产过程吗？这符合"蛋糕必须先烤好才能分享"的说法吗？换句话说，生产为先，销售为辅吗？还是销售第一，生产第二？这个问题多年来将意识形态上的右翼与左翼区分开来，前者主张生产的优先［例如在供给侧经济学中（Roy，2018a）］，而后者主张分配和公平优先［例如某些正义理论，例如约翰·罗尔斯（John Rawls）的《正义论》(*A Theory of Justice*，1971)］。

仔细观察财富的产生就会发现，它不仅包括生产层面，还包括分配层面。分配贯穿于创造财富的所有阶段，从先决条件到产生过程、结果以及投资的结果以及消费和投资内部的使用和分配。事实上，创造财富的生产方面和分配方面在本质上是相互关联的，不能被划分为不同的阶段。在创造开始之前，资源的原始禀赋必然由一定的分配模式所塑造（即谁拥有自然、经济、人力和社会资本，以及它是私人资本还是公共资本）。在这个过程中，要做出多种分配和价格决策，这些决策对分配产生了深远的影响和后果。这一过程的结果清楚地显示了赢家和输家的分配结构。而财富的使用——不管是用于消费还是投资——涉及许多分配问题，甚至在政府通过税收和补贴实现财富再分配之前就已经存在。因此，在本书中，创造财富既是财富的生产，也是财富的分配。

鉴于创造财富的生产和分配层面之间的内在联系，很容易理解的是，道格拉斯·诺斯（Douglass North）提出的全面经济史概念包括"（1）经济在一段时间内的总体增长和这种经济增长（停滞或衰退）的决定因素；（2）在经济增长或衰退过程中收入的分配"（North，1972：468）。显然，这也适用于创造财富的全面概念。

诺贝尔经济学奖得主罗伯特·索洛（Robert Solow）也强调了增长和公平分配对可持续性的重要性：

> 在许多方面，经济增长越公平，就越有可能持续下去，因为争议、分歧、阻力都会减少，而且人口中有大量的人才需要被挖掘。如果将人口中的某些部分——无论是按性别、年龄或种族——排除在增长的好处之外，就会失去他们所拥有的才能。所以在我看来，同时强调经济增长和公平分配不仅是可取的，而且是有益的。（引自 World Bank，2008：62）

此外，斯蒂格利茨、森、菲图西的报告（Report，2009）和经合组织2013年度报告《如何生活》（OECD，2013a），均强调了创造财富中分配维度的重要性。第一份报告建议"更加突出收入、消费和财富的分配"（Recommendation 4）和"所涉各方面的生活质量指标应全面评估不平等现象"（Recommendation 7）。第二份报告写道："结果的分配被强调为当前幸福感的一个关键方面，贯穿于人们的一生，但这也可能是研究资本存量的一个重要特征。"（OECD，2013a：178；见第193—194页，第四章图4-2）。

近年来，创造财富的分配维度备受关注，这并不奇怪。出于现实原因，对人们来说，创造财富对人所造成的影响是一个高度重要的议题。出于理论上的原因，最有影响力的市场模型——特别是一般均衡模型（Eatwell et al.，1989）——忽视或淡化了市场交易的分配含义。它们以原始资源禀赋的分配为前提，默默地接受基于帕累托效应标准的结果，而帕累托效应标准不允许贸易伙伴进行利益递减的交换。

基于上述实践和理论方面的原因，出现了大量的文献研究，展示和分析了收入和财富不平等的日益加剧对人民福祉造成的深远影响。2008年至2015年，经合组织发布了大量有关其成员国收入不平等加剧的趋势和原因的报告（OECD，2013a，2013b，2015a，2015b）。世界经济论坛2015年发布的年度全球风险报告始终将不平等性列为一个主要风险因素。在2015年的通谕中，方济各教皇提到了"气候变化和不平等性"，敦促世界关注我们的共同家园（Pope Francis，2015）。联合国在其十七个可持续发展目标中的两个（SDGs，2015；参见第二章）中明确提出了不平等性问题。社会科学家，特别是经济学家，一直关注这个话题，包括罗伯特·弗兰克（Robert Frank，2007）、保罗·克鲁格曼（Paul Krugman，2009）、安东尼·阿特金森（Antony Atkinson，2015）和弗朗索瓦·布吉尼翁（François Bourguignon，2015）以及以下三本书的作者们都探讨了这一问题：托马斯·皮凯蒂（Thomas Piketty）的《21世纪资本论》（Capital in the Twenty-First Century，2014）、约瑟夫·斯蒂格利茨（Joseph Stiglitz）的《不平等的代价》（The Price of Inequality，2012），以及理查德·威尔金森（Richard Wilkinson）和凯特·皮克特（Kate Pickett）的《不平等的痛苦：收入差距如何导致社会问题》（The Spirit Level：Why Equality Is Better for Everyone，2009）（Tsui et al.，2018，2019）。

这三本书以堪称典范的方式指出了极端收入不平等带来的挑战，并讨论了收入不平等对人们和社会的负面影响、公正的社会秩序的必要性以及坚信变革是可能发生的。作者们呼吁要有勇气追求积极的解决方案，但他们都有各自独特的视角。法国经济学家皮凯蒂利用一个大型数据库，展示了120年来29个国家的收入和财富分配动态。美国的诺贝尔经济学奖得主斯蒂格利茨（Stiglitz）研究了市场力量、政治阴谋的相互作用以及收入不平等对美国经济和社会的影响。英国流行病学家威尔金森（Wilkinson）和皮克特（Pickett）重点研究了经合组织中最富有的23个国家。他们提供了有力的证据，证明严重的不平等会撕裂人类的心灵，造成焦虑、不信任和一系列精神和身体疾病。

这三项研究考察了包括收入（流量）和财富（存量）在内的经济不平

等性——正如本书所提出的——前两项深入分析了经济不平等性的原因和负面影响，第三项关注经济不平等性对人和社会的影响。此外，不平等性和公共财富之间的关系需要大量的研究（在新冠疫情中明显可见）。显然，这些问题非常复杂，需要广泛的讨论，这超出了本书的讨论范围。只要坚持创造财富的分配层面是至关重要的，透彻的分析和有效的政策就足够了。

托马斯·皮凯蒂：21世纪的资本

皮凯蒂将关于分配问题的争论置于经济分析的核心。他没有谴责不平等或资本主义，而是提出了组织社会的最佳方法，并确定了最适合实现公正社会秩序的制度和政策。他对美国主流经济学、抽象理论以及过度数学化持批评态度，试图用公开可获得的数据和最小限度的理论框架来回答基本问题。他深知收入和财富的复杂历史，谨慎地从过去汲取教训，预测未来。

这本685页的书以清晰、引人入胜和通俗易懂的风格书写，包括导言、16个章节、结论和一个附录。这些数据清楚地表明，由于各种经济和非经济因素的影响，各国在收入和财富不平等的涨跌方面存在很大差异。

这本书第八章题为"两个世界"，解释了法国和美国从1910年到2010年关于不平等演变的截然不同的模式。在法国，这一演变很简单：从1980年到2010年，总收入（资本收益和工资）前10%保持不变，而总收入（资本收益和工资）在全国排名前1%的工资份额在20世纪最后十年中增加了30%。收入前0.1%和前0.01%的人增幅更大。在美国，不平等的演变模式更为复杂。从1980年到2010年，收入前10%的人的收入占总收入（包括工资和资本收益）的比例从35%提高到48%，其中，收入前10%至5%（2010年年收入108000至150000美元）的人的收入占比保持在12%左右，收入前5%至1%（2010年年收入150000至352000美元）的人的收入占比从13%微幅上升到16%。然而，收入前1%（2010年的年收入超过35.2万美元）的人的收入占比从10%增加到20%，增加了一倍（相比之下，法国增长了30%）。最值得注意的是，在收入前5%的人中，其近90%的收入来自工资，只有不到 10% 的收入来自资本收益。对于其他 95% 的人来说，资本收益占其总收入的比重微乎其微。

数据清楚地显示，20 世纪 70 年代以来，在所有发达经济体中，美国的收入不平等性增长幅度最大，而且根据预测，美国将继续保持这一地位。这是怎么发生的？皮凯蒂总结说，这"反映了'超级经理人'的出现，超级经理人是大企业的高管，他们成功地为自己的劳动力取得了极高的、前所未有的薪酬"（Piketty, 2014：302）。因此，公司薪酬政策和实践助长了美国的收入不平等。

约瑟夫·斯蒂格利茨：不平等的代价

经济学家大多支持这本 414 页的书，非经济学家也很容易理解。斯蒂格利茨用了十章的文字批评了美国"1%与99%"之间的过大差距。在第一章中，他写道：

> 美国经济中存在一些明显而令人不安的事实：（a）美国近期的收入增长主要发生在收入分配最顶层的 1%。（b）因此，不平等现象日益严重。（c）那些处于底层和中层的人，今天的生活状况实际上比本世纪初更加糟糕……并且（i）美国的不平等状况比任何其他发达的工业化国家都要严重；它在纠正这些不平等方面做得更少，而且不平等状况比许多其他国家增长得更快。（Stiglitz, 2012：25）

针对这些令人不安的事实，斯蒂格利茨利用相关的实证数据驳斥了美国右翼的四种反驳：终生不平等并不是坏事，美国的贫困并不真实，统计数据具有误导性，不平等在经济和道德上是合理的。因此不应该减少，这将"杀死金鹅"，而让穷人受苦。

在第二章和第三章中，斯蒂格利茨讨论了与不平等相关的政治和经济因素。尽管市场力量决定了不平等的程度，但政府政策决定了市场力量，斯蒂格利茨将美国与其他发达工业化国家进行比较时，这一点变得尤为明显。当前的美国政治进程以牺牲大多数人的利益为代价来帮助富人，例如，政府提供的隐蔽和公开的转移支付和补贴，降低市场竞争力的法律，竞争法的宽松执行，垄断租金。真正的市场力量也助长了不平等，这种不平等受到政治和社会变化的影响，可以用寻租和生产活动之间的差异来解释。斯蒂格利茨列举了金融、制造业、歧视、劳资关系、公司治理、贸易和资本市场全球化等方面的一系列实例。

20 世纪 80 年代初，当市场开始产生更加不平等的结果时，税收政策开始向富人倾斜（例如，降低资本利得的税率）。这些政策非但没有带来更多的工作和更好的储蓄，反而加剧了不平等。斯蒂格利茨对市场、政治、社会规范和社会机构的运作进行了冷静的观察，揭示了造成不平等日益扩大的多重原因。斯蒂格利茨进一步解释了不平等如何抑制了国民产出、经济稳定、经济效率和增长，他写道：

> 我们在上一章中提出的一个大难题是，在一个理应建立在一人一票基础上的民主国家，1% 的人如何能够如此成功地制定符合自身利益的政策。我们描述了一个权力丧失、幻灭和剥夺公民权的过程，这导致较低的选民投票率；在这个体系中，选举成功需要大量投资，而那些有钱人进行了政治投资，并获得了巨大的回报——往往比他们从其他投资中获得的回报还要多。（Stiglitz，2012：146）

换言之，经济力量带来政治权力，政治权力进一步助长了经济力量，并进一步加剧了 1% 和 99% 的人之间的不平等，对经济、政治和社会产生深远的影响。

理查德·威尔金森与凯特·皮克特：精神层面

这本页数（274 页）相对较少的书分为十六章，其中充满了令人惊讶的数据和关于 23 个最富裕国家收入不平等的人力成本的深刻讨论。在这本书中，收入不平等被定义为根据经合组织 2003 年至 2006 年的平均数据，一个国家前 20% 和后 20% 群体之间的收入差距。作者使用来自美国 50 个州的数据复制了结果，使用 1999 年的基尼系数定义收入不平等。附录解释了作者如何选择这些国家，并提供了有关数据来源的信息。

这本书关注的是社会层面的收入不平等，但在最后一章中，作者指出了企业的作用："放松对企业的管制，任由利润动机肆意横行，并不是一个创造更加宜居的世界的处方。"（Wilkinson & Pickett, 2009: 235）他们写道：

> 毕竟，我们工作的机构是收入不平等的主要来源。在那里，价值被创造出来，并在不同级别的员工之间进行分配。正是在那里，不公平的现象产生了，这就需要重新分配。正是在那里，我们被明确地置于一个按照等级排列的等级体系中，上级和下级，老板和下属。（Wilkinson & Pickett, 2009: 249-250）

威尔金森和皮克特目前的研究表明，按等级排序的等级制度的破坏性后果的影响远远超出了主观幸福感。不平等影响着不同领域的客观幸福感，如杀人、肥胖、婴儿死亡率、精神疾病、青少年生育、社会流动性、预期寿命、监禁率、对社会的信任程度、吸毒和酗酒成瘾以及儿童的教育表现。更发人深省的是，收入不平等损害了所有收入类别——因此有了副标题"为什么平等对每个人都更好"。

两位作者消除了平均收入带来幸福的误解。他们表明，经济发展只在早期阶段提高了幸福感（以预期寿命衡量）。在人均国民收入超过 2 万美元的国家，收入和预期寿命并不相关。总的来说，在美国 50 个州的全国和人口普查数据中，任何健康和社会问题指数都与收入不平等密切相关。

如何解释这些发现呢？作者认为，收入不平等带来了社会距离和阶层分化，导致个人经历焦虑、羞耻、羞辱、孤独、尴尬、抑郁和压力，并引发"战斗或逃跑"的生理反应。长期的压力会抑制免疫力，导致许多健康、教育、心理和行为问题。美国在 23 个最发达国家中收入不平等程度最高，所有健康和社会指标表现最差,而斯堪的纳维亚国家(挪威、瑞典、芬兰和丹麦)的收入不平等程度最低,幸福水平最高。此外,相对平等的国家可以保持创造力和生活质量:它们更具创新精神,有更广泛的社会责任感,这从更高的回收率可以看到。最后,作者呼吁通过社会运动提高对不平等弊病的认识,并影响政府和企业采取措施,来提高收入平等。

正如这三本书的摘要所示,收入和财富的不平等是一个非常复杂的问题,对人民和社会的福祉具有深远的影响。为了深入理解和有效应对这些挑战,仅仅描述和分析分配模式是不够的,而必须将其与生产结构和过程相关联。只有这样,才能充分理解和成功推进创造财富。

"东亚奇迹"可以作为一个例子来说明经济增长的生产和分配方面的相互联系(见第三章)。它表明,在某些条件下,高增长率与不平等和贫困的大幅度减少有关(Enderle,1995)。

世界银行在其1993年《东亚奇迹政策研究报告》中,确定了八个亚洲高绩效经济体,它们有着与大多数其他发展中国家不同的一些经济特征。这些高绩效经济体分别是:日本(1.24亿人);"四小龙",即中国香港(600万人)、韩国(4400万人)、新加坡(300万人)、中国台湾(2100万人);东南亚三个新兴工业化经济体,即印度尼西亚(1.84亿人)、马来西亚(1900万人)和泰国(5800万人)。总人口约为4.59亿。

虽然这些高绩效经济体在自然资源、人口、文化和经济政策方面各有不同,但它们在1960年至1990年都有着共同的快速、持续增长,这本身在发展中国家中是不寻常的,而且收入分配高度平等。世界银行的报告指出:

> 当按照增长速度来划分东亚经济体时,快速增长者的收入分配实际上更为平等……对于八个高绩效经济体来说,快速增长和不平等减少是共同的优点……发展中的高绩效经济体明显优于其他中等收入经济体,因为它们的不平等程度都较低且增长速度更快。此外……收入分配的改善通常与经济的快速增长同时发生。(World Bank,1993:30)

这种快速增长与不平等减少的结合是一个非同寻常的事实，值得被称为"奇迹"。这与人们普遍持有的经济理论——经济增长必然与日益加剧的不平等联系在一起——背道而驰。[2] 相反，东亚经济体证明，情况可能恰恰相反。此外，这些惊人的例子表明，低收入群体不必等待来自收入分配顶端的经济增长的"涓滴效应"。事实上，在高绩效经济体中，贫困现象已经大幅减少。[3]

　　总之，创造财富不仅仅是一个生产过程，同时也涉及生产和分配两个方面，这两个方面密切相关。因此，分配不平等问题不是经济增长后才想到的问题，不分析生产方面就无法理解和解决经济不平等问题。显然，创造财富过程的伦理评价问题是不可避免的。

注释

1. 也可参见图 4-1 中，GDP 在经合组织的福祉框架中的有限作用。
2. 有时人们会用"库兹涅茨曲线（Kuznets curve）"来表达这种倒 U 形关系。事实上，库兹涅茨在许多研究中调查了增长与收入分配之间的关系，但并没有声称这种联系是必要的（Kuznets, 1955, 1959, 1966）。有关增长、不平等和减贫的最新讨论，请参见布吉尼翁的研究（Bourguignon, 2019）。
3. 恩德勒讨论了"奇迹"的一些解释因素（Enderle, 1995）。不言而喻，这个"奇迹"引发了有争议的反应，需要进一步研究（Dutt, 1990）。

第七章
创造财富涉及物质和精神两个层面

谈到财富及其创造，人们可能最先想到的仅仅是物质层面的东西，比如商品和服务、货币、现金和证券、制造业、建筑物、航运等。然而，仔细观察不难发现，创造财富——如果像这里一样从一个全面的角度理解的话——不可能只是物质上的，必然也涉及精神层面。在本章中，我们将探讨和讨论物质层面和精神层面的意义，以及它们是如何结合在一起、相互联系的。

因为财富涵盖了所有四种类型的资本——自然、经济、人力和社会资本——因此它不仅仅是指物质资本。人力资本是指健康和受过教育的人，社会资本是指人与经济活动主体之间的信任关系。能力方法将在下一章中讲解，它会丰富我们的理解，即健康、经教育和享受信任关系不仅仅是财富的外在属性，而且表征了"人们所享有的真正的自由"（Sen，1999：3）。此外，能力与自然（自然资本）和物质（经济资本）密切相关，因而必然以一种或另一种方式解释物质世界。

精神层面的创造财富之图解

从微观、中观和宏观分析层面上的关于创造财富的例子分析中可知，物质财富和精神财富是多么重要且其相互依存。首先，我们来看一下孟加拉国一位贫穷妇女的经历，她从格莱珉银行获得了一笔小额贷款，从非常基础的层面上开始创造财富：

阿莱娅和她的朋友花了几个星期组建了她们小组。"我去银行时，他们让我去找五个人，"她解释道，"他们说：'你们必须要齐心协力；必须相互交流分享对事情的看法；你不能和一个与你在同一个锅里吃饭的人在一起。'"阿莱娅第一次借了 2000 塔卡（约合 50 美元）。她留了 1900 塔卡在手上（其中 5% 被她存入小组基金）。她买了一头奶牛来卖牛奶，每天赚 10—20 塔卡。她每周分期还款 40 塔卡，同时在她的储蓄中存入几塔卡。"一开始这很困难，但我并没有抱怨。"

在接下来的 50 周里，阿莱娅留出 163 塔卡来支付利息（银行当时收取 16% 的利息，按余额递减计算）。另外，她必须向应急基金支付 41 塔卡（利息的 25%）。到了年底，这头牛便归她所有了。

"你当时感觉如何？"我问。

"在这个过程中，我的想法和初心始终不变，"她说，"但我也感到高兴。"

"然后呢？"

"然后我说：'牛是我们的了。'"（Bornstein，1996：80）

这位妇女虽然很穷困，但她并没有把借来的钱直接拿去消费，而是"开创了她的事业"，把它投资于一头能产奶的奶牛身上，她可以通过卖牛奶来换钱。她创造了经济资本（一种存量），这种经济资本可以在许多年内产生收入（流量）。她把导致更多债务出现的贫困循环转变为创造财富的循环。同时，这一物质发展过程也包含了一个精神过程，从阿莱娅下定决心在团体的支持下偿还贷款开始，一直到享受她获得的自由和一家人拥有这头牛的骄傲。有了这样的自由，她就能养活她的孩子，让他们上学。显然，这一过程的精神层面不能被忽视。

另一个中观层面的例子是日本松下电器公司（Matsushita Electric），该公司的理念在《不仅仅是为了面包》[1]（Not for Bread Alone，Matsushita，1984）中得到了总结。该公司的创始人松下康介（Konosushita Matsushita）于 1917 年发明了一个用电池供电的方形手电筒，并以此开始创业，同时在 20 世纪 20 年代对其产品进行了扩充，增加了包括电线灯具、自行车灯、电热装置、收音机、干电池和许多其他产品。1932 年 5 月 5 日,他向所有的员工阐释了自己的商业精神和商业伦理。

> 制造商的使命是克服贫穷,使整个社会摆脱贫穷的痛苦,并为其带来财富。商业和生产并不只是为了使相关的企业、商店或工厂富裕起来,而是为了使整个社会更加富裕。社会需要商业和工业的活力来创造财富。只有在这样的条件下,企业和工厂才能真正地繁荣起来……松下电气的真正使命是生产一种取之不尽、用之不竭的商品,从而为整个国家创造和平与繁荣。(Matsushita,1984:22)

1933 年,松下提出了七项领导原则,这些原则在过去几十年塑造了公司的政策、文化和行为,得到了"繁荣带来和平与幸福"研究所(成立于 1946 年;https://www.php.co.jp/en)的支持。这些原则强调了"精神"的重要性,即勤劳服务的精神、公平精神、和谐精神、合作精神、谦恭有礼的精神、符合自然规律的精神和感恩精神。虽然松下没有使用"精神"和"灵性"等术语(这在当时可能是无法理解的),但毫无疑问,他希望商业能给人们和社会带来深刻的意义,极大地超越"商业常态"。

为了从宏观角度阐述创造财富等精神层面,我们不妨回顾一下法国和西德在 1945 年后建立起来的密切的经济、社会和政治关系,这些关系植根于欧洲经济共同体(1957—1993)和欧盟(1993 年以来)。在进行了三次愈演愈烈的战争之后,两国毅然转身,在日益紧密的关系的基础上成为朋友,以使未来不可能发生战争。可以说,它们创造了包括精神和物质层面的全面财富。《罗马条约》(1957)、《马斯特里赫特条约》(1992)和《里斯本条约》(2009)是这一成功发展的见证,强调了欧洲经济共同体和欧盟以人权与基本自由为坚实基础的关键目标。《罗马条约》第 2 条规定:

> 欧洲经济共同体的任务是通过建立共同市场和让成员国的经济政策逐渐接近,在整个共同体内促进经济活动的和谐发展,维持持续和平衡

的扩张，增加稳定性，加快提升生活水平以及共同体所属各国之间更密切的关系。

由此建立起了一个人员、商品、服务和资本能够自由流动的共同市场，为欧洲的繁荣和稳定创造了条件，开创了欧洲有史以来最长的和平时期（https://europa.eu/europeanunion/eu60_en）。

《马斯特里赫特条约》在其序言中表示，其决心把建立欧洲共同体的欧洲一体化进程推向一个新阶段；它回顾了自1989年柏林墙倒塌后，结束欧洲大陆分裂的历史重要性，以及为建设未来欧洲奠定坚实基础的必要性。

《马斯特里赫特条约》和《里斯本条约》（2010）确认了欧盟对自由、民主、尊重人权和基本自由以及法治原则的坚持。《欧盟条约的合并版本》第2条强调了基本价值观：

> 欧盟的基础是尊重人的尊严、自由、民主、平等、法治和尊重人权，包括属于少数群体的人的权利。在一个多元主义、不歧视、容忍、正义、团结和男女平等盛行的社会中，这些价值观念是各会员国共同的。

第3条指出，欧盟的目标是促进和平、确保基本价值观和增进人民的福祉。其中特别涉及在欧盟边界内的人员自由流动和适当的外部边界的管控措施（第3.2条）、一个内部市场（第3.3条）以及连接欧盟与更广泛的世界的关系（第3.5条）。[2] 欧盟在第6条中承认《欧盟基本权利宪章》（2000）（第6.1条）所载的权利、自由和原则，并承诺加入《欧洲保护人权和基本自由公约》（第6.2条）。

正如这三个条约的节选所显示的那样，欧洲经济共同体和欧盟不仅仅组成一个由成员国组成的经济、政治和法律联盟，其中还包括过去是敌人，现在是朋友的法国和德国。由于其对价值观的强烈强调，欧盟显然具备道德和精神属性，法德之间的财富创造一直是对欧洲和平的实质性和不可或缺的贡献。[3]

概念的澄清

厘清创造财富的物质和精神层面的意义，有助于反思人的人类学基础。如果一个人是一个身体和灵魂构成的紧密统一体，那么物质和精神方面就不可能彼此分离；虽然它们是不同的，但它们是相互联系的，并以多种方式相互影响。然而，如果这种亲密的统一被消解，身体和灵魂形成了分离的实体，那么物质和精神方面就呈现出它们自己的动态。当物质方面占主导地位时，就会形成唯物主义人类学；而当精神方面占上风时，就会产生唯心主义人类学。这两种观点都扭曲了创造财富的全面概念。

在历史上，创造财富往往被人们忽视、漠视甚至蔑视。这些态度既取决于人们对物质世界的评价，也取决于对人的"身体"的评价，还取决于对创造的认识。如果物质世界被认为是低劣的，甚至是邪恶的，如果对人类身体的敌意盛行，财富就不可避免地被认为具有低劣、邪恶的品质，而且很可能遭到诋毁。按照此种假设，创造财富如果不是为了另一个有真正价值的目的，那么创造财富本身就是无意义的。此外，如果没有适当的理解，就不能充分认识到创造财富作为经济活动目的的能力，这种能力比拥有和获得财富更重要。公平地说，坚定地肯定创造财富是好事，也是必要的，这是经济和企业长期繁荣的必要前提。

与唯心主义的创造财富观相反，唯物主义的创造财富观认为物质最重要，如果不是唯一重要的东西的话。它以无数种方式形成：不知疲倦的贪婪、贪婪的精神、毫无意义的囤积金钱、无止境的资本积累、不惜一切代价的利润最大化、旺盛的消费主义、肆无忌惮的物质主义、增长和竞争。由于忽视创造财富的精神方面，人类仅仅是作为肉体的载体，遭受虐待和欺侮；大自然被开发和破坏，失去了维持地球生命的作用。

在批判了唯物主义和唯心主义的观点之后，我们如何才能最好地定义"精神"和"灵性"的含义？[4]形容词"灵性"（spiritual）可以追溯到早期的基督教拉丁语 spiritalis（或 spiritualis），该词被翻译为 Pauline pneumatikós（保罗写给哥林多教会的第一封信：2∶13—3∶1），此后，灵性（spiritual）与它的反义词 caralis（unspiritual 或 natural）逐渐成为常用词（Köpf, 2012）。它指的是保罗用言语所讲的物质和属灵的方面，这些不是由人的智慧教导的，乃是由圣灵引导的。名词"灵性"（spirituality）直到 5 世纪才出现，但该词在当时使用频率不高。在宗教和神学文献中，"灵性"（spirituality）一词及其对应词在其他西方语言中的日益流行是 20 世纪的现象。1893 年，维韦卡南达在芝加哥举行的第一届世界宗教议会上率先使用了这个词，如今这个词被不加区别地用于非基督教宗教。在 20 世纪末，"工作场所的信仰和灵性"成为一个新兴的研究和实践领域，它尽可能地用于所有的宗教传统，以及那些自认为"有灵性但不信教者"、不可知论者或无神论者（Pauchant, 2002；Giacalone & Jurkiewicz, 2003/2010；Zsolnai, 2004；Boukaert & Zsolnai, 2011；Neal, 2013；Gröschl & Bendl, 2015；Chatterji & Zsolnai, 2016；Syed et al. , 2018）。

"灵性"几乎已经成为一个流行词，拥有各种各样的含义，并造成相当多的混乱。罗伯特·贾卡隆（Robert Giacalone）和卡罗尔·尤尔基维茨（Carole Jurkiewicz）在导论一章中对灵性的定义、维度和表现（属性与活动）进行了详细的阐述。文献中关于"灵性"的 14 个代表性定义包括以下概念（Giacalone & Jurkiewicz, 2010∶7）。

• 表达终极关怀的个人表达。

• 一个与更高权力的关系的存在，此种关系会影响一个人在人世间的表现。

• 一种存在和体验的方式，通过对超验维度的觉知而产生，其特征是关于自我、生命和人们认为是终极的任何东西的某些可识别的价值。

• 处理与终极目的、更高的实体、上帝、生命、同情、目标相关的广阔领域的人类潜能。

• 激励一个人朝着超越自我的目标前进，并赋予其生命的意义和方向的活力。

正如这些定义所显示的，灵性与终极现实有关，用朱迪·尼尔（Judy

Neal）的话说，灵性可以概括为"一种变革性的体验"（Neal，2013：735）。在所有三个层次的分析中，对创造财富的全面理解都是高度相关的：对于员工和领导者来说（在微观层次上）简单易懂，对于商业组织来说（在中观层次上）容易理解，对于整个系统来说（在宏观层次上）就比较难理解。

在过去的三十年里，商业从业者和学者（特别是在美国）在与职场灵性和信仰做斗争时出现了一种精神觉醒（Neal，2013：3-5）——从而关注微观和中观层面。贾卡隆和尤尔基维茨（Giacalone & Jurkiewicz，2003/2010）将职场精神定义为"工作场所的各个方面，无论是在个人、团体还是组织中，通过超越促进个人的满足感"（第13页）。他们的524页的职场精神和组织绩效手册提出了32个有关职场灵性问题的理论发展、概念化和实际应用方面的贡献。

有趣的是，这本手册几乎没有提到或处理灵性、宗教与信仰之间的关系。因此，十年后，《职场信仰与灵性手册：新兴的研究和实践》（*Handbook of Faith and Spirituality in the Workplace: Emerging Research and Practice*，Neal，2013）一书的出版也就不足为奇了。在七个部分中，它讨论了职场信仰和灵性的基本问题、工作中的宗教信仰观、理论和研究领域的划分、跨学科的视角、工作场所的信仰和灵性评估以及学术和实践的整合，并将先驱们的反思性文章作为结尾。

为了阐明工作中的灵性和宗教研究领域，凯利·菲普斯和玛格丽特·本尼菲尔（Kelly Phipps & Margaret Benefiel，2013）讨论了文学中灵性和宗教的三种"并列"类型：互斥型、重叠型和同义型。考虑到不同的文化背景和研究需要，作者提出了六个主张：（1）必要时，必须允许谈论灵性而不谈论宗教；（2）应在个人权利的基础上，允许和保护各种灵性和宗教表达；（3）应当探讨各种文化背景，并促进以不同方式看待工作与信仰关系的人们之间的对话；（4）研究应该以反映当前世界的方式进行（不管是世俗的还是受某些宗教影响的）；（5）宗教和灵性应该被视为是不同但相互关联的；（6）未来的研究应该明确它们是在研究灵性，还是宗教，或者两者兼而有之。

考虑到这些系统的巨大复杂性、多样性和多元性，在整个系统中（在宏观层面上）探索和研究灵性和宗教是更加苛刻和微妙的。然而，一个全球化的世界使灵性和宗教相互面对，这有助于我们发现两者之间的共同点。20 世纪 90 年代的两项倡议是将世界宗教团结在一个共同的伦理基础上，以便在地球上共同生活和工作的宝贵尝试。1993 年在芝加哥举行的世界宗教议会上通过的《全球伦理宣言》，推动了 2009 年《全球经济伦理宣言》的出台（Enderle，2018a）。1994 年，一群来自商界、学术界和宗教界的杰出的犹太教、基督教和穆斯林领袖发布了《国际商业伦理跨信仰宣言》（Enderle，2018b；Enderle，2003b）。目前仅仅提及这些倡议就足够了，因为灵性和宗教在商业中创造财富的作用将在本书第十章中进一步探讨，并在第十七章和第十八章中举例说明。

虽然这些倡议在全球伦理方面赋予宗教积极的角色，但它们没有使用"灵性"一词（尽管可能包括这个词）。但是，正如在工作中关于信仰和灵性的评论所强调的那样，灵性有其自身的特点，不仅适用于宗教，而且也适用于坚持不可知论和无神论的人和组织。因此，当务之急是发展一种全球性的灵性，它可以被宗教和非宗教团体、个人、组织所接受。由于人权今天已经被广泛地确认为——尽管并非毫无争议——普遍的伦理标准，我们迫切需要"一种人权的灵性"，它在目前还不存在，但它可以而且应该在今后的岁月中得到发展。

注释

1. 这个标题是指禁食的耶稣对魔鬼的回答，魔鬼诱惑他"命令这块石头变成一条面包"。根据希伯来圣经（申命记 8∶3），耶稣回答说："人不单靠面包活着。"（路加福音 4∶4）
2. 第 3.2、3.3 和 3.5 条的确切措辞如下。

   （3.2）本联盟应为其公民提供一个没有内部边界的自由、安全和正义的地区，在该区域内，人员的自由流动应得到保证，同时采取有关外部边界管制、庇护、移民以及预防和打击犯罪的适当措施。

   （3.3）本联盟应建立内部市场。它应在平衡的经济增长和价格稳定、高度竞争的社会市场经济,以充分就业和社会进步为目标以及高度保护和改善环境质量的基础上,实现欧洲的可持续发展。它应促进科技进步。

(3.5) 在其与更广大世界的关系中,本联盟应维护和促进其价值观和利益,并为保护其公民做出贡献。它将有助于和平、安全、地球的可持续发展、各国人民之间的团结和相互尊重、自由和公平贸易、消除贫穷和保护人权,特别是儿童权利,以及严格遵守和发展国际法,包括尊重人权《联合国宪章》的原则。

3. 尽管存在诸如福特(Fort, 2011)、弗里德曼(Friedman, 2005)、施泰因曼(Steinmann, 2006)、威廉姆斯(Williams, 2008)和上述研究所的出版物《繁荣带来的和平与幸福》(*Peace and Happiness Through Prosperity*)等杰出的例子,但文献中对商业、繁荣和经济增长在促进和平方面的作用讨论得不够充分。

4. 一个有关灵性的具体的例子,是基督教传统中的伊格纳提亚灵性。詹姆斯·马丁(James Martin)把灵性比作一座桥,它可以采取许多不同的形式,提供一条通往上帝的独特"通道"。伊格纳提亚的"桥"由四个"拱门"支撑:(1)在万物中寻找上帝;(2)在行动中成为沉思者;(3)以化身的方式看世界;(4)寻求自由和超然(Martin, 2012: 1-28)。

第八章
从人类能力的角度创造可持续的财富

根据世界环境与发展委员会（WCED；见第二章）的定义，创造财富必须是"可持续的"，"既满足当代人的需求，又不牺牲子孙后代满足其自身需求的能力"。虽然这一定义明确地预设了广泛的代际时间范围，但它没有具体说明当代人的"需要"和后代满足自己需要的"能力"。所以，我建议采用阿马蒂亚·森（Amartya Sen）的"能力方法"，以便在可持续发展的定义中充实需求和能力的概念。因此，可持续创造财富是根据人类的能力来评估的。

斯蒂格利茨、森、菲图西的报告对能力方法进行了简要总结：

> 这种［衡量生活质量的］方法将一个人的生活构想为各种"行为和存在"（功能）的组合，以及他或她在这些功能（能力）中选择的自由。其中一些能力可能是相当初级的，例如得到充足的营养和避免过早死亡，而另一些能力可能比较复杂，例如具备积极参与政治生活所需的读写能力。能力方法牢固地植根于社会正义的哲学概念，反映了对人类目标的关注和对个人追求与实现他或她所珍视的目标的能力的尊重；拒绝个人无视人际关系和情感，一味追求自身利益最大化的经济模式；强调各种能力之间的互补性；以及对人类多样性的认识，这让人们注意到伦理原则在"良好"社会的设计中所发挥的作用。（Report, 2009：42）

在详细讨论该方法的特点、优点和局限性之前，对森和努斯鲍姆（Nussbaum）提出的这种方法的发展进行简短的历史概述将会提供帮助。

1979 年，森在斯坦福大学的演讲中开始关注能力评估问题（"Equality of What?" in Sen, 1982: 353 – 369）。在《贫困与饥荒》（Poverty and Famines, Sen, 1981）一书中，"能力"一词尚未被提及（而权利和获得足够食物的能力的概念发挥了关键作用）。此后不久，能力的概念在发展、福祉和贫穷、自由、生活水平与发展、性别偏见和性别分工、正义与社会伦理等议题中得到了广泛的关注和阐述。在众多出版物中，有人可能会提到《商品与能力》（Commodities and Capabilities, 1985）、《再论不平等》（Inequality Reexamined, 1992）和《能力与幸福》（Capability and Well-Being, Nussbaum & Sen, 1993b）。在《以自由看待发展》（Development as Freedom, 1999）中，能力方法成为焦点，并且再次在《正义的理念》（The Idea of Justice, 2009; 2017a）中得到了介绍。

在 20 世纪 80 年代，努斯鲍姆将能力方法与亚里士多德的思想联系起来，并与森一起共同编辑了《生活的质量》（The Quality of Life, Nussbaum & Sen, 1993a）。她对这种方法的发展做出了开创性的贡献，并出版或发表了许多图书和文章，这些图书和文章记录在她的《创造能力》（Creating Capabilities, Nussbaum, 2011）一书中，这是关于能力和人类发展关系的杰作。

能力方法始于这样一种经验，即"全世界人民都在为值得其人类尊严的生活而奋斗"（Nussbaum, 2011: 1）。由于生活有着巨大的多样性，许多人受到贫穷、疾病、残疾和暴力的困扰，因此寻求一个更美好的世界和更公正的社会似乎是不可避免的。接下来的问题是，如何比较这些生活——或者说，什么样的"信息基础"是充分的——以便评估和减少不公正，促进良好社会的发展。

基于效用和基于资源方法的批判

这个问题对于实证和理论研究以及伦理评估与公共政策都是至关重要的。第六章讨论的假设是不可避免的，即创造财富不仅包括生产层面，而且包括分配层面。如果一个人选择了一个不允许进行人际比较的信息基础，那么严格地说，他就不能做出社会判断。肯尼思·阿罗（Kenneth Arrow）著名的"不可能定理"（Impossibility Theorem, Arrow, 1963）证明了这一结果。

此外，莱昂内尔·罗宾斯（Lionel Robbins）在20世纪30年代率先倡导的"新福利经济学"拒绝人与人之间的效用比较，仅使用一种衡量社会进步的标准，即"帕累托标准"（Pareto criterion, Hammes, 2018）。这只考虑每个人各自的效用。因此，如果一个群体（或国家）的情形x优于这个群体（或国家）的情形y，假如至少有一个人在情形x中的效用大于情形y，并且每个人在情形x中的效用至少等于情形y中的效用。当且仅当根据帕累托标准，没有比这种情形更优的可行情形时，这种情形被描述为"帕累托最优"或"帕累托有效"。这意味着"帕累托最优"忽略了效用分配的问题，并且不考虑效用以外的任何事物（例如自由、权利或机会）。因此，在比较性别、种族群体和整个国家的情形时，这一标准将产生奇怪的结果。

因为人际比较对于调查和评估社会状况是必要的，人们可能会要求提供适当地进行比较的信息基础。广义上讲，可以区分两种有影响力的方法。第一种方法基于人的主观感受，在历史上最显著地被功利主义所倡导：将功利视为快乐的享乐主义观，将功利视为欲望的实现，将功利视为偏好的满足。最近，众多研究关注主观幸福感（即人们是否对自己的生活感到"快乐"和"满意"），这些研究表明，能够对主观幸福感进行系统的量化（Report, 2009：145－151）。

第二种方法是基于收入和财富等"客观"资源，在约翰·罗尔斯（John Rawls）的《正义论》（The Theory of Justice）中，这些资源被作为"初级商品"来讨论。此外，在经济学领域，福利经济学传统和公平分配理论已经将生活质量的非市场方面纳入更广泛的福祉衡量标准的方法（Report, 2009：153－155）。

虽然森承认报告中提出的主观和客观生活质量方法的合法性和有用性，但他强烈批评了基于效用和基于资源的方法。基于效用的方法有两个基本缺陷。第一，他们通过简单地将效用相加（算术加法）来聚合效用，这被称为"总和排名"。因此，效用在个体之间的分布变得无关紧要。第二，效用是主观的、精神的实体，它是由个人长期接触的环境塑造的。

例如，基于幸福的功利主义计算对那些长期被剥夺权利的人来说是非常不公平的，比如阶级社会中的传统弱势群体，不宽容社区中受压迫的少数群体，生活在不确定世界中的不稳定的佃农，在剥削性的工业安排中挥汗如雨的工人，深受性别歧视文化影响的家庭主妇。无望地被剥夺的人可能缺乏渴望任何彻底改变的勇气，往往倾向于将自己的愿望和期望调整到他们认为不太可行的程度。他们训练自己以微小的怜悯为乐。对于长期处于不利地位的人来说，这种调整的实际好处很容易理解：这是使贫困生活能够忍受的一种方式。但这些调整也会产生扭曲公用事业规模的附带效应。（Sen，2008：18－19）

森对以资源为基础的方法（特别是罗尔斯的初级商品概念）的批判是基于对商品和人的关系以及个人的真正自由的基本价值的不同理解。森区分了商品（比如自行车）和人之间关系中涉及的不同类别（Sen，1982：30）：

$$\begin{array}{c}\text{商品}\\（例如一辆自行车）\end{array}>>>\begin{array}{c}\text{特性}\\（例如运输）\end{array}>>>\text{转换为：}>>>$$

$$\begin{array}{c}\text{功能}\\（例如移动）\end{array}>>>\begin{array}{c}\text{能力}\\（例如能够移动）\end{array}$$

"特性"是商品的品质，而"功能"指的是人对这些特性的使用，例如，自行车在人移动时提供交通工具，人可以随车移动。在这种关系中，最关键的一点是，具有其特点的商品是实现人的目的的手段。它们并不等同于人，而是转化为人的功能和能力。这种商品的一般转换，特别是触及商品的转换，取决于人的特性。

例如，一个残疾人可能拥有一篮子较大初级商品，但与拥有一篮子较小初级商品的健全人相比,他们过正常生活(或追求目标)的机会较少。同样,一个老年人或一个更容易患病的人即使拥有更多的初级产品,也可能在一般公认的意义上处于更不利的地位。(Sen,1999:74)

针对罗尔斯对初级商品的使用,森坚持认为,对残疾人影响较大的转换问题,应选择以功能和能力为重点的信息基础加以解决。毕竟,"残疾这个全球性问题在世界上影响确实是巨大的。超过6亿人——约占全球人口的十分之一——生活在某种形式的严重残疾之中"(Sen,1999:258)。

森强调要找到一个充分的信息基础来比较人类的生活,这可以用他毕生对穷人的关注及他将伦理学和经济学融入富有成效的跨学科交流来解释。一方面,信息基础必须触及人的生活和自由;另一方面,它必须足够客观,允许进行人际比较。此外,它必须包括所有人,是全球适用的。因此,必须兼顾人类生命的共性和多样性,避免伦理帝国主义和伦理相对主义。最后,信息基础应为多元伦理理论提供足够的空间。

能力方法的基本要素

在讨论了人际比较的充分信息基础的重要性并批评了不同的方法之后,我们询问能力方法能提供什么[关于森的能力方法的学术讨论,见科蒂娜的作品(Cortina,2013)]?它的基本要素是什么?正如努斯鲍姆所写的,充分的信息基础的关键问题是:"每个人都能做什么和成为什么样的人?"

这种方法以每个人为目的,不仅询问总体或平均幸福感,而且询问每个人可获得的机会。它侧重于选择或自由,认为增进人民福祉的良好社会需要提供给人民一系列机会,或实质性的自由,人们可能在也可能不在行动中行使这些机会:把选择权留给他们。因此,它致力于尊重人们自我定义的权利(Nussbaum,2011:18)。

每个人都有选择的权利和自由,以及受到尊重的权利,这些都是实践中十分重要的目标,具有普遍的有效性,适用于所有文化和宗教中的人。值得注意的是，对人的能力的关注并不意味着"方法论的个人主义"，即假定具有思想、选择和行动的个人与他们所处的社会是分离的。"能力方法不仅没有假定这种超然，它关注的是人们过上其所珍视的生活的能力所带来的社会影响，包括他们珍视什么（例如'参与社区生活'）和什么对他们的价值观产生影响（例如，个人评估中公共理性的相关性）"（Sen，2009：244）。换句话说，从个人主义的角度来解释能力方法将是"一个重大错误"（Sen）。森强调：

> 我们个人拥有的自由不可避免地受到我们所能获得的社会、政治和经济机会的限制……必须同时承认个人自由的中心地位和社会对个人自由的程度和范围的影响。为了解决我们面临的问题，我们必须把个人自由视为一种社会承诺。（Sen，1999：xi-xii）

能力方法的另一个特征是对价值的多元理解：

> 这种方法是关于价值的绝对多元主义：它认为，在这种特征的定义上，对人来说至关重要的能力成就在质量上是不同的，而不仅仅是在数量上的不同；它们不可能不被扭曲地缩小到一个单一的数字尺度；理解和产生它们的基础是理解每一个的具体性质。（Nussbaum，2011：18-19）

为了说明这一点，在以下能力中只选择一个指标是没有意义的：充足的营养、避免过早死亡、阅读、计算和写作、做"体面的工作"（包括许多实质性因素）和拥有闲暇时间。值得注意的是，斯蒂格利茨、森、菲图西的报告也强调了人们生活中的一系列特征：

> 它们在本质上具有重要性，作为美好生活的客观表达，或者在工具上具有重要性，以实现有价值的主观目标或其他客观目标。其中一些特性可能是指特定的功能（即描述人们的行为——例如工作、通勤——以及人们的存在——例如健康或受教育），而另一些特征可被认为是特定

领域的自由（例如政治言论和参与）。(Report, 2009: 156)

最后，努斯鲍姆强调能力方法的价值观：

> 这种方法涉及根深蒂固的社会不公正和不平等，特别是歧视或边缘化造成的能力丧失。它赋予政府和公共政策一项紧迫的任务，即根据所有人的能力，提高他们的生活质量。(Nussbaum, 2011: 19)

虽然能力方法为一般的人际比较提供了充分的信息基础，但它特别适用于揭示贫穷和不平等，并指导公共政策处理这些问题。这并不需要一个包罗万象的理论和政策。但是，只关注有限的一系列问题——或森所称的"部分排序"——就足够了（参见森在2009年关于如何接近正义的广泛讨论）。

森和努斯鲍姆（以及许多其他学者）赞同能力方法的这些基本要素（见框注8-1）。然而，两位作者的观点也有一些不同之处，我们会简单地指出，但在本书中不做进一步探讨。努斯鲍姆将她的方法称为"能力方法"，指出了影响人们生活质量的最重要因素的多样性和定性差异（Nussbaum, 2011: chapters 2 and 4; Sen, 2005: 157, 160）。她明确地将自己的基本政治权利理论建立在人类尊严的基础上，并具体列举了十项"核心能力"。它们构成了政治秩序至少必须保护所有公民的最低限度：生命；身体健康；身体的完整性；感觉，想象力和思想；情绪；实践理性；与其他物种的关系；玩耍；在政治上和物质上对环境的控制。与罗尔斯的政治自由主义相一致，她以能力为基础的正义理论并没有对一个社会的生活质量进行全面的评估，但也理解了非人类动物的能力。

与此相反，森没有建立一个具体的（基本）能力清单，将其具体化问题留给公众去论证（尽管他认为诸如健康和教育方面的能力特别重要）（Sen, 2005: 157, 160）。他关注的一个主要问题是将能力确定为进行生命质量比较的最相关的部分，这可以作为国家内部和国家以及其他群体的生命质量综合评估的基础（Report, 2009）。这样一个项目，反过来，超越了努斯鲍姆故意限制的政治自由主义目标。然而，森发展了一种广义的正义理论。"其目的是阐明我们如何着手解决增进正义和消除不公正的问题，而不是提供有关完美正义本质问题的解决方案。"（Sen，2009：ix）此外，森没有将他的理论扩展到非人类动物的能力上。

框注 8–1　人的能力

为了衡量生活质量，人类能力方法将一个人的生活构想为各种"行为和存在"（功能）以及他或她在这些功能（能力）中自由选择的组合。其中一些能力可能是相当基本的，例如得到充分的营养和避免过早死亡，而另一些能力可能比较复杂，例如具备积极参与政治生活所需的读写能力。

基本要素：

● 关注人的真正选择或自由：每个人都被当作一个目的。

● 关于价值的绝对多元化的方法：以人为中心的能力成就在质和量上都是不同的。因此，它们就不能被缩小到一个单一的数字尺度（例如，得到足够的营养和避免过早死亡）。理解和制作它们的基础是理解它们的特定性质。

● 关注根深蒂固的社会不公正和不平等，特别是歧视或边缘化导致的能力丧失。

能力方法的局限性

正如森所承认的那样，能力方法也有其局限性。例如，它不能充分关注与正义理念相关的程序（即自由的过程方面）所涉及的公正和公平［(Sen，2009：295-298)；尽管这一点受到努斯鲍姆的批评（Nussbaum，2011：67）］。此外，能力不同于人权，它不是包含义务的道德主张（Sen，2005，2009：370-376；参见第十二章）。

另一个限制——在某种程度上也是一种批评——与财富的概念有关。森赞同亚里士多德的观点:"财富显然不是我们所追求的善;因为它仅仅是有用的,而且是为了别的东西。"(Sen,1999:14;Sen,2009:253)财富并不是我们看重它本身的东西。它只是"一种令人钦佩的通用手段,使我们有更多的自由过上我们有理由珍视的那种生活"(Sen,1999:14)。

这是对财富的一种狭隘的、物质的理解,反映了对物质世界和人类"肉体"的某种低估(见第七章)。如果物质世界被认为是低劣的,仅仅是工具性的,财富就必然具有这些品质,而且很可能被低估。如果它没有内在价值,它就不是一个可以寻找和发现更深层意义的地方。因此,重要的是要承认创造财富也涉及精神层面。

结束语

从人的能力的角度来理解创造财富,会把人放在中心位置上。它是关于"一个扩大人们享有真正自由的过程"(Sen,1999:3)。每个人作为一个目的的重要性,以及他和她的选择或自由,以及要求受到尊重,具有普遍的有效性,适用于所有文化和宗教的所有人。能力方法为人际比较提供了坚实的信息基础。它的价值是绝对多元的,要求公众的监督和推理,关注根深蒂固的社会不公正和不平等问题。

第九章
创造意味着创造新的和更好的东西

大卫·兰德斯（David Landes）在其引人入胜的历史著作《国家的贫富：为什么有些人如此富有，有些人如此贫穷》（*The Wealth and Poverty of Nations: Why Some Are So Rich and Some So Poor*）一书中，讨论了为什么工业革命发生在当时相对贫穷的欧洲，而不是在伊斯兰文化盛行的中东，也不是在第二个千年中期十分富有的中国的问题。他的简短回答指出了欧洲人对发明的培养（一些作者称之为"发明的发明"），以及欧洲人对新事物和更好事物的乐趣。这些发展的产生是由于宗教（如伊斯兰教）或国家（如中国）的干预相对较少：

> 欧洲人……在这几个世纪（中世纪）进入了一个充满创新和模仿的令人兴奋的世界，挑战既得利益集团，并动摇了保守主义的力量。变化是不断累积的；新颖性迅速传播。一种新的进步感取代了对权威的古老而有效的崇敬。这种令人陶醉的自由感触及（感染）了所有领域。这些年来，教会异端盛行，民众倡议盛行，预示着宗教改革的破裂；新的表现形式和集体行动挑战旧的艺术形式，质疑社会结构，并对其他政体构成威胁；新的做事方式和创造事物的方式使新颖成为一种美德和一种喜悦的源泉；乌托邦幻想更好的未来，而不是回想失去的天堂。（Landes, 1999: 57–58）

兰德斯首先描述了政治和商业领域的组织创新和适应（第三章）。然后，他借助几个示例来解释技术创新：水车、眼镜、机械钟表、印刷术和火药

（第四章）。在此过程中，至关重要的不仅是发明——在世界其他地方也出现了很多发明——而且还包括这些发明在经济和金融方面的可行性。他断言，对于这些应用，市场扮演着至关重要的角色。[1]

> 企业在欧洲是自由的。创新有效且有利可图，统治者和既得利益者阻止创新的能力有限。成功孕育了模仿和仿真；还有一种力量感，从长远来看，这种力量感几乎把人提升到神的水平。（Landes，1999：59）

对历史的回顾突显了"创造"——不仅仅是想象——新事物的重要性。它可以使人们相信，新的必定会更好。实际上，人们常常毫无疑问地认为，创新不仅可以使事情变得新颖，还能让事物变得更好。但是，从历史上我们也知道，创新技术曾被用来杀害成千上万的人。因此，在定义财富的"创造"时，两个要素都需要强调：创造更好的新的事物。

似乎是显而易见的，但仍然值得强调的是，创造财富不仅仅是拥有和获得财富，因为它是增加财富的一种特殊形式。根据雅各布·瓦伊纳（Jacob-Viner）的说法："亚里士多德……坚持认为财富是贵族必备的，但它必须是继承来的财富。财富也是国家的基本需要，但它应该通过偷盗或掠夺，以及通过征服奴隶的战争来获得，并应该通过奴隶工作来维持。"（引自 Novak，1993：105）。在历史的进程中，殖民列强攫取了大量财富，通常不考虑法律和伦理方面的问题，总的来说，这相当于重新分配而不是创造财富。确切地说，在资本主义制度中，"获取精神""资本积累""收购公司"并不一定意味着财富的创造。因此，精确地研究"创造"这个概念的意义是至关重要的。

创造就是制造新的、更好的东西。这是一种不断寻求改进的创新活动，部分是由于竞争的推动，最重要的是为了更好地为人类和环境服务。在富国和穷国以及许多经济活动中都可以找到这样的例子，如孟加拉国的格莱珉银行（http://www.grameen-info.org）、瑞士的罗纳纺织公司（Gorman et al.，2003：109-145）和美国的美敦力医疗器械公司（http://www.medtronic.com）等环保先驱。

在国家的层面来看，在战争失败的背景下，创造财富的意义很容易被理解。第二次世界大战结束后，德国和日本在很大程度上必须创造新的经济；而中国在经历"文化大革命"（1966—1976）之后，开始了从中央计划经济向市场经济的转型。在这些情况下，创造财富是一个国家的目标，它动员了许多力量来创造一个新的、更美好的未来。

本书中所理解的创造财富涉及《商业和经济道德创新》中探索和发展的道德创新的许多方面（Ethical Innovation in Business and the Economy，Enderle & Murphy, 2015）。因此，本书从以下几个方面进行了简要的阐述，即对伦理创新的概念、理论和方法的澄清与系统性的变革，而本书的第三部分将介绍伦理创新的个人倡议和创新与伦理组织的事例（特别是美敦力、格莱珉银行、联合利华可持续生活计划和罗纳纺织公司）。

概念、理论和方法的澄清

创新已经成为商业和经济政策乃至其他领域吸引大量关注的一个流行语。它被誉为提高生产力和经济增长的关键驱动力。在全球竞争中，处于创新前沿的公司和国家将赢得优势。那么，我们所说的创新是什么意思呢？

创新有多种定义，在不同的具体情况下可能会有不同的定义。例如，经合组织的报告（the OECD Reports, 2012, 2013b）使用了经合组织/欧盟统计局 2005 年对创新的定义，即"对现有商品和服务进行新的或重大改进"。它超越了"基于技术的视角"，包括"节俭创新"（修改现有技术或产品，以供应低收入市场）和"基层创新"（在特定的地方背景下采用新方法使用现有技术）。鉴于定义的广泛范围，我提出一些概念性的澄清（Enderle, 2015c）。

在他们的优秀著作《牛津通识读本：创新》（Innovation: A Very Short Introduction）中，马克·道奇森（Mark Dodgson）和戴维·甘恩（David Gann）将创新定义为"在组织成果和流程中成功应用的思想"（Dodgson & Gann, 2010: 14）。[2] 作者关注的是创新，而不是具有常规性的、高度渐进性的"持续改进"。他们更关心的是，当组织试图生存和发展时，这些想法可以延伸和挑战组织。"通过专注于组织努力的结果和产生结果的过程中发生的非常规创新，我们在很大程度上捕捉了通常被理解为创新的东西。"（Dodgson & Gann, 2010：14）符合该定义的各种现象在他们的书和其他书中得到了广泛的讨论。它还包括"质量变化"，根据斯蒂格利茨、森、菲图西的报告，这应在衡量生产资本时作为考量因素之一（请参阅第四章）。

这个定义指向两个组成部分，这两个部分以不同的形式描述了许多其他定义：创新是人类智慧的新成果，是其在具体事物中的实现。一方面，创新源于人类的思想和想象，即对思想的探索和发现；另一方面，它要使想法具有可行性，并成功地应用于物质世界。想象力是全关重要的，但仅仅是第一步。成功的应用是必要的第二步。因此，创新不应该等同于想象和发明，因为创新既包括思考，也包括实践。如前所述，兰德斯在谈到发生在欧洲的工业革命时强调了这个至关重要的区别。

"创意"（超乎寻常）的第一部分指出，人类的智慧驱动着个人和团队，并引发广泛的从渐进到激进的创新。第二部分（即"在具体事项中的实现"）涉及实践以及出现创新的环境和框架。但它也强调了成功应用的重要性，这意味着创新必须在经济和金融方面都是可行的。电动汽车可以作为一个例子来说明这种差异：只要电动汽车价格昂贵且难以获得，只有富人才能购买和使用，那么创新就尚未"创造出市场"。

显然，成功可以用不同的方式来定义。布莱恩·梅祖（Bryan Mezue）、克莱顿·克里斯坦森（Clayton Christensen）和德里克·范·比弗（Derek van Bever）（2015）提出了一个有用的经济学区分，他们确定了三种类型：（1）"持续性创新"——有助于用更好的新产品取代旧产品（本质上，这是一个替代过程）；（2）"效率性创新"——帮助企业以更低的成本生产更多产品；（3）"创造市场的创新"——将价格昂贵、难以获得，只有富人才能购买和使用的产品和服务，转变为足够便宜和容易获得的产品和服务，从而吸引全新的消费者群体，这种创新创造了新的增长和新的就业机会。以电动汽车为例，在20世纪70年代，它可能已经成为一种"持续创新"；然而，直到现在,它才有机会成为一种"效率性创新"和"创造市场的创新"(即在三重意义上的成功)。

将创新定义为成功地应用想法或者完成价值目标(Dees et al.,2001:162),意味着对什么是成功或完成了价值的目标的评估。它涉及某些规范和价值观,可能是道德的,也可能是不道德的。换句话说,这种伦理意蕴是不可避免的。这不仅关乎"做",还关乎"做正确的事"。诚然,道奇森和甘恩(Dodgson & Gann)并未在《创新:一个简要的介绍》一书中阐述伦理层面的问题。但是在关于构建更智能的地球的最后一章中,他们明确提到了更道德和负责任的决策、可持续性、直觉和判断力、宽容和责任、利益多样性和跨文化敏感性。毫不夸张地说,建设一个更智能的地球意味着建设一个更道德的地球。

此外,正如道奇森和甘恩所强调的那样,创新(作为过程)在很多方面都是有风险的,可能会导致失败和恐惧。无数想法的应用都没有成功,为了改变而改变不是正确的选择。尽管如此,在提供自由空间的环境支持下,好奇心、冒险和"发现的乐趣"的态度(Landes,1999)对创新是必不可少的。毫无疑问,伴随着风险和不确定性,创新的伦理评估和指导变得更加具有挑战性。

与商业道德的三级概念相一致(请参阅第二章),道奇森和甘恩(Dodgson & Gann,2010:22,26)区分了个体创新者、企业家和管理者(例如,Thomas Edison)的层次;组织创新的业务战略水平(例如,IBM);以及国家创新绩效的经济学水平(应由全球创新体系加以补充;参见 Atkinson & Ezell,2012)。值得注意的是,每个层次都有其特定的复杂性、可预测性和治理方面的挑战。此外,关卡越集中,就越复杂,越难以预测,管理挑战的难度也就越大(请参阅 Allenby & Sarewitz,2011)。

实际上,可以区分主要位于微观和中观水平的七种创新形式(Kickul & Lyons,2012:45-46)。

(1)创造新的产品、服务、方案或项目。

(2)产生新工艺或交付现有的产品、服务、方案或项目(例如,人居环境)。

(3) 向新的或以前服务不足的市场交付现有的产品、服务、方案或项目(例如,格莱珉银行)。

(4) 利用新的劳动力来源或其他生产投入(例如,杨克斯的灰石面包店)。

(5) 实施新的组织或产业结构(例如,社区开发银行)。

(6) 采用新的方式吸引"客户"或目标受益人。

(7) 利用新的融资模式。

综上所述,创新包括以下特征。它是指成功地运用超越寻常的理念,从而导致渐进的变化或巨大的颠覆。它与创造一些新的事物有关,具有伦理层面的意义。它需要好奇心和冒险的态度。它可以发生在个人、组织和/或系统层面,并表现为多种形式的产品、服务、流程、业务模型、系统中断和其他变化。(见框注9-1)

> **框注9-1 创新意味着创造新的更好的东西:道德创新**
>
> 创新不同于想象和发明,它将新的人类思维转化为新的实践活动、创造和行为。商业和经济的创新意味着在经济和金融方面使事物具有崭新的可行性,因此具有道德层面的内涵。我建议将创造力定义为一种认知活动,而不仅仅是想象和发明(Kickul & Lyons, 2012)。相反,创造意味着创造出新的更好的东西,从而把思考和行动结合起来,尽管方式不如创新具体。

乔治·布伦克特(George Brenkert, 2015)的《商业与经济伦理创新》旨在就道德创新本身、道德创新在商业中的作用以及如何评估此类创新展开讨论。在此书中,特别是第四、六、七、十、十二、十三和十四章中,他在概念上和理论上为"伦理创新"这一主题提供了坚实的基础。尽管创新意义重大,但他注意到伦理被隔离在任何创新之外。然而,伦理创新涉及一种与众不同的新事物,它改变了人们对生活某些方面的看法和行为方式。布伦克特(Brenkert)对这个在伦理学和商业伦理方面被严重忽视的话题进行了有趣的探讨。

当面临复杂的伦理问题时，责任的分配是一项具有深远影响的艰巨任务。如果这仅仅是个人承担责任或仅仅依靠机构的问题，那么捷径将很快出现。托马斯·贝肖纳（Thomas Beschorner）和马丁·科尔马（Martin Kolmar）(2015)提出了一种多层次的方法来解决这个基本问题，拒绝传统的非此即彼的思维。他们建议使用扩展交易成本法（受经济学启发），以确定个人和组织行动者以及社会机构之间公平分担伦理责任。因为伦理能动性与制度是相互依存的——从动态的角度来看这是非常明显的——它们不仅相互塑造，而且相互影响。这种多层次的方法意味着治理在每个层次都至关重要，需要各层次之间的协调来解决复杂的伦理问题。这为第六、七、十、十二和十四章讨论的自下而上运动提供了一个有用的空间（另见本书第十八章）。

布伦克特（Brenkelt）和贝肖纳、科尔马处理的是基本的概念和理论问题，而克里斯托夫·路易（Christoph Luetge）和马蒂亚斯·乌尔（Matthias Uhl）(2015)的研究则侧重于创新方法论，即伦理学的实验方法。如果要把商业伦理学理解为一个不仅包括规范—伦理维度，还包括描述—解释维度的跨学科领域，那么实验学科的贡献就显得尤为重要。在简要概述了实验哲学和实验伦理及其哲学先驱之后，本章探讨了实验伦理的未来机会和关键研究问题。它借鉴了最近的伦理实验，讨论了其实际含义和可能的批评类型。

伦理创新的系统性变化

帕特里夏·韦尔哈（Patricia Werhane）和大卫·贝文（David Bevan）(2015)提出了对当今"市场资本主义"的批判性观点。它们纠正了人们普遍持有的关于亚当·斯密对自由企业和魔鬼理论的误解，并列举了世界不同地区替代性企业蓬勃发展的众多事例。这种自下而上的建设性趋势在《伦理创新》的其他章节中也得到了阐述和例证，特别是在第三、七、十、十二和十四章。

虽然社会创新的具体例子总是包含描述性和规范性方面，但吉恩·拉克兹尼亚克（Gene Laczniak）和尼古拉斯·桑托斯（Nicholas Santos）(2015)

在接下来的章节中提出了营销的规范—伦理模式。它概述了当脆弱、贫困的消费者进入市场与更强大的卖家进行交易时，他们应该得到什么。不用说，这种模式对发展中国家和发达国家同样适用。作者鉴定、讨论并论证了所谓的整合正义模式的五个规范性要素：（a）没有剥削意图的真实参与；（b）与顾客共同创造价值；（c）对未来消费的投资；（d）真正的利益代表；（e）注重长期利润管理。

最后，彼得·约翰·奥皮奥（Peter John Opio）（2015）所写的这一章为我们通常理解的商业和经济开辟了一个被广泛忽略但极为重要的新视角。他的贡献基于非洲国家的开创性经验，并表明创新可以——而且并非很少——发生在非正规公司和经济中，这种形式的创新往往是自下而上产生的。这项创新对穷人的生存至关重要。但是，与其他创新一样，它需要经受伦理审查。同时，此项创新也可以激发正规经济中企业的创造力，尼日利亚诺莱坞电影业和肯尼亚的手机银行服务（M-Pesa）的杰出例子就证明了这一点。

正如这些开创性的贡献所表明的那样，伦理创新是一个巨大的挑战，需要从各种各样的角度彻底和持续地加以解决。因此，这本关于企业创造财富和人权责任的书也力求在商业、经济和道德等多个方面成为一个具有理论和实践意义的创新项目，为应对全球化、可持续性和金融化提供新的和更好的方法。在第一部分，创造财富的综合性概念及其七个特征为财富是什么及其如何运作提供了一个全新的视角。在第二部分，《联合国工商业与人权指导原则》为世界各地的商业企业提供了具体的全球伦理标准，这是人类历史上从未有过的成就。最后，在第三部分，创造财富和尊重人权的独特应用为商业组织的伦理提供了明确和实质性的指导。

注释

1. 除了市场之外，兰德斯也承认"发明中的发明"的其他重要原因：犹太教和基督教尊重体力劳动、自然服从于人以及线性时间的观念（Landes，1999：58 – 59）。
2. 与兰德斯一样，两位作者在 2008 年对"创新"一词的定义如下："创新远不只是发明——创造一个新想法并将其转化为实践——它包括新技术商业化所需的所有活动。"(Freeman & Soete,1997)从本质上讲,创新是对新想法的成功商业利用。它包括带来新的(或改进的)产品或服务的科学的、技术的、组织的、财务的和商业的活动。(Dodgson et al.,2008:2)

第十章
创造财富需要利己和利他的动机

动机在任何经济活动中的关键作用

创造财富的第七个特征突出了动机在任何经济活动中所扮演的关键角色。然而，这个特性通常被认为是理所当然的，只是简单地描述，并且很少被仔细检查。正如在第一章中所解释的那样，经济学的工程方法基本上忽略了动机，主要关注后勤问题：在非常简单的行为假设下，在其他地方给出的目标下，为了尽可能高效地实现目标，人们应该选择什么方法？与此相反，本书所倡导的伦理相关方法，明确地解释了人类的动机以及对社会成就的判断，都离不开善的伦理问题：我/我们应该如何生活，我/我们应该如何培育一个良好的社会？（见第一章）

动机也是任何一个被合理定义的经济系统的重要组成部分。于尔根·克罗姆哈特（Jürgen Kromphardt，1991）批评了仅使用一种主导的制度标准的经济系统的表征，无论是资本主义的资本还是市场经济的市场（Enderle，2018c）。克罗姆哈特在对经济系统进行分析后，按照如下标准确定了经济系统三个基本组成部分。（1）所有权和处置权标准：在生产、分配和消防方面，谁参与计划、决策和控制的经济过程？（2）信息与协调标准：个人决策是通过哪些信息系统进行协调的？（3）动机标准：不同的决策者追求什么样的目标，他们在执行其决策时是如何表现的？（Enderle，2018c）在这种三管齐下的经济制度概念中，动机问题值得充分关注。

此外，在考虑宗教在支持共同伦理基础方面的作用时，动机问题也是高度相关的，例如在第七章中已经做了简要介绍的《全球经济伦理宣言》(The Manifesto for a Global Economic Ethic) 和《国际商业伦理跨信仰宣言》(The Interfaith Declaration of International Business Ethics)。受罗尔斯的"重叠共识的思想"（Rawls，1993：133－172）的启发，[1] 在一个多元社会中，宗教和哲学的"善的概念"（例如基督教，印度教和功利主义）是截然不同且相互对立的，为了所有人的生存和繁荣，这时便需要一个共同的、对所有人都适用的伦理基础。那么，如何理解这些综合概念与有限的共同伦理基础之间的复杂关系呢？区分这种关系的四个不同层次是有帮助的：启发性、动机性、规范—伦理性和实施性（Enderle，1997）。虽然在规范—伦理层面上，内容必须是相同的（例如，黄金法则和《全球经济伦理宣言》[2] 的四个指令），但在其他三个层面上，可能会有很大的差异。

为了说明这种多层次的关系，基督教伦理学可以作为一个例子。它的独特性已受到激烈的讨论（参见 Curran & McCormick，1980；Auer，1984/2016；Bobbert & Mieth，2015），并形成广泛共识，即在规范—伦理层面，基督徒和非基督徒有许多共同点。但在启发性、动机性和实施性层面上，基督教伦理与其他伦理和世界观有着显著的不同；这是非常具体的，同时也是重要的，以支持共同的伦理基础。希伯来圣经和新约以及基督教传统提供了大量的伦理行为模式，这些模式可以作为启发性的视角，帮助人类更好地理解当前的伦理挑战，并在更广泛和更持久的意义视野中寻找伦理解决方案。此外，基督教伦理为遵守伦理操守提供了广泛而强烈的动机，即倾听神的话语，洞察并遵行神的旨意，效法耶稣的榜样，宽恕并再次尝试，以合乎伦理的方式生活，尽管人类处于原罪的状态，通过"最后审判"和其他动机来意识到伦理决策的重要性。此外，多种形式的礼拜仪式和服务、仪式、符号和制度框架可能有助于加强基督徒的决心，以遵守他们的伦理规范。

正如这些简短的评论所表明的那样，动机构成了从伦理相关意义上理解的经济学、经济体系以及宗教和非宗教世界观的一个基本部分。因此，它们对于构成创造财富的概念也是必不可少的。那么，是什么激励人们、公司和国家去创造财富呢？在经济学、社会学和心理学文献中，常见的答案是私利、贪婪、生存意志、权力扩张的欲望、享受财富和国家的荣耀、荣誉和福祉。然而，这些动机单独地或以各种不同方式结合在一起来看，很少与财富的创造具体相关，而是在总体上驱动经济活动，而且往往仅仅是刺激人们获取和占有财富。根据兰德斯的判断（Landes, 1999: 58），与伊斯兰国家和中国相比，正是这种"发现的乐趣"成为中世纪欧洲为工业革命做准备的独特动机（见第九章）。

显然，动机问题与前面各章所述的创造财富的所有特征有关。但它与私人财富和公共财富相结合的财富概念尤其相关。如果认真对待第五章中解释的私人财富和公共财富的鲜明特征，那么要创造全面意义上的财富，两种根本不同的动机是必不可少的：利己动机和利他动机（Randels, 2018a, 2018b）。

正如第五章所指出的，私利动机（一种重要的利己动机类型）无疑在生产私人产品和创造私人财富方面扮演着重要（尽管不是排他性的）角色。这可以观察到，如20世纪80年代中国的"创业十年"，主要在农村地区（Huang, 2008; Enderle, 2010a, 2013c）。改革战略的目标是允许创造私人财富，以推动经济增长，这在改革之前，主要是在城市地区。换句话说，创造私人财富被赋予了主导作用，从邓小平那里获得了信誉（被理解为一种公共产品）。一些重要的口号鼓励人们"下海"（即创业和"赚钱"），宣传"让一部分人先富起来，造福整个国家"的理念。"软基础设施"和教育水平的提高也促进了私人财富的创造；它没有恶化医疗保健，反而有助于创造这些公共产品。

自私自利无法创造公共财富

然而，当谈及创造公共财富时，出于经济和非经济原因的私利动机是完全不够的。由于公共财富具有非竞争性和非排他性，因此存在"搭便车问题"；也就是说，人们可以在不花钱的情况下使用公共财富。利己主义不会刺激公共财富的创造。任何致力于创造公共财富的人都不能期望得到与投入其中的时间和努力相等的回报。相反，一个人必须接受或至少以这样或那样的违背自己私利的形式做出牺牲。

自我利益最大化作为对自我利益的明智追求——归因于所谓的"经济人"假设（Hargreaves-Heap & Hollis, 1987; Mansbridge, 1990; Kirchgässner, 2008）——这种假设基于相当狭隘的理性观，但却有效地主导了当代经济学。它对理性选择理论和经济行为产生了强烈的影响，现代经济学的许多中心定理都在很大程度上依赖于它（例如，在没有外部性和收益递增的竞争经济中，关于一般均衡存在性和效率的阿罗-德布鲁定理）。它也对商业和经济生活产生了巨大的实际影响。此外，除经济学外，它还广泛用于政治上的"理性选择"模型以及对"法与经济学"的研究，并塑造了大量的制度设计。这种利己主义观点通常与"现代经济学之父"亚当·斯密的著作有关，并被证明是正确的。据推测，亚当·斯密将每个人定义为不断追求实现自己的利益的人（除此之外，别无其他）。然而，对亚当·斯密的这种解释几乎是不准确的，且经不起历史的检验（Sen, 1987: 22-28）。

在新古典经济学的理想型案例中，自身利益最大化意味着行为人对其可行行为的全部后果具有完备的、良好的偏好序列和完全的信息。他拥有完美的信息，能够准确计算出他偏好的所有可能结果。在完成计算之后，他选择了比其他任何行为都更满足（也就是说，最大化）他偏好的行为。更复杂的模型着眼于每个行为的几个可能后果的风险以及后果的（主观）概率分布。行为人通过对每个结果进行折现来评估预期效用，并选择期望效用最高的行为。类似地，加里·贝克尔（Gary Becker）的理性选择理论对理性最大化行为的定义如下："所有人类行为均可被视为下列参与者：（1）最大化其效用；（2）来自一组稳定的偏好；（3）在各种市场中积累最佳数量的信息和其他投入。"（Becker, 1964: 16; 引自 Sen, 2002: 27）

在他对自身利益最大化的批判中，森指出了理论、概念和经验层面存在的问题。自身利益最大化不仅关乎内部的一致性，而且属于与伦理相关的方法，因为它包含了一个外部的参照，即所有决策都必须以自身的价值为导向。只有当决策直接或间接地为个人利益服务时，这个决策才是理性的。一个人可能会出于"同情"或"反感"（森），重视包括其他人的行为和状态在内的任何事情，并把它们包括在他的理性选择中，但仅限于它们影响他自己的福祉和利益的范围内。然而，这种狭隘的理性观点是非常值得怀疑的，因为它拒绝承认除了自身利益之外可能指导人类行为的任何价值。以这种方式为经济和理性行为建模是一种彻底的简化，它将所有人类行为——如果不是出于自身利益——限定为非理性，因此将个人行为与价值和伦理（而不是自身利益的价值）分离开来。

森还正确地批评了效用最大化行为的概念，因为在现代经济学的很大一部分（受"显示性偏好"理论的启发），并没有区分作为最大效用的效用和作为个人私利或福祉的效用（即最大化的最人效用）。因此，正如森批判性地指出的那样："一对截然不同的描述被采用了，通常含蓄地（通过将这两种想法都称为'效用'）从定义中找到解决方案。"（Sen，2002：27）

除了这些理论和概念问题之外，狭隘的自身利益最大化的理性观点在经济学中导致了严重的描述性和预测性问题，因为人类的行为往往受到其他价值观的影响。行为经济学已经表明，诸如公平和承诺（超越自身利益）等动机确实存在，并且可以成为人类行为的强大驱动力。如果不考虑这些因素，对人类行为的预测可能存在严重缺陷（Mullainathan & Thaler，2000；Thaler，2009）。

经济学文献提出了自身利益在生产公共产品和创造公共财富方面失败的三个原因。

第一个原因涉及动机和行为后果之间的关系。它否定了严格区分个人动机和公共结果对现代经济的成功至关重要的观点。这种广为流传的观点借鉴了曼德维尔（Mandeville，1714）关于蜜蜂的著名寓言以及亚当·斯密所说的"看不见的手"。事实上，两位作者都认为，行动的实际后果可能与预期后果有很大的不同。"个人恶习"产生"公共利益"，而"看不见的手"（亚当·斯密在他的两部著作中仅提到过两次）在所有公民中实现了生活必需品的相对平等分配，尽管富人已经积累了财富（Smith，1759：184-185）；此外，在对外贸易中，它比善意的人想要直接实现公共福利产生更好的结果

(Smith, 1776: 456)。

在劳动分工高度复杂的现代经济中，个人动机和公共结果之间的相互联系并不是明确直接的，这当然是正确的。这些关系的松动为个人提供了更多的自由，在一个多元社会中似乎是必要的。然而，由于要求如此严格的分离，婴儿会和洗澡水一起被倒掉。这种分离实际上是无法进行的。个人动机对公共产品的决策影响很大，因此在分析决策过程时应该将其考虑在内。忽视这些相互联系似乎表明了一种相当天真的观点，即回避对这些过程中涉及的不同权力关系的认识，实际上是接受了它们。

公共产品生产失败的第二个原因在于，个人的偏好和成本可以对公共决策者予以隐瞒，因此很难获得。提供这种信息的许多尝试已被证明是不充分的：关于公共产品边际收益分配的自愿协议、激励性税收兼容机制、对公共产品的投票、成本效益分析、纳税人转移到提供所需公共产品的社区的能力等。通常，这些尝试都是基于一种动机性假设，即个人只有在能够使自己的优势最大化的情况下，才会向政府披露自己的偏好和成本。但是，实证研究对此假设提出了质疑，并提出了更复杂的动机结构。

然而，即使从现实的角度来看，这个简单的最大化假设是正确的，面对公共产品的巨大重要性，人们也不得不从伦理的角度探究，这种假设是否可以被接受。即使揭示了偏好，也会出现进一步的困难（市场失灵的第三个原因）。根据肯尼斯·约瑟夫·阿罗的"不可能理论"（the impossibility theorem of K. J. Arrow, 1963），对于一个多元社会来说，不可能基于一些貌似合理的假设，从个人偏好（不需要是自我的）推导出一个集体福利函数。当该定理应用于公共物品时，则具有毁灭性的意义。在多元社会中，人们要么接受一种严格的个人主义哲学，且必须不接受需要集体偏好的公共产品，要么想要公共产品，且必须拒绝严格的个人主义哲学。换句话说，一个人不能同时拥有严格的个人主义哲学和公共产品。

总之，这些批判性思考表明，作为经济学和其他社会科学中普遍存在的利己主义动机，不能创造出公共财富。但是，如果一个国家、一个地区或整个世界的财富被视为私人财富和公共财富的结合（在第五章中进行了解释），则根本不可忽略其他方面的动机。更确切地说，它们是在经济的各个层面全面创造财富所不可或缺的因素。

创造公共财富不可或缺的其他动机

特别重要和紧迫的是在全球经济中创造公共财富的其他相关动机，涉及理论和实践方面（Kaul et al.，1999a；Kaul，2003）。从理论的角度来看，应该用更能反映人类行为现实的差异化的假设来取代过于简单化的行为假设，尤其是利己主义和利润最大化的假设。从实践的角度来看，应当更好地利用和培育全球公共产品生产所需的那些"伦理资源"。相互影响的理论和实践观点对于建立一个有能力并愿意处理和解决全球问题的团结的国际社会是至关重要的。

关于主流经济分析中的基本假设，森（1997）观察到在"商业原则"和"伦理情感"（或伦理资源）之间存在"一种有趣的不对称性"。尽管商业原则（本质上直接或间接地受制于利润最大化）是非常初级的，并且几乎涵盖了所有经济交易，但伦理资源却被认为是非常复杂的（因为它们源自许多不同种类的伦理）；然而，它们的有效性被限制在一个非常狭窄的领域，这些资源实际上对经济行为没有影响。森批评这种不对称现象，特别是在当今的国际经济中，利润最大化的原则显示出"很少的经验证据和分析合理性"（Sen，1997）。他主张用更复杂的假设来取代这种基本假设。只有将不同的社会文化因素纳入经济学模型中，才能理解和解释世界上不同地区的经济成功与失败，包括公共产品提供的成功与失败。

除了解释的相关性之外，经济模型中更多差异化的社会文化假设也具有规范事实的重要性，因为自我利益和利润最大化的基本假设通常不仅被视为解释变量，还被视为指示经济参与者应该如何行为的规范要求。由于基本假设已经无法很好地反映全球经济的现实，不难预见，这些假设的规范性使用会带来毁灭性的后果。

因此，这一范式的必要扩展必须更准确地反映出当今跨国企业经营的社会文化丰富性，还必须包括"伦理承诺"，这些承诺超越了自身利益，是生产公共产品所不可或缺的。事实上，这样的公共产品在一定程度上已经存在。例如，通过运用这种更为复杂的方法，可以从"包容的道德"的伦理角度更好地解释"东亚奇迹"（Enderle，1995）。同样地，对于包括西方文化在内的其他文化而言，如果经济模式的假设更接近现实，对于公共产品而言，已经存在和使用的"伦理资源"（如共同利益、团结和正义的意识）在公共产品方面将会得到更认真的对待。这样，对公共产品供应的悲观看法可以得到缓解（Braybrooke & Mohanan, 2001; Kerber, 1993; Brieskorn, 1997）。

然而，尽管有了扩展和分化的范式，许多规范—伦理维度和实践性质的严重问题（超越了认知视角）仍然存在。只有在全球伦理共识的支持下，全球公共产品才能生产和维持。换句话说，需要一种全球性的精神气质，一方面，得到各种宗教和非宗教起源的伦理传统的支持；另一方面，提供一种超越个人传统的"共同基础"（或用约翰·罗尔斯的术语来说是"重叠共识"）。在我看来，汉斯·昆的方法（Hans Küng, 1998, 1999）的优势首先在于宗教传统对全球精神的"支持"。

除了理论视角，全球经济中的公共产品问题首先带来了巨大的现实挑战。只有真正调动了足够的"伦理资源"，人类才有能力解决共同的问题。如上所述，一个单纯（甚至是开明的）利己主义团体、国家和公司无法应对这些挑战。同样地，无视宗教传统（毕竟，大多数人类都信奉宗教传统）的世俗精神也无法与之匹敌。宗教传统为供应全球公共产品提供了必不可少的"伦理资源"，因为它们总是以一种或另一种形式促进超越单一人类的共同产品。然而，对于宗教传统而言，这些全球挑战也是全新的。在全球范围内，每种传统都必须找到与那些在种族、性别、文化、政治和信仰方面与自己的信奉者不同的人的正确关系。[3]

为了总结本章关于利己和其他动机的需要，我们可以回想一下简·曼斯布里奇（Jane Mansbridge）的《超越利己主义》，她在其中写道：

> 我认为，大多数人类制度，包括家庭、选举、税收和战争（举一些

显而易见的例子），都是基于同样复杂的动机。随着经验主义社会科学不再忽视这一现实，并像关注自利议题一样，开始探索爱与责任的议题，由此产生的分析可能对那些参与集体行动的人更为有用。（Mansbridge，1990：xiii）

注释

1. 罗尔斯（Rawls）的"启发"是指"重叠共识"由共同的规范和价值观（即"共同的伦理基础"）组成，它们是独立的（如罗尔斯所主张的），可以被不同的哲学和宗教传统所证明（这超出了罗尔斯的主张）。
2. 《全球经济伦理宣言》以"人性的基本原则"为基础，该原则承认，尽管文化传统之间存在差异，但承认每个人都具有不可剥夺的尊严，这是尊重、捍卫和实现其人权的基础。它包含在"己所不欲，勿施于人"的黄金法则中，并进一步发展为人类所有伟大的宗教和伦理传统中都存在的四种基本价值观：（1）非暴力和尊重生命（或要求"你不得杀人！"）；（2）公正和团结（或要求"你不得偷窃！"）；（3）诚实和宽容（或要求"你不得说谎！"）；（4）相互尊重与合作（或要求"你不得淫乱！"）。
3. 这是杰拉尔德·巴尼（Gerald Barney）等人1993年在芝加哥举行的世界宗教会议上对信仰传统提出的一个基本问题（Barney et al.，1993）。

第二部分

作为创造财富的公共产品的人权

导言

于1948年发布的《世界人权宣言》（UN，1948）是人类历史上的里程碑，首次为地球上共同生活的人类奠定了世界性的共同道德基础。《世界人权宣言》过去和现在仍然是一项巨大的挑战，远远没有得到充分的解决。最近，它的有效性受到世界各地区人民、组织和国家，特别是近些年出现的威权主义、民粹主义、民族主义和原教旨主义运动的质疑和威胁。

然而，随着《联合国全球契约》（2000）、《联合国框架》（2008）和《联合国工商业与人权指导原则》（2011）的实施，人权议程已扩大到工商业部门，并反过来通过许多国家政府（包括阿根廷、澳大利亚、德国、意大利、瑞典、美国和更多国家政府）发起的《国家人权行动计划（2016—2020）》而得到加强。此外，人权责任已超出企业和政府的范畴，扩展到大学、民间社会组织和宗教界等非国家行动者（Kirchshläger，2017）。

为了明确理解人权，我们可以借鉴哲学家艾伦·葛维兹（Alan Gewirth，1984）和亨利·苏（Henry Shue，1996）以及《联合国工商业与人权指导原则》的"设计师"约翰·鲁格（UN，2008a，2011；Ruggie，2013）的著作。葛维兹区分了一项请求权（即要求得到尊重的权利）的五个组成部分（或"要素"）：(1) 权利的主体；(2) 权利的性质；(3) 权利的客体；(4) 权利的义务对象；(5) 权利的正当性基础或理由（见图Ⅱ-1）。

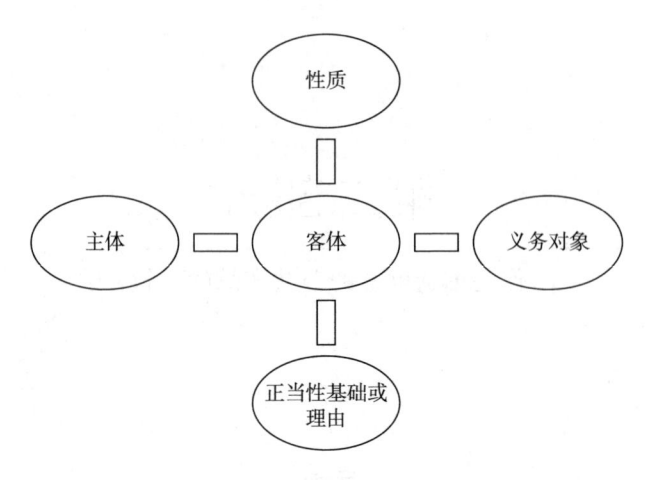

图 Ⅱ-1 请求权的五个组成部分

将这一区别应用于人权，我们就可以区分困难问题和不那么困难的问题。公平地说，在人权问题上存在一个相对广泛的、世界范围的共识（构成部分1）：所有人，包括近世后代，无一例外都是这些权利的主体。这种对主体的关注是重要的，因为所有人都凭借其人性拥有这些权利，无论这些权利是否得到实现。至于人权的目标（构成部分3），它们包括有尊严地生活所必需的东西，包括公民、政治、经济、社会和文化的要求。必须根据社会经济和社会文化以及历史背景更准确地对它们加以界定。因此，就这一部分达成一致意见更加困难。例如，各国体面的生活水平差别很大，但是仍然能够在大致范围内确定体面生活的定义。

就其他三个组成部分达成共识要困难得多。在许多情况下，有几个甚至多个义务对象（构成部分4），因此很难将责任公平分配给所有义务对象（例如个人、组织和国家）。人权的性质（构成部分2）意味着，作为最低要求，这些权利高于任何其他要求，不允许进行权衡。同时，这些要求可以采取不同形式的义务——这是一个经常被忽视的重要区别。继苏（Shue，1996）之后，鲁格（Ruggie，2013；UN，2008a）进一步做了区分，即对人权的（直接和间接）"尊重"（作为工商企业的"责任"）；对第三方侵犯人权的"保护"（作为国家的"义务"）；提供对侵犯人权行为的"补救"途径（作为企业和国家的义务）；以及"促进"人权（作为其他行动者的义务）。最后，人权的正当性（构成部分5）是当代多元社会中最困难的任务。然而，这并不意味着我们应该放弃它；相反，迫切需要从不同的哲学和宗教角度进行论证。

鉴于对人权的这种理解，要避免两种存在缺陷且广泛流传的人权概念。首先，积极权利和消极权利之间的区分是基于这样一种观点，即消极的自由权意味着不干涉权利人的决定和行动，而积极权利，例如对某些经济和社会商品的权利，则意味着其他人（例如政府）有履行权利持有人权利的积极义务（Arnold, 2018a）。苏（Shue, 1996）认为这种区分是人为的，不符合社会现实。他认为，这种区别指的是义务（与权利相关），而不是权利本身，"消极权利"既包括消极义务，也包含积极义务。例如，人身安全（不遭受杀害、酷刑、虐待或暴力威胁）对权利不仅要求采取消极措施加以克制，而且要求采取积极措施，例如执法机构和刑事司法系统。

另一种常见但有缺陷的人权观从个人主义的意义上解释人权的主张，它似乎意味着一种利己主义主张，将权利持有人的利益置于其他所有人的利益和社会的共同利益之上，忽视了相关的义务和责任。相反地，对人权的不同理解明确地将人权的主体与人权义务的承担者联系起来。它申明每个人都有同样的人权，任何人都不能被排除在外。它大力倡导并呼吁关注那些遭受人权侵犯之苦的人。它为社区的生存和繁荣提供了条件。

在概述了对人权的一般理解之后，我们现在将其从规范—伦理的视角与本书第一部分所述的创造财富联系起来。如第一章所述，创造财富是在"伦理相关"的意义上构思的，其中包括人类动机和对社会成就的判断，因此比经济学的"无价值"逻辑（或"工程"）方法更为广泛（Sen, 1987）。

本部分共分为四章。第十一章涉及人权的范围，其中包括《国际人权法案》和国际劳工组织的八项核心公约所载的所有人权。它们是不可分割和相互关联的，可以受到社会上任何行动者的影响，无论是政府、企业、任何其他非国家行动者或个人。这个清单比一套基本权利（Shue, 1996）还多，比一个民主国家可能授予的权利数量要少。它们的具体含义可以通过35个庆祝《世界人权宣言》的生动故事来加以说明。第十二章从伦理的角度讨论了人权的约束性质：人权的伦理现实，人权的伦理最低限度，人权与其他伦理义务、期望和理想的区别。第十三章提出了有关人权的成本效益方面的思考。人权不仅被视为创造财富的制约因素，而且被视为主要作为支持创造财富过程的目标和手段。最后，第十四章将人权定性为符合伦理要求的全球公共产品，并探讨了适当制度和动机的一些影响。

第十一章
所有国际公认的人权都受到威胁

2000年在联合国秘书长科菲·安南（Kofi Anan）发起了《联合国全球契约》后，联合国促进和保护人权小组委员会被授权明确《联合国全球契约》中规定的人权和劳工权利原则，并制定了《跨国公司和其他商业企业在人权方面的责任规范》。小组委员会于2003年发布了所谓的准则草案，该草案将工商业责任限制于经济、社会和文化权利，但希望使它们具有法律约束力（UN，2003）。然而，这些准则草案遭到工商界的强烈反对，最终被放弃。约翰·鲁格（John Ruggie）作为秘书长特别代表进行了一项新的尝试，以明确人权方面的工商业责任，并成功制定了《联合国框架》（UN，2008a）和《联合国工商业与人权指导原则》（UN，2011）以及《尊重人权的企业责任：解释性指南》（UN，2012a）。这些文件由联合国人权理事会一致通过，宣布所有国际公认的人权（即公民、政治、经济、社会和文化权利，包括发展权）都与工商业有关。这些权利基于"社会期望"，并要求工商企业在"尽责过程"中予以考虑；但是，它们没有法律约束力。

之所以包括所有国际公认的人权，是因为鲁格及其团队与工商企业、民间社会组织、政府机构和其他利益相关者进行了多次磋商。事实证明，公司可以影响任何人权状况。因此，《联合国框架》不仅仅限于经济、社会和文化权利，还包括公民权利和政治权利以及发展权。

鲁格在2008年提交给人权理事会的报告中解释了"为什么任何限制国际公认权利的企图都是固有的问题"（UN，2008a：§52）。他从2005年2月至2007年12月在工商业与人权资源中心网站上发布的320份（来自所有地区和各个部门）涉嫌与公司相关的侵犯人权案件的研究报告中得出的结论是：

很少有国际公认的权利不受企业的影响或被认为受到影响。因此，公司应该考虑所有这些权利。从业务指导的目的出发，了解公司在特定部门或情况下往往最容易影响哪些权利可能是有用的。它还有助于企业了解人权与它们的管理职能（例如，人力资源、资产和人员安全、供应链和社区参与）之间的关系。这两种制定指导方针的方法都应该得到遵循，但都不应该限制公司必须尊重的那些权利。（UN，2008a：§52）

总而言之，工商业对人权的影响包括下列权利（UN，2008a：§52）。

劳动权利：结社自由；组织和参与集体谈判的权利；不遭受歧视的权利；废除奴隶制和强迫劳动；废除童工；正确的工作；同工同酬的权利；工作中的平等权利；获得公正、优厚报酬的权利；安全工作环境权；休息和休闲的权利；家庭生活权利。

非劳动权利：生命权、自由权和人身安全权；免遭酷刑或残忍、不人道或有辱人格的待遇；法律平等承认和保护；获得公正审判的权利；自决权；自由运动；和平集会的权利；结婚和组建家庭的权利；思想、良心和宗教自由；持有意见的权利、信息自由和言论自由；政治生活权；隐私权；适当生活水准权（包括食物、衣服和住房）；身心健康权；获得医疗服务；受教育权；参与文化生活的权利、受益于科学进步和保护作者利益；社会保障权。

四年后，联合国人权事务高级专员办事处出版的《尊重人权的企业责任：解释性指南》列举了所有国际公认的与企业有关的人权。它们基于《国际人权法案》和国际劳工组织（ILO）的八项核心公约（UN，2012a：87–89）。

《国际人权法案》由《世界人权宣言》及编纂其的主要法律文书组成：《公民权利和政治权利国际公约》和《经济、社会、文化权利国际公约》。两项公约中的类似条款规定，不歧视和性别平等是与具体权利一并适用的总体原则。两项公约都承认并更详细地界定了《世界人权宣言》所载的权利（见表11-1和表11-2）。

表 11–1　《公民权利和政治权利国际公约》

第 1 条：自决权
第 2—5 条：总体原则
第 6 条：生命权
第 7 条：不受酷刑、残忍、不人道和/或有辱人格的待遇或处罚的权利
第 8 条：不受奴役或强迫劳动的权利
第 9 条：人身自由和安全权
第 10 条：被拘留者获得人道待遇的权利
第 11 条：因不能履行合同而不受监禁的权利
第 12 条：移徙自由权
第 13 条：外国人在面临驱逐时享有正当程序的权利
第 14 条：公平审判权
第 15 条：刑法不溯及既往
第 16 条：承认在法律前的人格的权利
第 17 条：私生活权
第 18 条：思想、良心和宗教自由的权利
第 19 条：见解和言论自由权
第 20 条：免于战争宣传和煽动种族、宗教或民族仇恨的权利
第 21 条：集会自由权
第 22 条：结社自由权
第 23 条：保护家庭的权利和结婚的权利
第 24 条：保护儿童的权利
第 25 条：参与公共生活的权利
第 26 条：法律面前人人平等的权利、法律的平等保护和不受歧视的权利
第 27 条：少数群体的权利

表 11–2　《经济、社会、文化权利国际公约》

第 1 条：自决权
第 2—5 条：总体原则
第 6 条：工作权
第 7 条：享受公正和有利工作条件的权利
第 8 条：组织和加入工会的权利以及罢工的权利
第 9 条：享受社会保障，包括社会保险的权利
第 10 条：享受家庭生活的权利
第 11 条：享有适当生活水准的权利（这包括获得足够食物的权利，获得适当住房的权利以及禁止强迫迁离的权利。这一权利也被解释为包括获得安全饮用水和卫生设施的权利）
第 12 条：健康权
第 13 条和第 14 条：受教育权
第 15 条：参加文化生活、受益于科学进步的权利以及作者和发明家的物质和精神权利

国际劳工组织于1998年通过的《工作中的基本原则和权利宣言》承诺，成员应尊重工作中的四项基本原则和权利，每项基本原则和权利均得到两项国际劳工组织核心公约的认可（见表11-3）。

表11-3 国际劳工组织核心公约

- 结社自由和集体谈判
- 消除强迫和强制劳动
- 消除就业和职业歧视
- 废除童工

值得注意的是，全球报告倡议组织的《可持续发展报告指南》（于2018年7月更新）包括劳工实践和体面劳动与人权这两个子类别（http://www.globalreporting.org）。根据《联合国工商业与人权指导原则》，这些准则包括《国际人权法案》和国际劳工组织《工作中的基本原则和权利宣言》（以及区域公约和保护个人权利的公约）的标准。此外，还有许多"方面"可以让我们深入了解《可持续发展报告指南》其他子类别的人权表现和影响。虽然这些准则是本组织完全自主决定的自愿准则，而不是企业的"责任"（《联合国工商业与人权指导原则》就是这样），但它们仍然是公司"承担责任"和提高社会绩效的宝贵工具。

这些国际承认的权利总共包括30项人权（UN，2008a；《公民权利和政治权利国际公约》第6—26条和《经济、社会和文化权利国际公约》第6—15条；详见1948年《世界人权宣言》）。所有30项人权都是有尊严的人类生活所必需的——既不是一小部分"基本权利"，也不是对30项权利的扩散。它们定义了权利的内涵（或Gewirth提到的"对象"），并在一定程度上具体化了人的尊严在这些方面的意义。但它们还不够具体，需要根据权利人的具体社会经济、社会文化和历史背景进一步确定。例如，数字时代的隐私权与数字时代之前的隐私权有不同的具体内容。或者，低收入国家和高收入国家对适当生活水准的权利的规定是不同的（例如，参见1987年恩德勒对瑞士贫困问题的研究）。

此外，在非西方语境中使用人权的语言时也要谨慎。劳工权利即便没被用人权话语来表述，也可以使工作场所朝着更儒家的、家庭式社区发展（Kim，2014）。或者，在塞拉利昂这样一个饱受内战蹂躏、有儿童兵的国家，对儿童权利的保护能够在不使用人权语言的情况下被理解。

在讨论人权的内容时，应简要探讨三个进一步的特征：不可分割性、相互依存性和相互关联性。丹尼尔·惠兰（Daniel Whelan，2010）分析了从《世界人权宣言》到2009年《经济、社会、文化权利国际公约任择议定书》等人权公约中的术语，对这些术语的用法进行了有趣的描述，并着重介绍了公民和政治权利与经济、社会和文化权利之间的关系。他将"相互依存"和"相互关联"定义为"将两个或两个以上的事物融合在一起，形成相互和谐的状态"，而"它们仍然是独立的"，而"不可分割"则意味着"在现实或思想上不能被分割"（Whelan，2010：6）。惠兰正确地认为，《世界人权宣言》——尽管没有使用"不可分割"一词——仍构成了两类人权的有机统一体。公民和政治权利与经济、社会和文化权利不被视为独立的实体，然后可以通过相互依存和相互关联的纽带将它们组合在一起。相反，它们是"不可分割的"。然而，这种观点在"后殖民修正主义：1952—1968年"和"经济正义：1968—1986年"受到质疑，并在"复辟：1986—2009年"得到重申。

假定所有30项人权都是统一的，仍然存在两个问题，即（1）特定的人权（超出两大范畴）是否可以被认为是不可分割、相互依存和相互联系的；（2）是否还有其他更好的方法来确立人权的不可分割性，而不是惠兰建议的依赖现代政治和经济制度。

第一个问题可以通过定义不可分割性、相互依存性和相互关联性来解决，在某种意义上（略微）不同于惠兰的定义。人权的统一性或不可分割性是可以维系的，如果把它们看作不同（distinct）的——而不是分离的（seperate）——是以人为基础而不允许取舍的。尽管它们不能被分割，但是它们以特定的方式相互联系、相互依赖。例如，受教育权是参与公共生活权利的基础；不受奴役或强迫劳动的权利是工作权利的必要条件；享有适当生活水准的权利意味着享有人身自由和安全的权利；结社自由包括组建和加入工会的权利以及罢工的权利。

至于人权不可分割性的问题，惠兰提出的将人权根植于现代制度的建议似乎只从法律的角度进行了论证，即纳入法律的人权如何能由制度来执行，惠兰的观点缺少一种先于法律的道德（或伦理）视角，并未做到认真对待"人权的道德现实"（Tasioulas，2007）。约翰·内斯莫尔辛克（Johannes Morsink）在《固有人权》（*Inherent Human Rights*，2009）一书中提供了全面的伦理基础。此外，正如苏（Shue，1996）强有力指出的那样，人权所有者（遭受人权侵犯的"主体"）的视角不应与人权的"义务对象"（Gewirth，1984）的视角相混淆，后者可能通过机构和/或个人的互动来表达。下一章讨论人权的伦理现实，并在一定程度上阐明人权的伦理维度。

第十二章
人权构成最低的伦理要求

上一章对目前国际公认的 30 项人权的内容进行了一定的界定和讨论。通过这样做，我们对人权的利害关系有了具体的认识。这有助于批判性地评估官方文件和特定运动（例如支持和反对堕胎的运动）中的大量措辞，以及工人和移民人权被日益遗忘的现状。在集中讨论了人权的内容之后，我们现在可以着手处理人权的伦理品质和合法性问题。因此，本章将会讨论人权的性质——这是葛维慈（Gewirth）认为的人权的第二个组成部分，以及人权的正当理由或基础——这是葛维慈认为的人权的第五个组成部分（见本书第二部分导论）。接着，人权与森（Sen）的能力方法论有关，被定义为最低的伦理要求，而没有解决超出这一最低限度的广泛伦理义务和理想问题（De George，2010）。

在他的《人权：伦理性的还是政治性的？》（*Human Rights：Moral or Political?*）具有启发性的介绍中，亚当·爱丁森（Adam Etinson, 2018：1-38）首先观察到人权拥有不同的"性质"或存在模式：一方面，人权（似乎）作为伦理权利存在；另一方面，人权同样也作为社会、政治和法律实践权利存在。在"传统"与"政治"理论家之间所谓的"传统—政治辩论"中，这两种方法论经常会发生冲突。爱丁森仔细地介绍和评论了这些方法，得出结论认为：它们彼此之间不一定会相互冲突，可以相互补充。在本书中，我赞同他的观点，并将简要介绍这两种方法。

人权的伦理现实

"正统"观点认为，人权是一种自然或伦理权利，即人类仅仅因为是人而具有的权利。在约翰·塔西奥拉斯（Tasioulas，2010）引入这一术语之前，葛维慈在20世纪80年代已就人权的性质提出了一个精确的定义：人权是"以人为本的，在规范上所必要的伦理要求"，是每个人行动所必需的（Gewirth，1984：2）。"以人为本"意味着要基于不同主体或个人的利益，来满足其要求；因此，人权不仅仅是实现总体目标或集体目标的结果或工具。"规范上所必要的"表示伦理状态，即遵守人权在伦理上是强制性的。最后，"伦理要求"包括三个方面：（1）它们是确定人权主体与客体之间关系的必要条件；（2）就客体之间的关系及其正当性基础而言，它们是正当性权利；（3）它们是针对其他人、社会和公共机构的主张或要求。

根据这个定义，人权的"存在"意味着什么？在评论托马斯·杰斐逊（Thomas Jefferson）的名言"所有人都被造物者赋予了某些不可剥夺的权利"时，葛维慈写道：

> 这并不是说就像人类生来就有腿一样，人类生来就拥有权利。至少，人类拥有腿在经验层面是可证实的，但这不适用于人类拥有伦理权利。人权的拥有或存在，首先不在于具有某种生理或心理属性，而在于某种正当的伦理要求，即上文提及的伦理要求的三个层面。（Gewirth，1984：3）

葛维慈支持这种正统做法，反对政治做法。政治做法认为，只有社会承认所有人平等地享有人权，并通过法律实施，在此范围内，人权才会存在或者说人类才会拥有人权。葛维慈主张："如果人权的存在取决于这种承认或实施，那么在这些法律颁布之前就不存在任何的人权，同时也不存在独立于法律的人权。"（Gewirth，1984：3）

同样，托马斯·纳格尔（Thomas Nagel）做出了毫不妥协的声明：

> 伦理权利的存在不取决于其在政治上的承认或执行，而取决于道德

伦理问题，即是否存在决定性的理由，将这种不可侵犯性作为伦理共同体成员资格的基础。伦理权利的现实是纯粹的规范，而不是制度——尽管制度当然可以被设计用来实施这些权利。(Nagel, 2002: 33)

在全球化的背景下，汤姆·坎佩尔（Tom Campbell）和苏马斯·米勒（Thomas Miller）(2004) 强调了在遵守人权法之外，人权具有高度重要性，探讨了人权在私人和公共领域机构中的实际情况（与本书的第三部分相关）。

此外，约翰·塔西奥拉斯（John Tasioulas, 2007）捍卫"人权的伦理现实"，反对政治方法，他主张"国际人权制度不是伦理上的自我评估；与之相反，其合法性取决于是否符合独立的伦理标准，包括真正的人权"。他支持正统的观点，即"人权的存在是一个伦理层面的问题，应当与人权在何种程度上被承认、遵守和实施这一制度层面的问题相区分"（Tasioulas, 2007: 75）。与葛维慈一样，他强调主体（即个人）的视角，同时允许在确定对应主体方面给予多种选择（无论是个人还是机构）：

人权是所有人仅仅凭借其人性而享有的伦理权利。从这一定义来看，在确定哪些人权存在时，不需要考虑个人与其他个人、群体和公共机构的特殊关系。即使人类参与这种关系的能力是确定人权的一项相关考虑因素。(Tasioulas, 2007: 76)

关于人权的客体，他的观点——与葛维慈相似，但不如葛维慈精确——"权利必须有相当确定的内容，而不受随后可能得到的任何制度规范的影响。如果不这样做，就没有理由将其视为人权"（Tasioulas, 2007: 76）。

值得注意的是，《国际人权法案》和国际劳工组织的八项核心公约以及《联合国工商业与人权指导原则》都没有使用明确的伦理语言。然而，这些权利可以被解释为伦理权利，同时保留其伦理正当性（Enderle, 2014b）。

如今，人权也作为世界各地公认的大众伦理、政治实践和法律制度而存在

除人权的伦理现实之外，爱丁森（Etinson）还提醒人们注意一个事实，即人权也是世界各地许多人所信奉的标准（作为普遍的伦理），而且也深深植根于当代政治和法律规范——不管是在国内、区域还是国际层面上（Etinson，2018：2）。鲁格在世界各地就工商业与人权问题进行的磋商就是这一现实的生动见证，更不用说《国际人权法案》和大量的国家人权行动计划了（见第十一章）。

正如爱丁森所肯定的那样，这种存在方式具有巨大的现实意义和理论意义（Etinson，2018：2-3）。没有现实世界对人权重要性的信仰，没有政治上的承认和法律上的实施，人权的承诺就会很难实现。如果没有这个现实，哲学就不会像今天这样受到挑战，帮助我们理解我们的理想和现实是怎样的，并帮助我们重新思考它们本来应该是怎样的。[1]

鉴于人权两种存在方式的重要性，坚持一种模式而拒绝另一种模式是短视和不明智的。对于实施人权而言，其伦理现实同其制度化同样重要。尽管方式不同且复杂，但是这两种模式是相互关联的。正统模式肯定了人权作为伦理权利的根本优先地位，并批评了政治方法，认为它否定了人权的伦理存在。因此，作为一个正统派的支持者，塔西奥拉斯（Tasioulas，2007）反对雷蒙德·格斯（Raymond Geuss）的"可执行性"论点（伦理信仰只有在可执行的情况下才存在）和奥诺拉·奥尼尔（Onora O'Neill）的"可主张性"论点（只有普遍的自由权利，而不是福利权利，才能施加"消极"义务，以避免以各种方式伤害他人）。另一方面，政治方法的支持者提出了一个有价值的观点，即人权具有功能性作用，虽然不是在所有情况下，但在许多情况下都需要通过法律加以实施，以促进稳定和可预测的社会关系。

三种保障人权的义务

在阐明人权的性质[2]时,应强调另一个方面。《联合国框架》(UN,2008a)继承了亨利·苏(Shue,1996)对人权保障义务的类型划分。在此之前,亨利·苏提出三种类型的人权保障义务:"保护"人权、"尊重"人权,以及为遭受侵犯的人权提供"补救"。所有这三种类型的义务都确定了主体(个人)与对应者之间关系的伦理要求:保护是指国家;尊重涉及工商企业;提供补救则两者都涉及(更多信息,参见第十五章)。

保护的义务是指保护免受第三方的人权侵害。人权需要得到保护,以防止受到任何侵犯。这一约束力是不容妥协的。[3]补救义务要求解决确实存在但不应容忍的侵犯人权行为。尊重义务要求工商企业和国家自身的活动对人权不会产生负面影响,即要求:

(a)避免造成负面人权影响,并消除已经产生的影响;
(b)避免加剧负面人权影响,并消除已经产生的影响;
(c)努力预防或缓解经由其商业关系与其业务、产品或服务直接相关的负面人权影响,即使并非它们造成了此类影响。(UN,2011:Principle#13)

值得注意的是,负面人权影响是《联合国工商业与人权指导原则》的核心。它们强调在规范层面,人权是必要的伦理要求,必须予以满足。这可以由不同的行为主体以不同的方式来完成。适用于国家和工商企业的一项关键标准是行为主体自身活动产生的负面影响,这是由三个伦理要求所确定的。它也适用于其他参与者,例如大学、公民社会组织和宗教团体(Kirchgässner,2017)。对应主体必须为其不能满足规范上必要的伦理要求负责。

葛维慈对人权正当性的理解

在讨论了人权性质的一些特征（即人权的伦理存在、尊重—保护—补救人权的义务）之后，我们现在转向如何证明人权的正当性的问题。葛维慈的方法论是一个理性的、可辩驳的、经过深思熟虑的理论。在 2003 年第 21 届世界哲学大会的主题演讲中（Gewirth，2007），葛维慈简要介绍了他多年来在学术研究中所采用的方法（Gewirth，1978，1982，1996）。该方法试图克服其他方法论的缺点。上文中提到的杰斐逊的声明对不证自明的呼吁缺乏普遍适用性："对一个人来说不证自明的东西，对其他人来说未必是不言而喻的东西，实际上，一些人可能会认为它是愚蠢的或是更糟糕的。"（Gewirth，2007：221）诸如犹太教和基督教认为所有人类作为上帝的儿女都享有伦理权利之类的宗教辩解，并不会说服一个不信教的人。此外，"包括康德和约翰·罗尔斯在内的世俗思想家，曾试图以各种方式将人权置于某些程序考虑之上"，但是——在葛维慈看来——并不成功。

首先，葛维慈提出要考察在什么客观背景下，权利概念拥有主要和必要的正当性基础。问题是：

当我们说某人获得某项权利时，为了证明这一主张的正当性而诉诸的更一般的概念性领域或自变量是什么？

葛维慈认为这个概念性领域是人类行动：

行动的概念是援引权利的基础和依据。为了看到这一点，我们必须注意到权利的概念在成为法律概念之前是一个伦理概念；所有伦理的一般背景都是行动。因为所有的伦理，尽管内容可能相互冲突，但都要求人们以特定的方式行事。当然，具体行动的种类是非常不同的，特别是考虑到它们诉求的根本原则：因此，宗教伦理学家不同于无神论伦理学家，共产主义伦理学家不同于自由主义者，唯美主义者不同于边沁功利主义者，等等。然而，所有这些不同的伦理规范都一致地规定了行动的要求。伦理是以必要的行动条件来规制权利的。(Gewirth，2007：221-222)[4]

因此，行动的概念是所有权利的自变量，并具有一定的必要条件来证明从"A是人"命题到"A有一定的伦理权利"命题的正当性。虽然行动的内容各不相同，但它们都有两个共同特征：自愿性或自由性，葛维慈称之为最大程度之幸福的目的性或意向性。自由特征假设权利持有人具有自主性：他们可以在了解相关情况之后，通过非被迫选择来控制自己的行为。幸福特征是假设行动者的行为带有某种目的，是为了达到某个目标。因此，他们具有至少所有成功行动所需的能力和条件。实现基本的幸福，需要的能力和条件包括生命、身体健全和心理平衡。实现不被减损的幸福，则需要诸如不被欺骗、不被违背承诺等条件来保持一个人目标实现水平不被减损。而实现附加的幸福，需要诸如教育、自尊等条件来提高一个人的能力和条件，从而提高目标实现水平。

简而言之，自由和幸福这两个一般特征构成了人类行动的必要条件，它们是所有权利的自变量。它们类似于森在"过程自由"和"实质性机会"之间所做的根本区分，这将在后面讨论。它们还与关注人的自主性的康德方法论有关，也与强调人类繁荣所必需的善的亚里士多德方法论有关。

葛维慈在下一步论证中，提到了他的著作（Gewirth，1978，1982，1996），葛维慈认为："每个行动者都必须把自由和幸福作为对他而言所必要的善。没有了自由和幸福，他将无法行动，或者他将缺乏在实现目标方面取得成功的一般机会。"（Gewirth，2007：222）因此，行动者必须认识到他拥有自由和幸福的权利。

然而，如果一个行动者随后被剥夺了自己的权利，其他人被允许干涉他的自由和幸福，那么这个行动者就会陷入自相矛盾的境地：自由和幸福对他来说不是必需的善，他也没有这些权利。此外，因为他是一个有预期目的的主张权利的行动者，为了不陷入自相矛盾的境地，他必须接受所有有预期目的的行动者都具有的这些权利,这些权利如今被视作伦理权利。总而言之,人权的存在是建立在所有人均是实际的、有目的的、潜在的行动者的基础上,所有人必须按照正式的公正概念所要求的那样受到同样的对待(即平等对待平等,不平等对待不平等)。

下面将从三个方面澄清实质正义的概念。第一,该论证并不主张一个行动者的任何必要的善都可以为权利提供依据。因此,一个人不能说:"我必须有一辆十速自行车;对我来说这是必要的善,所以我有权拥有它。"必要的善必须具备基于理性的内在能力,具有行动的目的,并且能够具备不自相矛盾的普遍的善。第二,一个行动者对权利的主张,并不意味着该权利与他必然已经拥有的有关。有时,有目的的行动并不成功,行动者缺乏非减损和附加的能力去获得实现幸福的必要的善。尽管无法实现全部的幸福,但这至少是他有意追寻幸福。第三,即使在自由权和基本福祉的权利方面,一个行为人不仅可以以当下、实际的行动者身份主张,也可以以未来的行动者身份主张,即使在当下他不一定拥有自由和幸福。而且,一个人的行动能力总会受到干扰,从而丧失行动所追求的自由和幸福。因此,在更宽广的、前瞻性的背景下,他可能主张拥有自由和幸福的权利(对于那些在智力或身体上有缺陷的人,他们缺乏全面实现目的的行动能力,葛维兹在别处用相称原则解决了这个问题)。

总结葛维兹的观点,人权具有规范上的强制性是基于两个理由:

> 首先,在实质层面上,人的目的,即人有权主张之物,是人行动的必要善;其次,在形式层面上,任何试图侵犯他们的行为都涉及行动主体的自我压制,因为作为一个有预期目的的行动主体,他在当时处在否认自己的受害者的立场,必须为自己辩护,主张自己有相同的一般权利。
>
> 我们也可以将此项人权原则称为一般一致性原则(PGC),因为它结合了对一致性的形式考虑与对一般特征和行动权的实质考虑。正是这一原则奠定了对人权和全球正义的伦理要求的基础。(Gewirth, 2007:224)

葛维慈在人权方面的工作可以追溯到20世纪80年代，但在学界却未获得应有的承认，他对人权的哲学辩护所做的贡献具有如下特点（Enderle, 1987: 169 - 173, 180 - 181）。他深邃而周密的论证是从人类行为的一般特征出发的。通过这样做，他从一开始就把自己的方法建立在普遍性的基础上，使之独立于任何一种伦理。人类行为的必要特征被确定为自由和幸福。自由不是形而上的自由或政治自由，而是行动的自由。葛维慈同样重视自由和幸福，拒绝把自由放在首要地位或者把福利权放在首要地位（Golding, 1984），并为克服有关公民和政治权利以及经济、社会和文化权利的无果争论问题提供了坚实的基础。此外，他用精确的论证方式成功地证明了逻辑与伦理学的相关性，即逻辑虽然不能直接回答基本的伦理问题，但可以排除不一致的答案，从而提供间接的解决办法。

我的批评主要涉及两点（Regis, 1984）。虽然有关理性的论证——这一论证方式被许多同时代的人所低估——应当在人权争论中发挥重要作用，但是人们仍然可能会问，葛维慈是否过度扩展了理性伦理的范围。不仅是理性，而且情感（Betroffenheit）和同情心（Mitleid）也可以在人权论证中发挥重要作用（Ebeling, 1984），这难道不是合理的，而且是在现实生活中经常经历的吗（Ebeling, 1984; Morsink, 2009）？如果是这样，那么任何理性主义的伦理学都应该在更广泛的情境中扎根，在这种情境中，情感和同情心是必不可少的方面。

有了这样一个更宽泛的伦理学概念，我可以对葛维慈的方法提出第二点批评。他谈到"一般特征"、"预期的、有目的的行动主体"和"伦理权利"；但他没有更准确地说明这些行动主体，即人类行为的主体是谁。换言之，葛维慈有关人的概念是相当模糊的，葛维慈或是通过暗指它（例如，人权作为人的属性），或是含混地对待这一概念［与梅尔登（Melden, 1977）和帕菲特（Parfit, 1984）等作者相比］。因此，伦理学不能不与人类学相联系。

与森的能力方法论有关的人权

正如第八章所解释的，能力方法论将人置于中心舞台，超越了基于效用和资源的方法论，从而为人际比较和经济社会政策提供了坚实的信息基础。能力方法论关注的核心问题是："每个人都能做什么，能成为什么？"那么人权与能力有何关系呢？正如森所指出的："这两个概念——人权和能力——相互配合得很好，只要我们不试图将其中任何一个概念完全归入另一个概念的范畴。"（Sen，2005：151）因此，下文简要讨论人权和能力两个概念的四个共性和差异。

第一，能力表达了人所拥有的真正自由，并有助于确定权利的内容。例如，能够读和写表明（基础）教育意味着什么；能够受到保护免遭性别歧视意味着平等对待。因此，人权是拥有能力和具体的实质性机会的权利。在查阅《国际人权法案》时，人们可以发现许多以能力为后盾的权利。

第二，其他权利，如获得公平审判的权利或外国人在面临驱逐时享有正当程序的权利，不能得到能力的充分支持，因为能力与一个人的优势相关。这些权利限定了自由的程序方面，而不是机会方面。森用一个"苛刻"的例子来解释这种差异，即为女性和男性提供医疗保健。如果男性和女性得到同样的照顾，女性往往比男性长寿。只关心能力（而不是其他），特别是与女性同等的长寿能力，人们将不得不得出这样的结论：男性应该得到比女性更多的医疗照顾，以抵消男性天生的缺陷。然而，如果女性因同样的健康问题得到的医疗照顾少于男性，那么程序公平就会受到侵犯。因此，人权理论——就像正义理论一样——应该同时兼顾自由、能力和过程方面。

第三，一个有争议的问题涉及能力和人权的清单：哪些能力和哪些权利应该包括在内？如第八章所述，森没有提供一个具体的能力清单，把它的具体内容留给公共理性，而努斯鲍姆（Nussbaum）以她的基本政治权利理论为基础，提出了一个包含十个"核心能力"的清单。在第十一章中，《联合国框架》和《联合国工商业与人权指导原则》提到了《国际人权法案》和国际劳工组织的核心公约，其中包括 30 项可能与企业有关的权利。这些不同的数字反映了不同的方法，而这些方法并不一定相互矛盾。这三种方法都关注人的能力和权利的内容，并没有直接确定对应的义务主体，即谁负责实现这些能力和人权。努斯鲍姆的核心能力构成了一个最低限度的门槛，即任何政治秩序至少必须保证所有公民都能享有。根据社会政治背景，这些权利可以被具体化和扩大化，并作为权利纳入国家立法和国际公约。这30项国际公认的人权表达了国际公约中确定的所有人的要求，并可得到能力的部分支持。森的能力开放式列表应该由社会倡议和运动的目标来具体化，并应经得起公共理性的检验。

第四，在《正义的理念》（The Idea of Justice）一书中，森没有提出一个理想的正义理论（或"先验制度主义"方法）。他的方法更注重行动，以及紧迫的正义和人权挑战［被称为"以实现为重点的比较"方法（Sen，2009：1-27）］。对他来说，人权的正当性在于公共理性。为了评估人权的伦理主张及其可能面临的挑战，他需要对公开和知情审查进行一些测试：

> 这些伦理主张的地位必须最终取决于其在畅通无阻的讨论中的生存能力。从这个意义上讲，人权的生存能力与约翰·罗尔斯（John Rawls）所谓的"公共理性"以及其在"伦理客观性"中的作用有关。（Sen，2004，349；参阅 Rawls，1971，1993：110—113）

"畅通无阻"的公开讨论意味着接受人人平等，即没有人被排除在外。尽管在专制政权统治的国家，进行"畅通无阻"的公开讨论几乎是不可能的，但是"畅通无阻"的公开讨论不仅对于支持人权主张，而且对于驳斥人权主张都是至关重要的。森批评罗尔斯将公共理性的范围局限于特定的社会，森提出为了避免狭隘的偏见，考察更广泛的论点以在一国之内实现正义，"畅通无阻"的公开讨论也应当包括亚当·斯密提出的"从一定距离观察"的视角。尽管几个世纪以来，人权的普遍性一直被许多作者所否定［例如，埃德蒙·伯克（Edmund Burke）、罗莎·卢森堡（Rosa Luxemburg）、塞缪尔·亨廷顿（Samuel Huntington）和格特鲁德·希梅尔法布（Gertrude Himmelfarb）］，但森在其"文化与人权"一章中浓墨重彩地阐释了自己的观点（Sen，1999：227-249），他的观点可以被概括为："倡导公开讨论，容忍和鼓励不同观点，在世界上许多国家都有悠久的历史。"（Sen，2004：352）与森的观点一致，人们可以提出一个强有力的理由，即普遍人权的正当性需要不局限于国家或民族边界的公共理性。无论是采用葛维慈还是其他人提出的方法，都为运用不同的、更具体的方式为人权辩护留下了很大的空间（Etinson，2018；Morsink，2009）。

在道德和伦理方面，人权是最低的伦理要求

在结束本章时，有必要强调道德和伦理[5]涵盖了更广泛的道德义务和理想，例如互惠规则、慷慨和感恩的价值观念以及人格特质或勇气和正直的美德。人权只是最低限度的道德要求，这当然并不意味着人权不那么重要。人权是根本的，不允许任何取舍。人权提供了在多元化社会中尤为受到挑战的共同伦理基础。不可能在违背最低伦理要求的情况下实现伦理理想。人们不能通过无视最低限度的道德要求来最大化某个变量（例如，效用），从而使"更好"成为"好"的敌人。此外，人权不仅是人类繁荣的外部条件，也是其中不可或缺的一部分。

除非区分伦理要求约束力的不同层次，否则用非常笼统的术语谈论"伦理"，要求个人或公司采取"伦理"行为，或指责他们的不道德行为，可能会令人感到困惑。德·乔治（De George）在其《国际商务中的诚信竞争》（*Competing with Integrity in International Business*）一书中区分了三个层次，并将其应用于国际商务中的公司：最低伦理要求，超越最低要求的积极义务以及对道德理想的追求（George，1993；especially 184–193）。恩德勒和塔维斯（Enderle & Tavis，1998）将这种区别应用于"公司的平衡概念"。

第一个层次包括不伤害的基本道德规范，具体体现在针对跨国公司的七项准则[6]中。这些准则的内容必须在更具体的层面上加以规定，这也是最困难的地方。然而，可以公平地说，这些最低要求即使在一个多元化的社会中，也可以达成共识。如果在一个社会里不能实现这些伦理要求，企业就无法生存。

超越最低限度的积极义务，即道德要求的第二个层次，是与利益相关者建立和维持信任关系，帮助有需要的员工，对公司无意中造成的损害进行赔偿，

创造公平的市场条件，等等。在这里，肯定比第一种情况更难达成共识。尽管如此，企业的一系列积极义务对于经济的有效和繁荣运行是必要的。

第三，道德行为体——无论是个人还是公司——的特点是渴望实现伦理理想，如果他们想要克服纯粹的被动行为，而采取积极的立场。这些愿望能够在经济、社会和环境领域调动大量的动力和精力。在很大程度上，这些愿望创造了公司非常具体的身份和使命。在一个多元化社会中，在社会层面上就这些积极愿望达成共识既不可能也不可取，而在公司层面上，似乎需要达成某种共识才能提高公司效率。

这种对公司行为的应用可以说明最低道德要求、社会义务和对伦理理想的追求三部分的区别的普遍重要性。这对于理解人权的约束性质非常重要，将在第三部分第十七章和第十八章进一步讨论。

注释

1. 《2000年人类发展报告》是一份有力的人权声明（Fukuda-Parr，2004）。
2. 葛维慈认为（Gewirth，1984，见第二部分导言），人权的约束力是一项权利主张的第二个组成部分。在这里，苏（Shue，1996）进一步限定了三种类型的义务：保护、尊重和补救。
3. 这项义务对于失败国家而言可能要求过高了。尽管如此，享有人身安全的权利（Shue，1996）仍然存在，必须受到国家或公共和私人行动者联盟的保护。
4. 对于美德、伦理学也是如此，因为美德包括以某种方式行事的倾向。
5. 德·乔治（De George，2010）对道德和伦理提出了一个经过深思熟虑的且实用的定义："道德是一个术语，用来涵盖那些被认为是对与错的重要实践和活动；道德是支配这些活动的规则；以及这些活动和实践所嵌入、培育或追求的价值。"（12）并且："从最普遍的意义上讲，伦理是对我们个人和社会道德经验的一种系统性尝试，从而确定应当支配人类行为的规则，值得追求的价值，以及值得发展的性格特征的系统性尝试。"（13）与之相对的，形容词"道德的"和"伦理的"在这里是同义词。
6. 七项准则如下。美国跨国公司应：（1）不故意造成直接伤害；（2）对东道国产生的影响利大于弊;(3)通过其活动为东道国的发展做出贡献;(4)尊重员工的人权;(5)尊重当地文化,在当地文化不违反道德规范的前提下,与之合作而不是反对;(6)缴纳应纳税款;(7)与地方政府合作,制定和实施公正的背景制度(De George,1993:42-58)。

第十三章
人权作为目标、手段和制约因素的成本效益考量

如果对人权的尊重是基于人权本身,而不是相应的结果,那么对人权进行成本效益评估是非常合适的。像人权这样的内在价值不应被其他价值工具化。人们如何为生命权定价?公平审判的成本和收益是什么?如何评估工人的结社自由权的后果?显然,对成本效益分析(CBA)持谨慎态度有很多充分的理由。但是,这并不意味着应严格按照义务论伦理学那样,主张完全拒绝它。相反,应当区分对成本效益分析的理解。

成本效益分析的多种方法

成本效益分析可以用多种方式来定义。[1]正如森(Sen,2000)所指出的,人们可以区分成本效益分析的一般方式的基本原则和让成本效益分析更为具体的附加要求。虽然以这样或那样的方式接受成本效益分析的人们,在基本原则上达成了广泛的共识,但在附加要求的规范上则有很大差异,特别是成本效益分析的主流方法"使用了一系列非常严格的要求"(Sen,2000:932)。

成本效益分析的基本原则在于这样一种理念:如果做一些事情的收益大于成本,那么这些事情是值得做的(Sen,2000:934)。决策和行动的确会产生后果,不管是"积极的"还是"消极的",对其或"赞成"或"反对"的评价往往会涉及一些好处和代价。森谈到了印度纳尔马达大坝的大型灌溉项目,该项目经过政府的成本效益分析后,获得了支持。同时,反对这一项

目的人指出,"人力成本"被忽视了或者没有得到充分考量。总而言之,成本和收益框架的影响范围非常广泛,可以用来评估替代选择及其在各种问题上的优势,例如经济发展程度、生活的质量、不平等、贫穷或性别差异的程度(Sen,2000:934)。

得到广泛共识的支持的基本原则,包括明确的评估、广泛的结果性评估和累加计算。第一,明确的评估(而不是鼓吹言论)要求充分解释做出决定的原因,而不是依赖于未经证实的信念或隐含的结论。这种问责制的要求对公共决策尤为重要。第二,广义的结果性评估扩展了狭义的结果概念,即功利主义意义上的幸福和欲望的实现,使得结果还包括某些行为是否被实施或特定的权利和自由是否遭到侵犯。与严格的义务论观点相反,无论后果如何,在成本效益分析中,结果的"健康"必须特别注意侵犯权利和义务的邪恶。第三,累加计算指出,成本效益分析寻找从收益扣除成本后的净收益价值(Sen,2000:938)。通过选择权重统计不同类型的收益,而成本则被理解为已放弃的收益。因此,收益和成本最终是在同一个"空间"中被定义的,可以用凹函数来表示,凹函数对收益做出积极反应,对成本做出消极反应。累加计算可以有多种形式,但它意味着对成本的一些限制,如相对边际变化(在这里无法进一步讨论)。总之,这三个基本原则定义了成本效益分析的一般方法。一方面,它与后果独立义务的严格义务论观点截然不同;另一方面,它允许各种各样的附加要求。

在森看来(Sen,2000),成本效益分析的附加要求涉及结构性需求、评估的无差异性和以市场为中心的评估。在结构性需求中,最大化需要被考量(这意味着不要选择一个比另一个更糟糕的替代品),但不需要考量评估的完整性(即每个结果在适当的点上用确定的和唯一的权重来确定和明晰)或评估的优化(即必须选择最佳的替代方案)。完整的知识和期望值推理无疑是有帮助的;然而,具有真正重要性的决策则可能会被忽视。此外,由于估价的事实推定可能会随着时间的推移而改变,因此需要反复进行估价(参考适用于环境干预的"条件价值估价")。

关于评估的无差异性,值得注意的是,主流的成本效益分析忽视了对行动、动机和人权的考虑。它对自由的内在价值漠不关心。它没有评估人们从一种文化环境迁移到另一种文化环境（例如，从农村到城市地区）所导致的价值观的改变，从而忽略了评估应该遵循何种价值观——先前还是之后的信仰——的问题。毫无疑问，要解释这些评价方面是不容易的；但是，至少应当指出忽视的存在，并且应该仔细解释成本效益分析的结果。

第三类附加要求涉及以市场为中心的评估。主流成本效益分析主要通过将支付意愿作为关键指标来进行市场评估。尽管市场分配系统和市场类比对个人偏好具有敏感性并能够处理相对权重等优点，但也有基本的局限性。成本效益分析作为福利经济学的应用方法是基于潜在的帕累托改进的原理（Mishan，1988：xxiii），因而会忽略分配问题。不论涉及的人是贫穷或是富裕，成本效益给每个人的财富都赋予了相同的权重，并且不考虑分析对象的分配变化，因为在市场体系中，人的价值只取决于支付意愿。当涉及公共产品时，市场类比评估还涉及其他问题。当人们没有被问及其实际支付需求时，他们不会轻易透露他们的支付意愿。而且当他们被询问时，他们可能出于战略原因扭曲他们透露的支付意愿，从而带来了"搭便车问题"。此外，在条件价值估价程序中很难估计支付意愿，该评估程序的成本效益分析建立在环境中重要组成部分的现存价值（例如，防止石油泄漏）基础上。

正如上文对成本效益分析多种方法的概述所示，一般方式允许各种形式的成本效益分析。当考虑到诸如结构性需求、评估的无差别性等附加的要求时，收益主要体现在便利性和可用性上，而损失主要发生在评价活动的可及性上。成本效益分析的主流方法是成本效益分析的一个强大和非常特殊的版本。它建立在基本原则的基础上，需要考虑结构性需求和评估的无差异性，并且用市场配置的逻辑或类比市场配置的逻辑来评价成本和收益。森最终得出的结论是：

在许多公共项目中，市场类比具有优势，特别是在提供对个人偏好、相关效率考虑（以一种或另一种形式）的敏感性方面。然而，它的公平主张大多是虚假的，尽管如果引入明确的分配权重（因为从规范上而言它们不在主流方法中），它们可以变得更加真实。补偿测试的使用存在着一个普遍的问题，即它们要么是多余的，要么完全没有说服力。就许多公共产品而言，即使主流方法的效率主张也受到严重损害，并在很大程度上取决于有关估价的性质……当需要比市场类比所能提供的信息更多时，私人物品市场系统的信息经济的惊人优势最终会成为一个巨大的拖累。(Sen, 2000：951)

正如森等广泛而有区别的讨论所揭示的那样，成本效益分析的"学科"内涵丰富。因此，虽然主流方法占据主导地位，但这并不意味着其他方法无关紧要。基本原则对任何方法都很重要，附加要求可以采用多种形式。

朱利亚·韦格纳（Giulia Wegner）和乌奈·帕斯夸尔（Unai Pascual）的文章《为人类福祉提供的生态系统服务背景下的成本效益分析：一种多学科的批判》（Wegner & Pascual, 2011）是对主流成本分析的一个有力的批判。生态系统服务包括维持生命的服务（例如，养分的循环利用、废物的吸收、气候、流域和病虫害的调节）和供应服务（例如，水流、家畜和野生动植物）。与人类相关的资产（例如，人类建造的基础设施、知识、网络），它们为人类提供有形和无形的利益，如粮食、水力发电、稳定的气候和身心平衡。当应用于公共生态系统服务时，许多主流的成本效益分析方法都失败了，因此应当创造一个多元化的分析框架，这个框架由一套不同的价值表达工具组成，这些工具适合于做出决策的特定背景。作者认为，在这个多元化的框架内，成本效益分析可能仍然是一个适当的工具，可以被用来审查对生态服务及其系统产生有限影响的地方政策。

鉴于成本效益分析方法的多样性，有几个重要的方面需要区分：(1) 要分析的对象是什么？是包括财政、交通、教育、卫生、环境政策在内的政府机构的公共政策，还是审查创造和工作岗位、总部搬迁以及在外国投资的公司商业战略？(2) 分析成本和收益是为了谁的利益？对于决策者——无论是政府、公司或其首席执行官——还是更广泛的支持者——所有公民、强大的游说团体、边缘群体、单个股东或所有利益相关者（包括股东）？(3) 采用什么时间视角？是短期还是长期的时间观——任期、季度报告还是今世后代的福祉，公司的持久健康？这些区别对于任何一个成本效益分析来说都很重要，但对于人权的成本效益分析而言尤其重要。

有限附加要求的人权的一般成本效益分析方法

在将成本效益分析应用于人权时，我们可以运用上文所述的森的框架以及三个方面。[2]基本原则要求明确的评估、广泛的结果性评估和累加计算。必须充分阐释和说明做出将人权视为目标和手段的决策的原因。[3]这意味着在评估中不仅应包括结果，而且应包括过程（例如，人权作为目标和手段是否得到了尊重或者遭受到了侵犯）。此外，应该进行一种累加计算，从收益中扣除成本后计算净收益的价值。这可以通过将功能方法应用到策略中（请参阅第八章）来实现（至少部分实现）。

有关人权成本效益分析的另一个要求是最大化（即不选择比可以选择的替代方案更差的方案）。但是，不要求在适当的点上用确定的和唯一的权重来识别和了解每个结果（即评估的完整性），也不必选择最佳方案（即优化）。此外，评估时忽视人权是不可接受的，因为行动和动机都会作为评估的参考项。

与成本效益分析的主流方法相比，以市场为中心的评估不适合对人权的成本效益分析，因为它基于支付意愿，通常无法解决分配问题，也无法适用于许多公共产品。因此，类似于韦格纳和帕斯夸尔（Wegner & Pascual, 2011）的多元化框架，其他评估方法也有必要在下面讨论（参见第二十章中的研究机会）。

与一般的成本效益分析方法相关的对象、利益、时间视角的区别，也适用于人权的成本效益分析。成本效益分析的对象可以包括《国际人权法案》和国际劳工组织核心公约中 30 项人权的任意一项（参见第十一章）。但是，根据公共政策和企业政策的重点，某些权利无论是作为目标、手段还是限制都会直接受到威胁，而其他权利在这些情况下无关紧要。例如，确保人身安全权（免受恐怖主义的保护）的公共政策可能要求高昂的经济和其他成本，而执行这个政策也可以产生显著的，甚至更大的经济和其他利益。为了保护所有公民的健康权，可能需要政府预算中的高额财政支出；但是，它也可能给公民、整个经济和社会带来更多的经济和其他利益。就企业政策而言，在全球供应链中废除童工可能会增加工厂的财务成本（通过为成年工人支付更高的工资）以及受影响家庭的财务支出（失去了子女的额外收入）；然而，从劳动中解脱出来的孩子们可以从基础教育中受益，享受童年时光，成年后成为家庭的经济支柱，同时工厂受到激励（通过支付更高的工资）来提高生产率，并提高工人的参与度。另一个例子是结社自由和工人参与（在第二十章中有充分讨论）。一方面，建立良好运作的结社自由和工人在工作场所的参与（即便是法律所要求的）可能会给公司带来大量的财务和其他成本（通过支持工人组织，缩短工作时间并减缓决策流程）；另一方面，公司可以通过多种方式受益（例如避免声誉风险，改善公司决策，增强相互尊重和协作的文化）。总之，对人权的成本效益分析应充分考虑财务、经济方面以及社会、心理和其他方面的成本和收益。理查德·马斯格雷夫（Richard Musgrave）提出的公共财政理论也适用于对人权的成本效益分析："公共财政理论除非包含财政过程中的收支双方，否则无法令人满意。"（Musgrave, 1969：797）

　　成本效益分析的第二个方面区分了成本和收益的分析对象。理想地讲，人们会假设决策者考虑到了所有受到拟议政策正面或负面影响的人的利益，即不仅考虑了他或她自己的利益，也考虑了特定群体的利益。政府将照顾所有受其政策影响的人，而公司将认真对待所有利益相关者。但是，从现实的角度来看，决策者通常将自己的利益置于他人的利益之上。政治领导人这样做则可能是出于个人抱负或为了支持自己的政党。在商业领域，无论是从狭义层面还是广义层面来看，一个恰当的例子是普遍的实践和理论主张都是为了一个好的理由而"提出商业理由经营"。

　　多萝西·鲍曼－保利（Dorothée Baumann-Pauly）和迈克尔·波斯纳（Michael Posner）对与人权相关的此观点进行了评估（Baumann-Pauly & Posner,

2016)。从商业层面来支持人权要求，就意味着从理论上或实践上证明了人权计划和政策符合公司的自身利益。不幸的是，关于公司绩效与实现人权之间关系的文献很少。然而，考虑到相较于环境的可持续性，人权的概念研究和衡量这两个变量具有更大的复杂性，因此缺乏实证研究也就不足为奇了（参见上文提到的公共生态系统服务的成本效益分析）。人们必须确定经济、社会、环境和人力成本和收益的精确标准，以适当的方式将其汇总，并确定和说明适当的时间观念。

尽管存在这些困难，但在大公司内部，人权的商业案例获得了内部的讨论；将人权承诺的成本与公司及其相关利益者将获得的利益进行权衡，判断这将为公司及股东带来怎样的收益。例如，世界可持续发展工商业理事会发布了《2020 年行动计划》，以证明人权对工商业有益（WBCSD，2016），并提出了五项理由：（1）这是一种风险管理策略；（2）预防比治疗便宜；（3）创造公平的竞争环境；（4）强化企业价值观；（5）这是一种竞争优势。

保利和波斯纳区分了人权的负面和正面商业案例。消极的观点侧重于如果不采取行动，公司的声誉将面临的风险。风险可能是巨大的（例如，在采矿业），人们往往关注其中的法律和公共关系风险，而忽视了潜在的权利风险。作者认为：

> 当公司将纯粹的经济原理应用于其经营中，只关注实现最大短期经济回报的压力时，他们往往认为，对人权问题的潜在负面影响，根本无法超过有效处理许多商业和人权挑战的复杂问题所需要的时间、金钱和注意力。实际上，他们决定接受这样的成本，认为这是做生意不可避免但可以控制的成本。（Baumann-Pauly & Posner, 2016: 15-16）

相比之下，正面的人权商业案例是积极主动和创新的，在这些案例中，公司会认真对待人权带来的机遇和挑战，将人权纳入核心商业战略，作为未来商业模式的一部分，并采用有利于公司整体健康发展的长远眼光来解决问题，而不是考虑利润最大化（Bower & Paine, 2017）。公司的利益来自，例如，雇用和留用深信其业务模式的优秀员工，受人尊敬的公司文化为创新和提高产品质量提供了更大的自由度，致力于"负责任投资"对投资者的吸引力（PRI，2018）以及认可公司合法性的关键利益相关者的支持。像惠普、耐克和联合利华这样的公司似乎都知道，商业案例可以包括商业和社会双赢的战略。在承认这些良好示例的同时，作者非常有说服力地指出，企业和多个利益相关者应该共同承担责任，以发展积极的人权商业案例。[4]

成本效益分析的第三个方面，特别是人权方面，关涉到选择合适的时间范围。无论是在公共政策还是公司政策中，人权应当受到永续的保障；即使人权受到威胁或受到侵犯时，也不会失去束缚力。例如，任何人在任何情况下都享有不遭受酷刑、残忍、不人道和/或有辱人格的待遇或处罚的权利，即使在战争时期也是如此。不论年龄大小，享有适当生活水准的权利都是必需的。鉴于人权的地位不可动摇，人权的实现不能依赖于短期主义，即只关注短期性而完全无视长期性。长期承诺需要投入资源和时间，这是一笔相当大的开支。但是，人权的成本效益分析不仅应该计算成本，还应该考虑比成本更具有实质性的收益。此外，考虑成本和收益的分配是至关重要的，这通常被成本效益分析的主流方法所忽略。作为一项负责任的投资，需要对公共政策和公司政策中的人权预算进行长远思考（Bekink，2016）。

成本效益分析最初是在经济学中发展起来的（Musgrave，1969；Mishan，1988），然后在各个学科中以多种形式展开（Sen，2000），由于许多成本效益分析技术的重大局限性，其他评估工具也被创建出来，并应用于各个领域（Götzmann，2017）。环境影响评估（EIA）是指在做出重大决定和承诺之前，确定、预测、评估和减轻可能造成的生态、社会和其他相关影响。社会影响评估（SIA）旨在建立一个更加可持续和公平的生理和人类环境，包括分析、监测和管理计划干预措施（政策、方案、计划、项目）的预期或非预期的积极和消极社会后果，以及这些干预措施所引发的任何社会变革过程。同样地，环境、社会和健康影响评估（ESHIA）将环境影响评估和社会影响评估与人类健康问题结合起来。在国际发展合作领域采用了基于人权的方法。最近，涌现出了一系列人权影响评估标准（HRIA），这些标准可以指导政府当局评估发展、健康权、儿童权利、商业活动、国际贸易和投资等领域。世界银行和北欧信托基金认为，人权影响评估可以被定义为"审查政策、立法、方案和项目，来确定和衡量其对人权影响的工具"（第1页）。人权影响评估可以是一种单独的方法，专门关注人权影响，也可以在全面考虑人权的情况下，将人权影响评估纳入其他适当的进程（例如，环境、社会和健康影响评估）。

人权影响评估已不仅成为制定公共政策、立法、规划和项目的重要工具，而且越来越多地成为评估商业活动的重要工具。《联合国工商业与人权指导原则》（UN，2011）要求商业企业"尊重人权"，并制定"人权尽职调查程序"，以"确定，预防，减轻和说明它们如何处理对人权的影响"（UN，2011：Principle#15、#17、#18）。这意味着什么，将在本书的第三部分进行充分讨论，本书将重点论述工商企业创造财富和尊重人权的伦理责任。

注释

1. 大量关于成本效益分析的文献，例如：Musgrave，1969；Mishan，1988；Kelman，1981；Brent，1998，2018；Adler，2012；Windsor，2018b。
2. 一般的成本效益分析方法同样适用于被视为"公共产品"的人权，如第十四章所述。
3. 这可以在作为目标—权利体系的商业伦理框架内实现（Enderle，1998）。
4. 《保护公民权利的商业案例》（*The Business Case for Protecting Civic Rights*）探讨了尊重公民权利和公民空间的经济影响。它表明，对重要的公民自由的限制与负面的经济后果有关。在中东和北非、撒哈拉以南的非洲国家和东亚国家，经济增长率尤其与公民权利状况有关。

第十四章
作为公共产品的人权

为什么是公共产品和全球公共产品？

将人权视为公共产品的观念听起来有些奇怪，尤其是出于两个原因。首先，人权怎么可以被视为"产品"呢？难道这一概念不让位给"商品化"吗？"商品化"是指将诸如内在价值之类的东西转化为商品，而这些商品仅仅是可以买卖的经济商品。这一危险在第十三章已经出现，该章将成本效益分析应用于人权。而将人权当成产品，问题就更为严重了。为什么能够且必须将人权定性为"公共"产品？公共产品的确切含义很难用通用语言来理解，并且在赞美市场经济的时候，通常会被忽略了。

为了回应对商品化的谴责，人们可以正确地指出人权具有一个经济的面向。但这并不意味着它们是纯粹的经济商品。相反，它们还可以包括其他的面向，例如社会、文化和法律面向——这些在公共产品中尤为明显。鉴于人们普遍忽视公共产品这一概念，本书认为与其避免使用该术语，不如更好地服务于共识，来清楚地阐明和解释这个基本经济学的关键概念。

正如第五章所述，公共产品由消费领域的非排他性和非竞争性两个正式标准定义。由于形式上的区别，它可能意味着积极的或消极的内容，即公共"好"或公共"坏"，因此我们需要对其进行伦理评价。由于存在"搭便车问题"和"囚徒困境"，一个公共产品不能在市场上进行适当的交易，也无法以价格估算。相反地，私人利益具有排他性和竞争性，可以在市场上交易并以价格估算。在纯粹的公共产品和纯粹的私人产品两个极端之间，存在各种各样的具有不同程度的排他性和竞争性的混合产品。不纯粹的公共产品是仅部分满足一个或两个定义标准的产品。但是，出于实际原因等考虑，它们可以被包括在纯粹的公共产品中，因为"即使商品只是部分地具有非竞争性或非排他性，公共性的许多含义仍然很突出"（Kaul et al.，1999b：4）。此外，公共产品可以是"最终"产品或"中间"产品，后者对于生产私人产品或其他公共产品至关重要。[1]

原则上，公共产品的可及性取决于其影响的范围（其"公共性"），无论是积极的还是消极的。一个安全的社区可能仅限于当地（"一个当地的公共产品"）。公平有效的医疗保健体系可能会影响一个国家的人（"国家公共产品"）。战争可能袭击整个区域（"区域性公害产品"）。此外，由于全球化和其他因素的影响，公共产品和公害产品正走向全世界。

在《全球公共产品：21世纪的国际合作》（*Global Public Goods: International Cooperation in the 21st Century*）一书中，英格·考尔（Inge Kaul）、伊莎贝尔·格伦伯格（Isabelle Grunberg）、马克·斯特恩（Marc Stern）以及二十多个撰稿人对全球公共产品进行了开创性的概述和分析，并仔细地定义了诸多概念。多个案例研究涉及诸如公平与正义、市场效率、环境与文化遗产、健康、知识与信息以及和平与安全等主题。该书提出了政策建议，并得出广泛而深远的结论。作者指出，公害产品是国际性的，特别是全球性的，严重影响国家和个人的福祉：银行危机、互联网犯罪和欺诈，以及由于贸易和旅行的升级与世界范围内毒品和吸烟的传播而增加的健康风险。在公共产品中，他们特别提到数量迅速增加的国际制度，这些制度为国际运输和通信、国际贸易、税收协调、货币政策、治理等提供了通用框架。他们提出的定义如下：

> 作为最终产品（或中间产品）的全球公共产品，在惠及所有国家、人口和世代的意义上趋向于具有普遍性。全球公共产品至少应符合以下标准：其利益惠及多个国家集团，不歧视任何人口群体或现代还是将来的任何世代的人群。（Kaul et al.，1999b：16）

根据它们所带来的政策挑战，它们的全球公共产品类型划分为三大类：（1）自然的全球公共产品，如臭氧层或气候稳定，其面临的集体行动问题是过度使用；（2）人类创造的全球公共产品，包括科学和实践知识、原则和规范、世界共同文化遗产和互联网等跨国基础设施，其面临的主要挑战是使用不足；（3）全球政策结果，包括和平、卫生和金融稳定，其面临的集体行动问题是供应不足。每个类型的全球产品都可以根据其非排他性和非竞争性按收益进行分类，而相应地，全球公害也可以根据其非排他性和非竞争性按成本进行分类。例如，大气（气候）作为全球公共产品具有任何人都不能被排除的利益，但对大气的消耗具有竞争性。如果大气被过度使用，产生的相应全球公害的成本是任何人都难以避免的，它对一个人的影响并不会减少它对其他人的影响（Kaul et al.，1999c：452-461）。

在简要概述了全球公共产品的概念和相关性之后，这种包括原则和规范的分类法也阐明了从地方到全球各级对人权作为公共物品的理解。通过使用这一分类法，从第十一章中的30项人权清单中选出的一些人权具有重要的公共特征。本书各章都或多或少地讨论了更多的例子，特别是享有公正和有利工作条件的权利（第十九章）和结社自由（第二十章）。

将人权视为公共产品

人权通常被理解为向政府或其他行动者（例如，公司、教育机构、特定群体或个人）提出的个人主张，其公共产品特征通常会被忽视。只要人权得到了尊重，通常就被视为理所当然的事情（例如清新的空气），而不被视为在社会中有尊严地生活的基本条件。但当人权受到侵犯时，人权就变得引人注目，尤其是对那些遭受侵犯的直接受害者而言，随后就会波及更广泛的社会大众。

第二次世界大战后，德国新教牧师马丁·尼默勒（Martin Niemöller，1892-1984）开始反思，他和其他许多人在20世纪30年代中期为什么没有抵抗纳粹政权。他著名的个人忏悔书表露了人权作为公共产品遭受侵犯的情况。

> 起初他们是冲着共产党人来的，我没有发声——因为我不是共产党人；后来他们来抓工会成员，我没有说话——因为我不是工会成员；后来，他们来抓犹太人，我也没有说话——因为我不是犹太人；最后，他们奔我而来——没有人留下来为我说话了。（引自 Bergen, 2018）

最近发生的严重侵犯人权的事例包括缅甸政府军于 2015 年对罗兴亚少数民族的迫害，并由此导致难民危机（BBC, 2018），以及沙特记者贾迈勒·卡舒吉（Jamal Khashoggi）于 2018 年 10 月 2 日在沙特驻土耳其伊斯坦布尔领事馆被杀害（Haltiwanger, 2018）。罗兴亚人的危机极大地表明了对许多人权，特别是自决权的侵犯；此外还包括生命权；不遭受酷刑、残忍、不人道和/或有辱人格的待遇或处罚；人身自由和安全；思想、良心和宗教自由；意见和言论自由；以及少数群体的权利。这一场危机不仅影响了缅甸，而且影响了孟加拉国和泰国等邻国以及负责处理难民危机的民间组织和国际机构。在卡舒吉被谋杀的事件中，他的许多权利受到侵犯——特别是生命权；不遭受酷刑、残忍、不人道和/或有辱人格的待遇或处罚；人身自由和安全；思想、良心和宗教自由；以及意见和言论自由。此外，侵犯上述权利的行为作为公害产品也影响了世界各地新闻工作者、广泛关注媒体言论自由的人士以及诸如土耳其、美国，显然还有沙特阿拉伯之类的国家。

卡尔等人（Kaul et al., 1999c）认为，人权作为公共产品的益处可以根据非排他性和非竞争性的特点加以区分。它们是非竞争性的，因为一个人享有任何权利并不减损其他人对这些权利的享有。但它们只具有部分的非排他性，因为法律或社会的歧视以及经济资源的短缺（例如，穷人由于负担不起自付费用而无法从健康权中获益）会阻碍人们享有这些权利。另外，侵犯人权（即公害产品）的成本也具有非竞争性。因为一个人的权利受到侵害，并不意味着其他人的权利也会遭到侵害；在许多情况下，正如尼默勒（Niemöller）在纳粹政权时期所经历的那样，成本甚至会大幅增加。然而，与人权的益处一样，镇压人权的代价也只具有部分的非排他性；富有和有权势的人有可能保护自己，从而避免承担代价，例如，远离不安全的环境、贫穷的教育机构和流行病（详见2018年的媒体报道）。

作为最终和中间产品的人权

与一般公共产品一样，人权可以是最终产品（即为自己实现的目标）或中间产品（即实现其他产品或权利的手段）。这种区别与其在产业链中的位置有关，具有重大的政策相关性（Kaul et al.，1999a：13–14）。虽然实现人权本身就是目标，但是确保实现某些人权，也有助于实现其他人权、公共利益和私人利益。例如，人身自由和安全以及适当生活水准的权利是实现健康权和教育权的手段，这也有助于实现工作权、家庭生活权和参与公共生活的权利。除了实现这些权利之外，还可以取得许多其他积极成果，例如贫穷的减少、健康家庭的增长和更有活力的公共生活。另一个例子涉及结社自由、组织和加入工会以及罢工的权利。它们可以带来公正和有利的工作条件、更大的工作满意度、更高的劳动生产率，以及——正如第二次世界大战后西方国家的经验所表明的那样——高速经济增长并避免极端的收入不平等。

另外，滥用作为中间公共产品的人权，会侵害其他的人权，造成经济和社会危害，从而产生严重的公害危害。工作权得不到落实会造成青年人失业，进而否定自决权，削弱人的自我尊严，使得青年人背井离乡。缺乏公平有效的社会保障制度，会使得老年人无力享受健康权，引起老年人的焦虑，促使他们接受民粹主义。

从投资角度来看，近年来，人权已成为评估道德投资的一个标准，例如，扬尼克·拉迪（Yannick Radi）的《人权与投资研究手册》（*Research Handbook on Human Rights*）中就记载了这一点。道德的投资旨在改变被视为不公正的、有辱人格和不人道的、破坏环境的和对人类与地球而言不可持续的事态（Stüttgen，2019）。虽然道德的投资这一概念在有关宗教、政治、社会和生态的倡议中就有所显现，但是道德投资得到全球的认知是因为《联合国负责任投资原则》（htpp://www.unpri.org），其目标是将环境、社会和政府相关性因素（ESG）纳入投资的研究、分析和实践之中。而且，在《联合国工商业与人权指导原则》（UN，2011）的影响下，工商业界开始在"尽职调查"过程中明确处理人权问题（见第十五章）。但从最新的文献中可以发现，要使人权成为道德投资不可或缺的一部分，还有很长的路要走（Emunds，2014；Dembinski，2017；Radi，2018；Stüttgen，2019）。

部门和区域的案例研究可以说明投资对人权的影响（Radi，2018：345 - 534）。在采掘业中，严重侵犯人权的情况往往发生在手工的和小规模的采矿点，并表现在移民安置、社会保障、劳工保护等问题中，特别是在社区一级。在农业部门，对人权的关注与为农业投资而进行的大规模征地有关。就时尚产业而言，人权问题出现在生产过程的不同阶段，尤其关涉到劳工权利问题。私人投资与水权的实现具有密切联系，这意味着私人公司负有实质性和程序性的相关义务。尼泊尔、柬埔寨和北印度的三个例子表明，投资者对于社会和政治环境的处理方式截然不同：前两个国家非常消极，而第三个国家产生了强烈的积极影响。

正如这一简要概述所展示的，人权可以作为最终或中间公共产品来追求。另一个有趣的例子是中国关于矿产资源采购的人权指南（Buhmann，2017），该指南似乎将人权同时作为最终和中间公共产品。中国五矿化工进出口商会（CCCMC）于2014年发布了矿业投资指南，随后于2015年发布了尽职调查指南，该指南详细规定了基于风险的供应链尽职调查，以避免人权相关冲突的发生。这两套准则均适用于大约6000家公司，其中包括大多数在国外投资并买卖矿物、金属和碳氢化合物产品的中国矿业公司。这些准则的措辞与《联合国工商业与人权指导原则》和《经合组织尽职调查指南》[2]高度一致。它为企业提供指导和支持……"以识别，预防和减轻直接或间接导致冲突、严重侵犯人权和严重不当行为的风险"（CCCMC，2015：3）。这些准则明确地旨在实现作为最终公共产品的人权，以使受中国矿产采购影响的人们获益，特别是在非洲。同时，在这里将人权解释为中间公共产品似乎也是公平的，被理解为应对中国在非洲的经济参与和在全球舞台上建设中国软实力的广泛批评的手段。最终公共产品可以转变为中间公共产品，反之亦然。

在处理最终和中间公共产品时，我们不能不考虑成本效益的影响。在第十三章中，我们充分讨论了与人权相关的成本效益考量因素，它们也适用于被理解为公共产品的人权。与主流的成本效益分析方法（CBA）相比，以市场为中心的评估不适用于人权的成本效益分析，因为它基于支付意愿，通常无法解决分配问题，并且不能对许多公共产品做出解释。因此，有必要采用其他评估方法，这些方法涉及对象、利益和时间范围。由于这些方法已在上一章中进行了说明，因此在这里只需要回顾一下基本要点即可。成本效益分析的对象可以包括30项国际公认的人权中的任何一项。成本效益分析原则上必须考虑到所有受拟议政策积极或消极影响的人的利益，即不仅是决策者和特定群体的利益。至于时间范围，合适的选择是采用长远的时间观，因为人权应当永远得到保障。

对集体行动者和其他动机的需要

在讨论了人权作为公共产品的特征之后，我们现在谈谈两个具有深远影响的问题。第一，市场机制无法实现人权的确立、实现和保障；相反，人权的实现需要在社会多个层面采取集体行动。第二，仅凭自利的动机必然无法确立、实现和保障人权；其他动机是必不可少的。

如第五章所述，市场机制在提供私人产品方面非常成功，但从原则上讲，它不能生产公共产品。因此，要实现这个目标，就必须有其他的制度安排，即集体行动的制度。自1948年《世界人权宣言》诞生以来，集体行动的义务主要由民族国家及其政府承担，尽管《世界人权宣言》也提到了其他社会机构和个人。在过去的20多年里，非国家行动者也被认为对人权负有责任，正如上述对全球公共产品的讨论以及《联合国工商业与人权指导原则》的影响日益扩大所表明的那样。

采取集体行动是必要的，以确保没有人会被排除在享有人权之外。因为单独的行动本身不能保证没有人会被排除在外。根据主流经济学理论，没有集体行动，便会出现"搭便车问题"和"囚徒困境"，并防止人权的不可排除性。

对于个人主义世界观的支持者而言，"集体"行动一词听起来可能会压制个人自由。但是，集体行动并不必然与个人自由相冲突。相反地，正如马丁·沃尔夫（Martin Wolf）所描述的，集体行动可能具有积极的意义：

> 在提供这种［公共和半公共］产品方面共同做出选择并不代表对自由的侵犯，而是对这种基本价值的表达和促进。（Martin Wolf, 2014: xxii）

促进人权的集体行动不必从全球一级开始。它可以从夫妻、父母与子女、朋友、同事和邻居之间的个人关系开始。这意味着承认他人的尊严和人权，而不否认他人拥有同样的尊严和人权。虽然人际关系可能涉及许多伦理义务，但人权是其中必不可少的一部分。具体来说，它们可能包括生命权、人身自由和安全、对家庭和儿童保护、家庭生活权和隐私权。这也意味着认真对待享有人权的人格尊严。对人权的相互尊重在彼此了解的人们之间建立了牢固的联系，它基于互惠原则，体现了黄金法则，是爱的一种形式。在个人层面，集体行动几乎不受"搭便车问题"和"囚徒困境"的威胁。

在人际关系中认真对待人权可以为在以匿名关系为特征的更广泛的社区、乡镇、城市中采取集体行动提供一个起点。尽管人们彼此不认识，但在同理心、关爱他人、团结等其他动机的驱使下，仍然可以相互尊重。在地方、国家、区域和全球层面建立了许多民间社会组织，以捍卫先前被公众和政府忽视的人们的特定人权。例如，我们可能提及在城市、国家和国际上工作的许多人权组织。此外，越来越多的工商企业和其他非国家行动者制定了人权政策以应对不利的人权影响，加入了《联合国全球契约》（UNGC, 2000）并遵循了《联合国工商业与人权指导原则》（见第十五章）。[3]在国家层面，许多政府发布了《国家工商业与人权行动计划》（Morris et al., 2018）。在区域层面，人权已成为欧盟的一大组织原则（见第七章）。在全球层面，联合国人权理事会（http://www.ohchr.org）负责在全球范围内促进和保护人权，处理侵犯人权的情况并提出相应的建议。虽然总的来说，这些在多层次的集体行动无疑在很大程度上有助于实现人权，但是公平地说，它们远远无法解决大量人口无法享受这些公共产品的现实问题，无法实现地球上所有人的人权。

将人权理解为公共产品还有第二个影响深远的意义，它与动机相关。如第十章所述，仅靠利己的动机无法创造和维持公共产品。它们还需要其他方面的动机。实事求是地说，从事创造公共产品的任何人都无法期望获得与从事该活动所花费的时间和精力相当的回报。在许多情况下，人们必须接受或至少忍受某种形式的牺牲。其他方面的动机也是必要的，它至少将其他个人、团体、组织、国家和其他实体的利益视为自己的利益。虽然这一般适用于公共产品，但对人权尤其重要。

因为人权被认为是"积极的"或具有伦理要求的公共产品（如第十二章中所讨论的），建立和实现人权的动机不能是任何其他形式的动机（例如一个国家的最终利益；见第十章）。它们必须是"伦理资源"——认真地对待他人的尊严——诸如对共同利益、关怀、团结和正义的意识。多元哲学和宗教观念可以提供这种伦理支持。其中一些已在第七章和第十章中做了简要说明。

* * * * *

总而言之，在第二部分中，我们提出了人权作为创造财富中的公共产品的规范伦理学概念，这为第三部分将要讨论的企业责任提供了伦理基础。人权清单包括《国际人权法案》和国际劳工组织8项核心公约所包含的30项国际公认的人权。人权是经得起伦理推理检验的最低伦理要求。尽管理性选择理论意义上的成本效益分析不适用于人权，但成本效益方面的考虑对于人权而言可能是有意义的。通过将人权确定为公共产品，在概念上架起了通往创造财富的桥梁。从地方到全球的人权具有非排他性和非竞争性，执行这些人权需要集体行动者与其他相关动机。

注释

1. 用于生产私人或其他公共产品的"工具性"一词在这里的含义是具有"工具性"(而不是"内在")价值;它不是用于生产的资本。
2. 完整的标题是《经济合作与发展组织关于来自受冲突影响和高风险区域的矿石的负责任供应链尽职调查指南》。
3. 安德烈亚斯·谢勒(Andreas Scherer)和吉多·帕拉佐(Guido Palazzo)将这种企业对人权和公共产品的参与称为"政治性的企业社会责任"(作为全球化的结果)。简言之,政治性的企业社会责任提出了一种扩展的治理模式,即工商企业参与全球监管并提供公共产品。它超越了工具性的政治观点,发展了对全球政治的认识,认为工商企业和民间社会组织等私人行为体在民主监管和控制市场交易方面发挥着积极作用。(Scherer & Palazzo,2011:900-901)

第三部分

创造财富和人权对企业责任的影响

第十五章
工商业组织的伦理规范被称为企业责任

关注工商业组织的伦理

如本书开头所述,我主张在全球背景下对工商业组织(或工商企业)的伦理观念给予一种全新的认识。在本书第一部分和第二部分中,我以 30 项国际公认的人权为指导,将工商业和经济的目的界定为广义上的创造财富。将与伦理相关的经济学方法与人权的规范伦理视角相结合,该愿景邀请从业人员和学者"用两条腿走路",在工商业经济决策和行动的各个层面上认真对待并整合经济和伦理的视角,包括系统(宏观)、组织(中观)和个人(微观)三个层面。在第三部分中,这种广泛的视角将被应用于工商业组织的伦理规范(中观层面)。它在全球范围内将与企业组织相关的创造财富和人权相结合,这是一种全新的做法。建立在过去几十年的工商业和经济伦理成就之上,特别是在企业伦理、责任概念和《联合国工商业与人权指导原则》方面取得的成就之上,它进一步发展了关于财富、工商业和人权概念的最新方法论。它是在将商业伦理作为目标——权利——系统的框架下发展起来的（Enderle，1998），本书会在第十七章至第二十章中举例说明。

企业伦理或企业组织伦理作为一种学术研究和反思，从 20 世纪 80 年代开始发展起来。在德语国家，"企业伦理"（Unternehmensethik）受到了霍斯特·斯坦曼（Horst Steinmann）和阿尔伯特·洛尔（Albert Löhr）（1990）的大力倡导。在欧洲，它成为欧洲商业道德网络（the European Business Ethics Network，1987 年在布鲁塞尔成立）的中心主题。在北美，所谓的"商业伦理"在 20 世纪 70 年代末已经成为一个跨学科的领域（De George，1987）。它包括关于自由企业制度的伦理问题（宏观层面）、在这个制度内的商业研究（中观层面）以及经济和商业互动中个人的道德问题（微观层面）。北美商业伦理强烈关注商业组织伦理（又称"企业伦理"或"企业责任"），这对欧洲及其他大陆的商业伦理和经济伦理的发展产生了重大影响。通常在商业丑闻的压力下，不仅是个人和国家，商业组织也越来越多地被要求对自己的行为承担伦理责任。此外，有远见的企业家和管理者已主动承诺在其组织中树立伦理文化。在过去的 30 多年里，企业伦理（或者狭义的商业伦理）在理论和实践中产生了多项倡议，通常都是成功的；然而，它还远远没有成为普遍的做法。

同时，企业伦理的表现形式多种多样，具有多种别称，诸如：企业责任、企业社会责任（CSR）、企业社会绩效、企业公民、企业义务、三重底线、可持续性等。这里没有空间讨论这些表现形式，读者可以在众多百科全书中找到丰富的信息（Enderle et al.，1993；Werhane & Freeman，1997，2005；Frederick，1999；Korff et al.，1999；Becker & Becker，2001；Visser et al.，2010；Crane et al.，2008；Scherer & Palazzo，2008；Brenkert & Beauchamp，2010；Kolb，2018）。

在我看来，商业组织伦理（狭义的企业伦理或商业伦理）的一个恰当术语是企业责任，我将在下面解释。[1] 它涉及一种深刻的伦理责任感，涉及公司业绩的所有方面（经济、社会和环境），与全球报告倡议的可持续性原则全面对应（http://www.globalreporting.org）。它与广泛使用的企业社会责任概念（Carroll，2008）形成鲜明对比，在我看来，企业社会责任缺乏一个坚实的责任定义，在界定"社会"一词时缺乏一致性，并且没有阐明环境责任和人权［对其丰富的批判详见恩德勒的研究（Enderle，2006，2010b）］。"企业责任"（corporate responsibility，不含"s"）一词对从业者和学者都很有吸引力，经常被用于实用语言（例如，1994 年考克斯圆桌会议和企业责任杂志）和学术文献（Coleman，1990：chapter 6；Enderle & Tavis，1998；UN，2008a，2011；Carroll et al.，2012；Ruggie，2013）。

责任
—— 一个当代伦理思维中的关键概念

在观察"责任"一词的使用和缺失时，我们发现了一个有趣的现象。一方面，"责任"一词经常被我们使用，意思是一项重要的道德义务。这里我们谈及的是父母、老师、医生和新闻工作者的责任，因此通常意味着角色责任；然而，我们也期望政府、私营部门、媒体、商学院等组织和机构的负责任行为，甚至可能是富裕国家相对于贫穷国家的负责任行为。特别是，"责任"在判断领导能力时得到了广泛的认可。领导者必须有能力并且愿意承担责任而不是推卸责任。

另一方面，令人惊讶的是，在很多有关领导力的文献，或是畅销商业书，例如《基业长生》（*Built to Last*，Collins & Porras，1994）[2]，抑或是有关商业伦理的书籍中，"责任"这一术语却很少被提及。直到 21 世纪的第一个十年后半期，"负责任的领导"的标签才成为领导力文献中的常用术语（Maak & Pless，2006；Waldman & Galvin，2008），继而才出现大量有关责任的书籍（Frangieh & Yaacoub，2017；Miska & Mendenhall，2018）。

责任伦理学在伦理学史上是一个相对较新的概念，是由一系列学者在 20 世纪提出的。德国有关责任的讨论可以追溯到 1918 年马克斯·韦伯（Max Weber）反对信念伦理与责任伦理的著名演讲，以及威廉·魏施德（Wilhelm Weischedel，1992）受马丁·海德格尔（Martin Heidegger）的影响，于 1933 年对现象学的分析（Enderle，1993：42 - 53，145 - 153）。在我看来，瓦尔特·舒尔茨对责任有最深刻的理解（Walter Schulz，1972，1989）。他在 1972 年出版的杰作《改变世界的哲学》（*Philosophy in the World That Changed*）中主张，推动当代世界发展的基本过程在"责任"的挑战中达到顶峰：

> 尽管当代伦理不再能够遵循一种个人的和内敛的道德观,但它绝对必须坚持善与恶之间的根本对立。从塑造未来的角度来看,伦理必须面向具体问题和挑战("萨奇问题")。(Schulz, 1972: 10)

"责任"一词包含对他人提出的问题做出回答或给出合理答案的意思,其含义类似于"问责"一词。因此,责任反映了人类的生存关系结构。舒尔茨(Schulz)认为,责任的概念包括一种两极并立的状态。一方面,存在源于自由的内极或自我承诺。因此,责任依赖于并需要内在的决定。一个有责任心的人不能将自己隐藏于某个特定的角色之后。相反地,责任的践行可能要求一个人的行为超越传统道德。想象一下在压迫性企业文化中的举报者,或者在军队中的良心抵抗者。

> 伦理学建立在"源于自由的自我承诺"的基础上,虽然传统的伦理学侧重信念伦理,并通过主观主义的方式大大削弱了这一深刻理解,但我们仍然可以从中了解到,人的自我理解是伦理学的重要基础,尤其是以人际关系为中心的伦理学的关键基础。(Schulz, 1972: 631)

另一方面,在另一个极端,这种源于自由的自我承诺在世俗关系中有其出发点和落脚点("in welthaftem Bezug")。

> 就人类在历史情境中不可或缺的地位而言,责任总是指向[……]并为其设置的。这意味着责任是一种关系。因此,在责任伦理学中,必须突出人际行为问题,更准确地说,应当尽可能地具体化人际行为问题。(Schulz, 1972: 632)

从这个简短的总结中我们可以看到,舒尔茨强烈反对马克斯·韦伯区分信念伦理和责任伦理的观点(Enderle, 2007)。他把责任的概念锚定在作为决策者的人的自由上,把责任的概念延伸到一个人应当负责任的对象,以及一个人所担责的非常具体的事项。因此,责任包括三个部分:(1)责任主体或责任人;(2)责任内容或应负责的内容;(3)责任对象或对谁负责(如利益相关者、法庭、配偶或良心)。这种区分可能有助于厘清责任这一概念存在的模糊性和复杂性问题,并有助于在之后澄清公司责任的概念(见框注15-1)。

框注 15-1 责任——一个当代伦理思维中的关键概念

责任:"源自世俗关系自由的自我承诺"(沃尔特·舒尔茨)

因此责任包括两极性:

- 内在极点:责任依赖于并需要内在的决定("源于自由的自我承诺")
- 外在极点:源于自由的自我承诺有"在世俗的关系中"的出发点和落脚点

责任包括三个部分:

1. 责任主体或责任人
2. 责任内容或应负责的内容
3. 责任对象或对谁负责

由于人类制度在我们社会中的普遍主导地位,伦理责任也需要被纳入这些制度中——已故新教社会伦理系主任阿瑟·里奇(Arthur Rich)在其著作《商业与经济伦理:经济制度伦理》(*Business and Economic Ethics: The Ethics of Economiz Systems*, 2006)中强烈主张:

> 人类不仅要对自己的行为负责,对与周围人的交往负责,对生存所必需的环境产品的使用或滥用负责,因为所有这一切都与他直接相关;此外,他也应当负有责任,因为他的生活就具体发生在这些社会制度结构中,他间接地受到这些社会制度结构的影响……这一责任涉及社会结构及其对基本人际关系的定性形成的后果,构成了所谓"社会伦理"的具体内容。只有在这种意义上理解的社会伦理中,人类的责任才被整合

为一个整体。(Rich, 2006: 52-53)

尽管伦理责任涉及直接和间接的人际关系，但确定其限度也十分重要。正如将责任范围限制为履行职责和遵循规则是错误的一样，将责任范围扩展到涵盖每个对象也是错误的。如果我们对每件事都负责，那么最终我们将不承担任何责任。理查德·德·乔治对责任的定义提供了三个基本标准，这也有助于确定责任的限度（De George, 2010: chapter 6）。在道德层面负责任的行事方式是指有能力行事（导致行事的结果），并能够在知情和自愿的情况下行动。责任是关于行为和不作为（是所有伦理的独立变量，请参阅第十二章中葛维慈的观点），它需要知识（Schulz, 1972, 1989; Jonas, 1984），它基于自由（Sen, 1999; Frankl, 1984）。因此，在直接或间接导致行为或不作为的结果，在缺乏对后果的认识，或者无法自由地采取或不采取行动时，承担责任的限度就会产生。毋庸置疑，这些限度可以采取许多不同的形式，而且通常很难确定——这是一个不能在这里进一步讨论的主题（Social Philosophy and Policy, 1999, 2019; Kettner, 2002）。

鉴于责任在当代道德思维中的关键作用，它在《联合国工商业与人权指导原则》中也发挥着突出作用也就不足为奇了。因此，我们在这些联合国文件中提出了企业责任的含义，此外，我们还提出了一些伦理上的解释，试图在现有解释的基础上澄清和加强这一框架。随后，企业责任的三层概念将在第十六、十七、十八章中进一步展开，并在第十九、二十章中通过两个更具体的研究予以解释。

《联合国框架》《联合国工商业与人权指导原则》下的企业责任及伦理解释

引言

进入 21 世纪以来，"工商业与人权"这一主题得到了越来越紧迫的讨论。一个重要的推动力是由科菲·安南（Kofi Annan）于2000年发起的《联合国全球契约》，以及大赦国际和威尔士亲王商业领袖论坛于2000年进行的有关"人权——与你有关吗？"的研究（AI & PWLF，2000；MNEs & HR，1998；Avery，2000）。在此期间，出现了海量的文献，其中特别重要的是联合国秘书长特别代表约翰·鲁格的报告（UN，2007，2008a，2008b，2009，2010，2011，2012a；Ruggie，2013；Bird et al.，2014）。其标题"工商业与人权"听起来相当吸引人，因为它似乎结合了两个对许多人来说相互矛盾的术语。

对工商业与人权的挑战一方面源自20世纪90年代以来全球市场的急剧扩张及其造成的影响，另一方面源自社会缺乏处置市场不利后果的能力。正如鲁格在2007年关于"工商业与人权"的报告所说的，这种"根本的制度失调……创造了一种宽松的环境，在这种环境中，企业的应受谴责的行为可能会发生，而没有足够的制裁或赔偿。为了保护受害者的利益，为了保持全球化作为一种积极的力量，必须解决这一问题"（UN，2007：3）。

为了纠正这一根本性的制度失调，国家、跨国公司和其他工商企业以及其他社会行为体需要在基于相对广泛的全球共识的伦理框架基础上开展合作。如今，这样一个由人权组成的框架是可行的，自《世界人权宣言》（UN，1948）发布以来，随着对人权的"不可分割、相互依存和相互关联"的承认，人权得到进一步的发展，成为真正的全球支持（Burke，2010）（更多信息，见第二部分）。

为了说明"工商业与人权"的重要性和急迫性，人们可能会想起一些引起公众关注的案例：壳牌公司涉嫌共谋杀害尼日利亚活动家肯·萨罗维瓦（Balch，2009b），投资者要求苏丹的公司尊重人权（Kropp，2010），血汗工厂和劳动关系（Hartman et al.，2003），以及发展中国家获得基本药物的机会（Balch，2009a）。一个优秀的在线信息来源是工商业与人权资源中心，其网址是 http://www.business-humanrights.org，该网站每周进行更新。

为了整理有关工商业与人权的大量信息，阐明跨国公司面临的人权挑战，并为迎接这些挑战提供指导，约翰·鲁格拟订了《联合国框架》（UN，

2008a），并"为工商业与人权有关的便利和行动提供了一个基础性结构"（Davis，2011：43）。毫无疑问，这种结构包含许多重要的伦理概念。然而，框架并没有明确地阐述这些伦理概念，这也许是为了让人们不要把注意力放在哲学层面的探讨上，而去关注实践层面的行动。

然而，哲学思考不一定会分散对行动的注意力；相反地，它们可以澄清关键概念并加强《联合国框架》的结构。因此，我指出了这种方法的一些基本假设，并阐述了几个关键的伦理概念，特别是公司的伦理地位、责任的概念、不同类型义务的区别以及将这些义务分配给不同伦理行为体的标准（based on Enderle，2014b）。[3]

《联合国框架》的基本假设

《联合国框架》中隐含了一系列基本假设，并可以被认为是合理的（见第二部分关于人权的广泛讨论）。

（1）公司对人权的责任要求最终面向人（而不是事物）的战略和行为，因此是"人道层面的公正"（Rich，2006），旨在扩大"人的能力"（如第八章所述）。

（2）人权是普遍有效的伦理准则，今天，这一准则已得到全世界的承认，尽管并非毫无争议（见第十一章）。

（3）人权包括所有人权：公民、政治、经济、社会和文化权利，包括发展权（见第十一章）。

（4）人权是最低限度的伦理规范，并不包括与企业有关的所有伦理规范和价值观念（见第十二章）。

（5）有关人权的正当性的讨论是开放的，可以从任何哲学或宗教的角度来探讨（见第十二章）。

保障人权的道德义务

从这五个假设出发，我们可以把人权的核心问题概括如下：
（1）所有人权，作为最低限度的规范，必须得到完全保障；

(2) 每一个人和社会的所有机构都必须力所能及地为达到这一标准做出贡献。

关于人权的第一个命题是相对明晰的，如果人们能够接受上述假设的话，在这里不需要做进一步的解释。然而，第二个命题却难以理解，因此必须更加仔细地研究。为此，可以区分三个方面：（1）义务的主体；（2）义务的类型；（3）分配义务的标准。这三个方面可以借助矩阵来表示，其中行表示主体，列表示义务类型，而两者交汇形成的单元格则表示将义务分配给主体的标准（见图15-1）。

图15-1　保障人权的义务主体和类型

| | 尊重 || 保护 | 补救 | 促进 |
	直接	间接（无共谋）			
国家					
跨国公司和其他商业公司					
其他社会组织					
个人					

义务的主体

正如《世界人权宣言》所指出的，原则上所有人和所有社会机构都有义务为保障人权做出贡献。它们包括国家及其各个机关、政治和经济组织、非政府组织、宗教团体、国际机构、个人、团体等。因此，区分个人和社会组织是很重要的。显然，道德义务不仅被赋予了个人，而且也被赋予了社会的各个机构。虽然"道德行为体"的概念没有按字面意思使用，但1948年的《世界人权宣言》实质上适用于国家，而当时大型企业还没有被理解为"伦理行为体"。然而，就目前关于公司人权责任的讨论而言，企业伦理行为体的概念具有根本的重要性，此概念将在第十六章被讨论。

义务的类型

保障人权不仅涉及各种义务主体，而且还涉及取决于义务履行方式的义务种类。这种类型划分对于以有区别的方式分配人权至关重要。

此外，它有助于克服"消极"权利和"积极"权利二分法这一普遍存在但颇有争议的划分方法带来的问题。该方法认为划分消极行动（不干涉）和积极行动的关键不在于权利而在于相关义务（见第十一章和第十二章）。

根据苏的著作（Shue，1996：35-64），义务可以被划分为三种类型：(1) 避免侵犯人权的义务；(2) 通过要求承认第一项义务并通过建立"体制性"规定来保护人权的义务，这些规定通过适当的激励机制尽可能防止违反这种义务；(3) 向侵犯人权行为受害者提供权利补救的义务。

这种三层区分总体上与《联合国框架》中的区分相吻合，尽管后者先提及"保护"（第二项义务），再是"尊重"和"补救"（UN，2008a：esp §§10-26）。它把保护的义务单独分配给国家，称其为"国家义务"。尊重的义务主要涉及工商企业，称其为"工商企业的责任"，而补救的义务则既涉及国家，也涉及工商企业。

与传统上对国家和工商企业角色的理解相比，《联合国框架》扩大了跨国公司和工商企业的责任内容，并对此进行划分。这种扩大和划分不仅涉及工商企业的尊重义务，而且涉及国家的保护义务以及双方的补救义务。

然而，对于一些作者来说，《联合国框架》还远远不够。因为当今强大的跨国公司应当被理解为准政府机构，因此它们的义务还应包括保护人权免受第三方侵害（Wettstein，2009：esp. 305-311）。此外，跨国公司不应满足于守势态度，而应采取积极主动的态度来促进人权（Tavis & Tavis，2009：168）。

分配义务的标准

通过对保障人权的义务主体和类型的讨论所延伸出的问题是，应根据什么标准将不同类型的义务分配给不同的主体。根据第二次世界大战后至20世纪末盛行的传统观念，保障人权的义务主体主要是民族国家，在国际层面是所有民族国家（及其域外地区）所形成的制度。相比之下，一种世界主义的观点认为，在过去30年中，全球化造成了权力从民族国家向跨国公司的转移，并要求重新界定和重新分配各自的责任。

在文献中，主要探讨了以下标准。

1. 根据私人利益和公共利益，行为体的角色是严格分开的：国家为公共利益负责，其他行动者为私人利益负责。

2. 行为体对侵犯人权行为受害者的影响：有意的、无意的。

3. 共谋：直接的、间接的、有益的、沉默的、结构性的。

4. 行为体对侵犯人权行为受害者和作恶者的影响范围[4]：实际情况以及潜在的影响。

5. 尽管没有直接或间接实施侵犯人权行为，行为体尊重、保护、补救和促进人权的能力。

所有标准都隐含或明确地假定行为体有一定的自由空间（在不同程度上）以一种或另一种方式（通过尊重、保护、补救或促进人权）保障人权。

不同的作者采用不同的标准。下文简要概述了选定的作者如何将标准应用于保障人权的主体和义务类型矩阵。

《联合国准则草案》（UN，2003）使用了"影响"（#2）、"直接和间接共谋"（#3）和"实际影响范围"（#4）。它们拒绝严格区分私人利益和公共利益，并忽视"行为人的能力"。此外，准则草案只注重经济、社会和文化权利，而忽视公民权利和政治权利以及发展权。

《工商业和人权：实施"保护、尊重和补救"框架的进一步措施》（UN，2010：§1）也得到了商业领袖人权倡议（BLIHR，2009：chap.1）的支持，最重要的是，它包含了所有人权（见图15-2）。它赋予国家保护的专属责任，但似乎拒绝严格区分私人利益和公共利益。相关标准为"直接影响"（#2）和"共谋"（或"间接影响"）（#3）。"影响范围"（#4）的标准被批评为"过于宽泛和模棱两可"并被拒绝，而"行为体的能力"（#5）的标准被认为是"令人困惑的",没有被纳入其中(见图 15-2 和下文讨论)。该框架只适用于填涂的单元格,而将其他单元格留空;也就是说,它没有涉及促进人权的义务,也没有将该义务归于"其他社会机构"(Kirchschläger, 2017)和个人。

图 15-2 《联合国框架》所有权利

	尊重		保护	补救	促进
	直接	间接（无共谋）			
国家					
跨国公司和其他商业公司					
其他社会组织					
个人					

与《联合国框架》一样,弗洛里安·韦特斯坦(Florian Wettstein, 2009)将所有人权纳入跨国公司的义务。但与《联合国框架》不同的是,他使用了"影响"(#2)、"直接、间接、有益、沉默和结构性共谋"(#3)、"实际和潜在影响范围"(#4) 和"行动者能力"(#5) 等标准,将工商企业责任远远扩展到《联合国框架》所界定的范围之外。但是私人利益和公共利益的严格分离仍被拒绝。

韦斯利·克拉格(Wesley Cragg, 2010)的"混合模式"提供了一个受诸如沙利文原则、金伯利进程证书制度、采掘业透明度倡议和赤道原则等倡议启发的实用建议。它是基于"影响"(#2)标准以及行业或社会冲突的"特定环境",为选定人权制定的"特定规则体系"。

确定工商企业的人权责任

在简短介绍了"工商业与人权"的几种方法论之后,我们现在尝试确定商业组织的"责任"或人权的"企业责任"的概念。该分析主要借鉴了《联合国框架》和《联合国工商业与人权指导原则》,此外,还阐明了关键的道德概念。

第一，企业人权责任的主体是商业组织，这将在第十六章中进行广泛讨论。目前，我们仅指出"伦理行动者"——在一定程度上它们是"企业法人"——的一般特征可以被理解为能够采取行动，在其控制下执行并反映其承诺的集体实体。它们可以为自己的行为承担道义上的责任，而这对于无价值的组织和机制则不成立。因为商业组织本身并不是目的，所以它们不是可以主张人类权利的道德人。显然，这种伦理行动者的概念仅表示商业组织的伦理状况，而没有评估其伦理素质。它绝不能替代个人和团体承担的责任。但是为了以有意义的方式谈论"企业责任"，这种伦理行动者的概念是必要的。

第二，我们将以上讨论的责任的两极性概念应用到作为伦理行动者的商业组织中。"源于自由的自我承诺"表示商业组织的伦理承诺，超越其社会角色和法律定义。在全球化过程中，企业的社会和法律环境发生巨大变化时，这种伦理上的"锚定"尤其重要。为了解决上述全球范围内的制度失调，不仅需要法律法规，企业的伦理承诺也是必要的。同时，"在世俗关系中"的自我承诺意味着"尊重人权"并为"积极采取措施补救侵犯人权行为造成的后果"。必须强调工商企业责任与国家责任的独立性。《联合国工商业与人权指导原则》第 11 条的评注明确指出，"尊重人权的责任……独立于国家履行其自身人权义务的能力和/或意愿，不会克减这些义务。同时它的存在，首先要遵守国家保护人权的法律和条例"（UN，2011：13）。

第三，根据《联合国框架》，我们的方法涵盖所有企业。"工商企业尊重人权的责任适用于所有企业，不论其规模、部门、业务背景、所有权和结构如何。然而，企业履行这一责任的手段的范围和复杂性可能因这些因素以及企业对人权的不利影响的严重程度而有所不同。"（Principle 14；UN，2011：15；UN，2012a：18 - 22）

第四，具有深远意义的是工商企业应进行的人权尽职调查（Principles：17 - 21；UN，2011：17 - 24；UN，2012a：31 - 63）。它涉及整个公司管理，认真对待对人权的所有实际和潜在影响。因此，尽职调查要求：（1）了解公司开展或打算开展业务的国家的人权背景；（2）评估公司自身的活动；（3）分析企业与其他企业和实体的关系。尽职调查的方式成为评估公司承诺和信誉的重要基准。

第五，关于公司责任的内容，我们可能会问，它是否应该像《联合国准则草案》（UN，2003）和克拉格（Cragg，2010）提到的那样，局限于国际公认的人权的一个子集，或者原则上扩展到所有人权（见第十一章）。《联合国工商业与人权指导原则》不仅仅包括经济和社会权利，还包括《国际人权法案》中规定的人权和国际劳工组织《工作中的基本原则和权利宣言》中有关基本权利的原则（Principle：12；UN，2011：13-14；UN，2012a：9-15）。因此，我们提议将所有人权都包括在内，并在适当情况下对其进行尽职调查。如果只有一部分国际公认的人权（例如经济、社会和文化权利）与公司责任有关，商业组织就不会对其对其他国际公认的人权（例如公民权利和政治权利）的不利影响负责。

尽管所有人权原则上都被认为是相关的，但义务的类型却有所不同，包括保护、尊重、补救和促进人权等不同层面。应当根据哪些标准，判断是否有责任"尊重"人权（见图15-2）？指导原则13要求三个标准：因果关系、造成负面人权影响和未造成负面人权影响的直接关联，即直接和间接影响以及商业关系的标准（请参阅第十二章）。尽管前两个标准相对没有争议，但第三个标准可以采用多种形式，有时很难评估。但是，这些标准适用于所有工商企业。"企业的规模、影响力和利润率之类的属性可能是确定企业积极促进企业社会责任活动范围的相关因素，但它们没有定义公司尊重人权的责任范围。"（UN，2010：§58）同样地，企业的能力，无论是绝对能力还是相对于国家的能力，通常都不应该被视为公司人权责任的决定因素（UN，2010：§64）。

至于影响范围的标准，它非常模棱两可，因此不能以令人满意的方式被加以应用（见注释3）。"影响"一词有两种截然不同的含义：行为体对受害者的影响和行为体对侵犯人权的作恶者的影响。此外，它包括几个应该区分的概念：接近（受害者）、因果关系、控制力、利益和政治影响力。即使一家强大的公司能够像政府机构一样践行人权保护，其影响范围也不一定使权力行使合法化。基于这些困难，联合国2010年的报告正确地呼吁系统地加强国家的保护义务（UN，2010：§16-53）。

评估行为体能力标准的相关性要困难得多，因为这不仅仅包括避免发生侵犯人权的后果。一方面，该能力是防止第三方侵害的必要条件；另一方面，这不是一个充分的条件，因为合法地行使这种保护的其他有能力的行为体（例如，运作良好的国家）也可以采取此类行动。诚然，当国家行动者只在较低层次具有这种能力或根本不具备这种能力时，情况就更加复杂。

尽管存在这些困难，但《联合国框架》为澄清企业在人权方面的责任做出了具有开创性的有益贡献，并将成为本书中"尊重人权"的合理基础。它包括以下组成部分：（1）跨国公司和其他商业企业必须"尊重"所有国际公认的人权，这意味着，它们不得直接导致或作为同谋直接或间接参与侵犯人权行为；（2）为了理解并履行这些责任，公司必须履行"尽职调查"（即承诺），以定期检查公司的策略和活动对人权造成的所有潜在和实际影响，以确保所有人权都得到"尊重"；（3）但是，公司不对所有类型的侵害人权行为负责，而仅仅需要承担尊重人权和提供补救的责任。《联合国框架》《联合国工商业与人权指导原则》对公司本身和公司观察员都具有最现实的意义，相关信息可以在工商业与人权资源中心的网站（https://business-humanrights.org/en/about-us）查看，该网站一直在监督数千家公司。

注释

1. 因此，从狭义上讲，企业责任是企业道德或商业道德的核心概念。在本书中，它涉及创造财富和人权，不涉及公司道德的所有问题（请参阅第十二章）。但是，这是一个丰富且可以理解的术语，它关注商业组织最重要的挑战，并且可以扩展到所有问题。
2. 然而，柯林斯（Collins）在其后继的《从优秀到卓越》（*Good to Great*，2001）一书中简要提到了责任。
3. 最近的研究包括布伦克特（Brenkert, 2016）的作品，他概述了"工商业与人权"；丹尼斯·阿诺德（Denis Arnold, 2016, 2017）和谢念和（Nien-hê Hsieh, 2017）有争议的观点；德瓦等人（Deva et al., 2019）讨论了过去的趋势，并提出了工商业和人权学术研究的未来方向，本书中讨论了其中的几个方向。
4. 影响范围的概念已由《联合国全球契约》引入企业社会责任论述中，并且也被《联合国准则草案》（UN，2003）使用。它基于一个由一组同心圆组成的模型，绘制了公司价值链中的利益相关者图：最内层的是员工，然后从内向外分别是供应商、市场、社区和政府。其内含的假设是，随着从中心向外移动，公司的"影响力"（因此也可能是责任）会下降（UN，2008b：§§7-8）。

第十六章
商业组织的道德地位

在解释了舒尔茨的三层责任概念，采纳了联合国的框架和指导原则，并在伦理层面做了一些补充（第十五章）之后，我们现在来讨论企业在创造财富和人权方面的责任问题。在伦理层面上，谁可以承担责任？谁能够基于充分的理由承担"伦理责任"？是大规模的商业组织还是小规模的商业组织？是企业领导还是管理团队？是组织还是个人？还是两者兼而有之？关于伦理地位的这个元伦理学[1]问题具有重要的理论和实践价值，相关文献中有关该问题的讨论充满了争议。简而言之，我在本书中做出的回答是，商业组织在某种程度上讲，也是类似于自然人行动者的伦理行动者，因为它们在某种程度上是企业行动者。这意味着公司责任与个人责任是互补性关系而不是替代性关系。以深海地平线石油泄漏事故为例，该事故发端于2010年4月20日，事故地点为英国石油公司在墨西哥湾运营的马孔多油田。从伦理的角度来看，仅仅让英国石油公司首席执行官安东尼·海沃德（Antony Hayward）及其（当时的）高管团队承担灾难的全部责任是不公平的，因为英国石油公司长期以来的成本削减战略，多年来导致了大量的重大伤亡后果（Lustgarten & Knutson, 2010; Smith et al., 2011; Kaufman & Wining, 2012）。在充分考虑个人责任[2]的同时，也应该承认英国石油公司作为公司的伦理责任，因为它是一个公司行动者。或者以全球金融服务公司雷曼兄弟控股有限公司为例，该公司2008年9月15日的破产在一定程度上导致了全球金融危机的爆发（Sorkin, 2009; Ward, 2018）。有充分的道德理由要求雷曼兄弟公司负责任。但是，这并不一定免除其首席执行官迪克·富尔德（Dick Fuld）及其高管团队的个人职责。

在深入讨论这个问题之前，我们先回顾一下庞大的商业组织世界，并指出一些历史观点。

商业组织作为非国家行动者的意义

商业组织的世界是巨大的。它不仅包含各种各样的活动，还在规模、结构、法律形式和公司策略方面存在巨大差异。2018年《福布斯》榜单显示，60个国家的2000家最大的上市公司的总销售额为39.1万亿美元，利润为3.2万亿美元，资产为189万亿美元，市值为56.8万亿美元。在这些企业中，我们可以找到中国工商银行、中国建设银行等中国大型银行，苹果、三星、微软和谷歌等技术公司，以及欧洲最大的企业汇丰控股、法国巴黎银行、安联银行和大众。在这2000家公司中，有560家来自美国，291家来自中国，229家来自日本，数十家来自欧盟国家，少数来自发展中国家。

世界银行每年记录每个国家和地区的公开上市公司的数量。2017年，全球共有43036家公司（1975年为14779家），美国为4336家，中国为3485家，日本为3589家，印度为5615家，经合组织成员国为22624家（World Bank, 2018）。但是，这些公司仅占商业企业的一小部分。另外，存在多种类型且大小不同的私营公司或封闭型公司。近年来，有限责任公司有所增加，而在美国和其他发达国家，上市公司的数量已大幅减少（Davis, 2016）。

跨国企业（也称为"多国企业"）超越国家经济领域，在母国以外的至少一个国家拥有设施和其他资产。它们的办公室和工厂位于不同的国家，通常由一个总部集中领导。全球跨国企业是全球性的，不仅在区域范围内运营，而且在各个经济领域均有销售并获取利润。根据一个通常的定义，它们至少在三大洲拥有20%的销售额。

除了这些巨型企业之外，还有大量的微型、中小型企业。按照普遍的定义，微型企业由1—9人组成，小型企业为10—49人，中型企业为50—250人。世界银行估计在新兴国家共有365亿—445亿家中小微企业（Kushnir et al., 2010)。它们包括 2500 万—3000 万家注册的中小企业，5500 万—7000 万家注册的微型企业，以及 2.85 亿—3.45 亿家在非正规部门注册的企业。

　　这篇对各种各样的商业组织的简短概述指出了这些非国家行动者存在的巨大意义。它们可以为数亿人提供就业岗位，生产有用的和可持续的商品和服务，也可以损害和破坏人与自然。因此，最重要的是要研究如何从经济、政治和法律以及道德的角度来概念化这些商业组织的责任，以及这些商业组织如何承担和履行责任。

关于企业责任的历史视角

　　企业责任的问题不仅出现在当今有问题的商业实践中，也涉及过去由前几代管理人员指导的企业活动中。从历史上看，公司一直被批评积极地与专制政权合作并从中获益。在 20 世纪上半叶，德国拜耳制药公司动用了数千名奴隶工人，制造了包括氯气在内的化学武器，作为法本公司的一部分，向党卫军提供氰化氢气体以灭绝数百万囚犯（GMWatch，2009）。据称，IBM 为纳粹政权提供了技术，用来"促进迫害和种族灭绝"（Feder，2001）。甚至有一些"普通公司"也是纳粹政权的帮凶，例如，托普夫父子公司建造了奥斯威辛集中营的烤箱，用来火化被毒气杀死的囚犯（Topf & Sons，2011）。另一个公司共谋犯罪的历史性案例涉及越南战争中的橙色毒剂（毒性最高的毒药之一）。孟山都公司（Monsanto）、陶氏化学公司（Dow Chemical）和其他八家美国公司被指控犯有战争罪，它们故意向军方提供橙色毒剂，违反了 1925 年《日内瓦议定书》禁止使用化学和生物制剂的条款（Fawthrop，2004）。

　　朱迪思·施伦普夫·斯特林、吉多·帕拉佐和罗伯特·菲利普斯（Judith Schrempf-Stirling, Guido Palazzo & Robert Phillips, 2016）在他们开创性的文章《历史性的企业社会责任》（Historic Corporate Social Responsibility）中，对当代管理者参与这些批评的方式，以及企业对过去的参与如何影响当前企业的合法性进行了理论分析：(1) 他们反思了让企业为前几代管理者做出的决策负责的理论基础；（2）他们分析了提出和质疑此类索赔的过程；（3）他们确定了相关特征，这些特征使得对历史伤害的指控在当前情况下或多或少是合理的；（4）他们试图预测企业对此类指控的应对将如何影响未来竞争的强度以及企业自身的合法性。尽管在遥远的过去，企业已经造成了损害，但企业的现任领导人对过去的决策不负责任，他们必须应对目前提出的批评，而这些批评只能积极或消极地影响公司未来的合法性。

鉴于本章的篇幅所限，施伦普·斯特林等人提出的四个研究视角（Schrempf-Stirling et al.，2016）在此不做进一步讨论。但重要的是要强调以下基本假设，即企业被理解为"受社会建构合法性波动影响的代际伦理行动者，它们本身就是关于自己过去的叙事性辩论的参与者"（p. 704；emphasis by G. E.）。换句话说，现任企业领导者确实对他们当前的决策负有伦理责任；但是，尽管企业过去的行为是其当前决策的重要基础，但要求他们对过去的企业行为负责是不公平的。企业在几代人之间的连续性证明了将企业视为"伦理行动者"的假设是合理的（从中观层面进行分析）。它还可以与其他层面的行动者分担责任。拒绝这种假设会过分加重个人和其他行动者的伦理责任。

无论是过去还是现在，企业的不当行为不仅涉及责任问题，还会引起人们非常关注的法律上的责任问题。"对某人的行为负责意味着，一个人因其行为给他人造成了不利影响而被要求予以赔偿。"（De George，2010：104）这可能是出于法律和/或道德（即公平的）原因。这是基于行为人有意或无意造成损害的事实。但是，即使这是无意发生的，行为人也要承担法律责任。此外，法律责任不仅由个人承担，也由企业承担（请参见上文提到的英国石油公司的深海地平线石油泄漏事故）。因此，在明确肯定了商业组织的法律责任后，人们可能会探究是否可以对其伦理责任做出类似的肯定。

商业组织的哪些概念与伦理行动者相容？

正如对如今的商业世界和历史上的商业世界的分析所表明的那样，商业对社会和自然的影响是巨大的,这种影响既可以是积极的,也可以是消极的。因此,毫不令人惊讶的是,无论是公开的还是私下的方式,各级企业都在以多种方式被追究"责任",并且这些责任更多的是由那些受到损害的人承担的,而不是那些从中受益的人。但无论该受到指责还是赞扬,如今毫无疑问的谎言是,商业是人为的。因此,不能通过责备深不可测的"命运"而逃避责任。这种强烈的信念促使德国和日本等国对20世纪上半叶发动的战争负有"集体责任"。这与评估当今企业的集体责任有关。正如里奇所言:"人类自身对其社会的制度秩序负有责任,因此也必须集体承担其对个人、人际和环境行为的结构性后果的责任。"(Rich,2006:53)[3]

舒尔茨的三重责任概念有助于明确企业责任的基本组成部分。责任不是一个独立的伦理原则(比如"不要伤害!"),但必须与行动者有关。正如《联合国工商业与人权指导原则》所指出的,作为行为体,我们包括所有工商企业,从大型跨国公司和大型上市公司到有限责任公司、国有企业、家族企业、中小型和微型企业。因此,问题是:期望企业成为伦理上负责任的行为体,并在真正意义上谈论企业责任,这有意义吗?如果有,又如何让企业成为伦理上负责任的行为体呢?

这个问题已经争论了几十年,并产生了大量的文献(Friedman,1970; Ladd,1970; Donaldson,1982; Goodpaster,1983; French,1984; Werhane,1985,2016; Curtler,1986; Paine,2003; Velasquez,2003; Arnold,2006,2018b; Miller,2006; De George,2010; Hess,2013; Rönnegard,2015; Orts & Smith,2017)。正如林恩·潘恩(Lynn Paine)在对公司人格演变的分析中表明的那样,"在当今社会,企业无伦理的学说不再成立"(Paine,2003:91)。因此,令人惊讶的是,许多作者仍然拒绝或不了解伦理行为体这个概念。其中,人们既可以找到著名经济学家,如米尔顿·弗里德曼(Milton Friedman,1970)和罗伯特·赖希(Robert Reich,2007:12-14),也有著名的商业杂志《经济学人》(*The Economist*,2005,2008)刊登的关于"企业社会责任"的两项调查。此外,这一概念在基督教会关于商业和经济伦理的文件中没有得到承认[见德国新教教会理事会关于创业行动的备忘录(Rat der

EKD，2008）和教皇通谕《在真理中实践爱德》（Benedict X. V. I，2009）]。此外，《全球经济伦理宣言》（Küng et al.，2010）对此也保持沉默。

本书采纳了"两条腿走路"的方法，旨在整合商业和经济伦理的描述—分析维度和规范—伦理维度，我们分两步回答了企业伦理主体的问题：首先，我们将商业组织在社会经济层面概念化为"企业行为体"，以便其与"伦理主体"相融。其次，我们从伦理的角度将企业行为体视为"伦理行为体"。

我们建议使用詹姆斯·科尔曼（James Coleman）[4]对企业行为体的社会学定义，该概念在他的杰作《社会理论基础》（*Foundations of Social Theory*，1990）中得到了广泛讨论。在20世纪，企业行为体蓬勃发展并成为强大的组织。如何既让它们对它们的权力负责，又让它们保持与个人行为体的联系，从而让它们被视为社会系统？科尔曼将企业行为体定义为一个有目的的单位和一个行动系统，由拥有权利和利益的委托人和代理人组成。与个人行为体相似，企业行为体具有"对资源和事件的控制能力，对资源和事件的相关利益，以及通过该控制采取行动实现这些利益的能力"（Coleman，1990：542）。但是，与个人行为体（在同一自然人中既是委托人又是代理人）不同，企业行为体由担任不同职位的不同的人组成，构成一个正式且相对独立的组织。[5]

为了有目的地采取行动，一个成熟的企业行为体有两个基本任务：收集多个主体的资源和利益，以创建一个连贯的集合；并通过对代理的配置来配置资源，以实现利益。科尔曼解释说：

> 发展最广泛的企业行为体是一个由多个主体、自体客体和多个代理人构成的行为主体。这就是现代社会对公共企业的构想。委托人是公司的多个所有者，即股东。代理人是公司雇用的所有人员，从首席执行官到生产工人。（Coleman，1990：421）

因此，大型、结构良好、相对独立和强大的商业企业被视为企业行为体，它们具有对资源和事件的控制权，在资源和事件中拥有利益，并有能力通过这种控制权来采取行动实现利益。鉴于企业具有如此丰富的社会经济学概念，责任问题就毫不奇怪地出现了。科尔曼以一种尝试性和描述性的方式对其进行了讨论（在其第二十一章中），此处不再赘述。

显然，科尔曼的定义不同于许多对企业的经济学定义，例如，将企业视为一种生产职能、一种合同关系、一种财产或经济制度。除了这些定义外，科尔曼的社会学定义还与被理解为人的社区、代理人、商品和服务的提供者或企业公民的公司概念兼容，它是一个具有主要（尽管不是唯一）经济目的的集体实体。[6]

把具有相对独立的形式结构的工商企业理解为企业行为体，我们现在要研究的是它们的伦理地位。答案取决于我们如何看待它们通过控制采取行动实现利益的能力。有能力采取行动意味着有一定的自由空间；通过它们的控制来实现它们的利益意味着工商企业是有意图地（或至少表现出有意的行为）实现自身的目标；这些行动通过影响人、社会和自然而产生有意识或无意识的后果；并且这些行为都是由集体单位，即企业行为体实施的。因此，将这些企业行为体定义为伦理行为体是适当的。它们是遵守伦理规则的行为体，因为它们具有一定的自由空间、带有意图地行动，并产生相应的后果。但同时，它们也不是伦理人，因为它们不是有良知、有目的的个人行为体；与之相反的，它们服务于自身外部的目的。因此，关键是要理解企业行为体的伦理地位和伦理行为与个人行为体相类似。这两种类型的行为体有一些共同的属性，但在其他方面却有所不同。

因此，作为伦理行为体的工商企业应承担"企业责任"，可以从伦理的角度对其行为负责。与宏观（或系统）和微观（或个人）层面的行为体不同，工商企业是中观层面的行为体。它们的责任具有补充性，而不是相互替代的关系。此外，由于责任具有两极性，即责任包括"内在"方面和"外在"方面（Schulz, 1972）。一方面，企业行为体利用其自由空间的承诺必须体现在其企业文化和战略的内在方面；另一方面，它必须在"世俗关系"中表达自己，即企业行为体必须通过外在的企业行为来影响人、社会和自然。

考虑到商业组织在规模和权力上的巨大差异，值得思考的问题是，是否所有的商业组织都能够并且应当具备承担责任的伦理地位呢？本书给出的答案是，企业（如微型、中小型企业）不是企业行为体，也不是伦理行为体。因此，在真正意义上，不能追究它们的伦理责任。在这种情况下，企业责任不包括商业组织作为责任主体（即谁负责）这一部分，而只包括商业组织的责任内容（负责的内容是什么）这一部分。这里的主体是个人和群体（即微观层面），他们对其组织的行为承担伦理责任。诚然，有时很难在公司和个人行为体之间划清界限。但科尔曼的区分提供了一个合理和有益的方向。

商业组织作为伦理主体的必要条件

为了赋予商业组织伦理主体地位，仅仅将它们命名为负责任的行为体或期望它们像这样的行为体那样行事是不够的。赋予其伦理主体地位必须以合理的社会经济和道德标准为基础。我们认为，这些标准可以通过科尔曼对企业行为体的定性以及理查德·德·乔治（Richard De George，2010：chapter 6）、丹尼斯·阿诺德（Denis Arnold）、大卫·罗内加德（David Rönnegard，2015：chapter 2）等人提出的认定伦理主体的三个无可争议的必要条件来提供。

根据科尔曼（Coleman，1990：542）的观点，无论是个人还是公司，行为体的基本属性是：（1）对资源和事件的控制；（2）对资源和事件的利益；（3）通过这种控制采取行动实现这些利益的能力。对于企业行为体来说，它们对资源和事件有自己的控制和利益，并有能力通过这种控制权采取行动实现这些利益。

关于行为的伦理责任，德·乔治为主体设定了三个条件：（1）它是行为结果的原因；（2）它是明知的行为；（3）行为是自愿的（De George，2010：chapter 6）。阿诺德认为以对未来行动的反思性承诺为内核的企业意向是企业伦理主体的基础（Arnold，2006，2018b），这与德·乔治适用于企业行为主体的三个条件（行动、故意和自愿）相一致。此外，罗内加德拒绝了企业伦理主体的概念，但以类似的方式定义了伦理主体的必要条件：（1）意图实施行为的能力；（2）实施意图行为的能力；（3）自主选择意图行为的能力（Rönnegard，2015：chapter 2）。

本书提出的观点是，伦理主体的这三个必要条件可以在类似的意义上适用于作为企业行为体的商业组织，应该指出的是，这一点遭到了罗内加德的否认。行为体形成了一个与这个实体的个体不同但又不分离的统一体。它有集体的能力来计划行动并在自己的控制下执行。它可以反思自己的承诺，并有一定的自由空间做出和改变自己的承诺。就像适用于个人行为体一样，这些属性也适用于企业行为体，但企业行为体的行为体系是由不同职位的人构成的，并且最终目的不在于企业行为体自身，这一点与个人行为体有所不同。因此只能从类似的意义上认定企业行为体的伦理主体地位。

为了更好地理解商业组织作为企业行为体的伦理地位，消除一些常见的误解是很重要的。第一，将伦理地位归属于行为人并不意味着行为人的伦理行为良好；它只意味着行为人有伦理行为能力，能承担伦理责任。第二，个人和企业的伦理责任并不是相互排斥或替代的关系；大多数情况下，它们是互补的。[7]第三，如果不考虑个人或公司的伦理责任，就会出现个人或企业承担的伦理责任过重的风险。

总之，无论从理论还是从实践的角度来看，能否要求一个商业组织承担伦理责任都是一个至关重要的问题。商业组织作为伦理行为主体的伦理地位必须牢固确立，只有这样才能真正赋予企业相应的责任。缺乏主体伦理责任的"锚定"（见第十五章舒尔茨的观点），企业对其政策和实践的责任就是毫无根据的。无论是过去、现在还是将来，这类政策和实践都是如此。既然商业组织是企业行为体，那么它们的责任主体就必须是伦理行为体。如果所有责任都完全归于个人行为体，那么个人行为体将对自己无法控制的事情负责，这与基本的公平是相矛盾的。在主张将伦理责任锚定在个人（微观）和组织（中观）两个层面上之后，系统（宏观）层面的伦理责任主体问题没有得到解决，因为这是一个涉及国家和国际机构作用的极其复杂的问题（见

第十一章和第十二章），无法在这本书里得到妥善解决。

注释

1. 元伦理学包含了伦理语言的含义和伦理知识的本质与可能性。"元伦理学可以被描述为对从具体内容中抽象出来的伦理规范、标准、判断和原则的性质、正当性、合理性、真理条件和地位的哲学研究。因为它以伦理和伦理原则为研究对象，所以有时被称为二级伦理学。相比之下，规范伦理学或一级伦理学的结论和理论本身就是实质性的。"（Copp，2001：1079）
2. 作为个人责任的象征，唐熙华（Hayward）于2010年10月1日辞去了首席执行官的职务。
3. 虽然里奇强调了集体责任的重要性，但在2006年版《商业和经济伦理》前两卷中，他没有对企业的伦理地位表明立场。他明确地把关于商业组织的伦理问题在"第三卷"留给他的继任者阐述。
4. 见在林登堡（Lindenberg）对詹姆斯·科尔曼（James Coleman）作品的简介（2005）。
5. 我将正式组织描述为相对独立的组织，因为该行动系统的地位相对独立于占据这些职位的人，此外，它们通常占据更长久的时间。
6. 见布朗的研究（Brown，2010：209 – 221）。克莱恩等人讨论了公民权的各种概念（Crane et al.，2008）。
7. 请参阅本章开头提供的两个示例。

第十七章
构建企业责任框架

在第十五章中，商业组织的伦理已经被定性为"企业责任"。[1] 它借鉴了舒尔茨的三重"责任"概念，区分了主体（谁负责）、内容（对什么负责）和对象（对谁负责）。此外，它还借鉴了在《联合国框架》以及《联合国工商业与人权指导原则》中的"企业责任"的概念。第十六章接着讨论了企业责任的主体的问题，即企业组织作为伦理行动者的伦理地位。本章通过具体描述企业组织对利益相关者、整个社会和自然界的财富创造和人权的责任，讨论企业责任的内容和对象问题。

企业创造自然、经济、人力和社会资本的责任

全面理解创造财富对企业责任有着深远的影响。这四种类型的资本的实质性标准是相关的，可以通过以下四个示例予以解释。

（1）自然资本包括自然资源减去环境退化。根据《自然资本宣言》（请参阅第四章），此类资本包括地球的自然资产（土壤、空气、水、动植物）以及由此产生的生态系统服务，这使人类生活成为可能。因此，作为自然资本的创造财富意味着地球土壤、空气、水、动植物等地球的自然资产的改善，及其消耗和负债的减少。

2015年9月爆发的大众汽车丑闻可以简单地说明自然资本对于企业责任的重要性（*Financial Times*, 2015; Becker, 2017）。

多年来，大众汽车为环保型2.0升柴油驱动的汽车（使用EA189发动机）举办了广泛的广告宣传活动，宣称这种汽车比排放二氧化碳废气的汽

油驱动汽车"清洁"得多。为了证明这一说法，该公司指出测试结果符合相关法律允许的氮氧化物（NOx）和颗粒物极低限制（氮氧化物的毒性比二氧化碳更大，会造成空气污染和呼吸困难，增加心脏病和肺病患者的致命危险）。

然而，美国环境保护署（EPA）发现，这些汽车都安装了内置的失效控制装置来控制废气排放：在政府的测试条件下，汽车遵守许可的限值；但在正常驾驶条件下，它们产生的氮氧化物废气最多高达 40 倍。凭借这种系统性的欺骗，大众汽车欺骗了消费者和监管机构，破坏了环境，即自然资本遭到了破坏。此外，自然资本的破坏导致经济、人力和社会资本的大幅减少：大众汽车不得不支付数十亿美元和欧元的赔偿和罚款（*Financial Times*，2019b）；数千人的健康受到严重影响（人力资本）；大众与消费者、投资者和政府（社会资本）之间的信任遭到破坏。[2]

（2）建立由实物和金融资本组成的经济资本的公司目标是无可争议的；但是，不应将其与"赚钱"和利润相混淆。一个负面的例子可以说明这一点：美国富国银行（Wells Fargo）最近的丑闻（*Financial Times*，2016；Fortune.com，2016）。富国银行的净收入为 220 亿美元（2015），它用最伦理的术语定义了自己的伦理准则："诚信不是商品。这是最稀有和最珍贵的个人属性。这是一个人和一个公司声誉的核心。"富国银行比其他大银行更好地度过了 2008 年的金融危机，享有极高的声誉，并大大地扩展了客户基础。自 2008 年，嘉莉·托尔斯泰特（Carrie Tolstedt）负责个人银行业务（即与个人客户的业务，而不是与公司和其他银行的业务），并于 2016 年 7 月退休，得到了首席执行官约翰·史坦普（John Stump）的高度评价：她曾是"我们银行最重要的领导人之一，是我们的文化旗手，也是我们客户的捍卫者"。除了 170 万美元的基本工资外，她还获得了 1.246 亿美元的退休补偿。

在 2016 年 9 月中旬，丑闻爆发了。美国消费者金融保护局（USFC）对富国银行处以 1.85 亿美元的罚款，并对陷入困境的客户给予赔偿，这是该监管机构有史以来开出的一笔最大的罚款。在托尔斯泰特女士的领导下，该银行开设了超过 200 万个未经授权的客户账户（其中有 56.5 万张信用卡申请）。员工被迫进行所谓的"沙袋"活动，也就是说，他们被迫开设尽可能多的新账户（通常是同一客户，称为"交叉销售"）。该银行解雇了超过五年与不良行为相关的 5300 名经理和员工。但是，前员工指责富国银行因为他们没有达到交叉销售目标或没有执行积极的销售计划而解雇了他们。

　　这个案例很好地说明了一家公司如何假装创造经济资本（也就是说，扩大了客户基础；请参阅 Wells Fargo，2017）。实际上，它为了"赚更多钱"而销毁了这种资本，结果不得不支付巨额罚款。此外，通过下令或纵容欺骗性的销售的做法减少了人力资本（与公开声明的公司政策相抵触）；成千上万的员工被迫违背良心或失去工作。由于这种客户欺诈行为，银行的良好声誉受到损害，对银行的信心被破坏，因此社会资本遭到破坏。[3]

　　（3）人力资本代表着人类的健康和教育。美敦力（Medtronic）公司是医疗设备行业的一个杰出例子，其医疗总部位于美国明尼阿波利斯，主要执行办公室位于都柏林（爱尔兰），在 150 个国家/地区拥有超过 86000 名的员工（http：//www.medtronic.com）。美敦力公司的使命早在 20 世纪 60 年代就已确立，并在更新版本中注明：

　　　　通过在对减轻疼痛、恢复健康和延长寿命的仪器或器具的研究、设计、制造和销售中应用生物医学工程，为人类福祉做出贡献。

　　比尔·乔治（Bill George）作为前首席执行官对此说得很清楚："美敦力并没有致力于使股东价值最大化，我们的业务是为所服务的患者创造最大价值。"（Murphy & Enderle，2003）首先是客户，其次是员工，最后是股东（George，2003：153-161）。与《全球报告倡议组织（GRI）的可持续发展报告指南》一样，《2018 年综合绩效报告》与 2014 年以来的报告都展示了美敦力成功地实现其使命：通过产品工程实现创新；品质和信任改变生活；在卫生保健方面创造公平；认识员工的个人价值；保持良好的公民身份。毫不夸张地说，专注于人类健康的美敦力已经达到了相当高的人力资本水平，从而显著提高了经济、自然和社会资本。[4]

(4) 社会资本——根据罗伯特·普特南（Robert Putnam）的信任关系——表明了人类与组织之间的信任程度。社会资本创造的一个杰出的代表是穆罕默德·尤努斯（Muhammad Yunus）于 20 世纪 70 年代中期在孟加拉国发起的小额信贷运动（Yunus, 1999, 2004, 2007, 2018; Enderle, 2004）。重点关注最初的乡村银行模式是很重要的，它与许多给穷人造成了灾难性的后果、以利润最大化为目标的小额信贷组织截然不同（Bateman, 2014; Chiu, 2014, 2015; Ledgerwood, 2013）。乡村银行模式的核心理念来自这样一种经验：穷人是值得信赖的，他们不一定会使用小额信贷进行消费（例如，购买大米），而是将投资用于生产目的（例如，购买一头奶牛，用以生产和销售牛奶）。面对银行和政府的反对，尤努斯主张相对温和的利率。他发展了一个社群主义模型，在这个模型中，一个村庄的几个家庭代表出面，以便获得个人贷款，同时在贷款的使用和偿还方面互相支持。尤其令人惊讶的是，特别是在一个伊斯兰国家，妇女参与了格莱珉银行项目，因为她们能够以富有成效的方式——比男性温和得多——处理小额信贷。由于穷人被视为有信誉的人，同时他们被训练如何谨慎地处理资金，因此投资回报额度非常高，为 95%。乡村银行的例子表明，如阿玛蒂亚·森（Amartya Sen, 1999）在其人类能力方法中所提出的那样，在适当的经济组织的支持下，与穷人一起创造社会资本，为穷人带来了"真正的自由"。结果，人力资本也得到了发展，经济资本也增加了（见框注 17-1）。

框注 17-1　为了创造财富的企业责任

反面的示例：
- 摧毁自然的资本：大众丑闻
- 摧毁经济的资本：富国银行丑闻

正面的示例：
- 创造人力的资本：美敦力
- 创造社会的资本：格莱珉银行

创造私人财富和公共财富的企业责任

正如本书第一部分（特别是第五章）所述，从地方到全球的社会财富被理解为私人财富和公共财富的结合，而不仅仅是私人财富的集合。这意味着私人财富的创造取决于公共财富的可获得性，而公共财富的创造又取决于私人财富的可获得性。因此，私人财富和公共财富不能严格地分开。因此，市场机制和自我利益的动机——创造私人财富的强大动力——在创造综合意义上的财富方面只能发挥有限的作用，尽管不可或缺。集体行动者（如国家和地方社区）以及其他动机也是必要的。

这种创造私人财富和创造公共财富的相互依存，意味着企业责任不仅要创造私人财富，而且要为创造公共财富做出贡献。此外，企业的自我动机需要与其他动机相互补充。像上面讨论的财富的实质标准一样，私人财富和公共财富的这些形式标准对于确定企业责任的内容至关重要。

为了说明公司责任的公共方面，我们提到了公共部门和私营部门在建设和维护基础设施项目方面面临的众所周知的挑战。2016年秋天，劳伦斯·萨默斯（Lawrence Summers，2016）对唐纳德·特朗普（Donald Trump）的基础设施项目投资计划提出了批评。他们只会支持为私营部门创造利润的项目。通过推进此类项目，许多回报最高的基础设施投资——如改善道路，修复60000座结构有缺陷的桥梁，升级学校或空中交通管制系统现代化——将被排除在外，因为它们不会产生直接的商业回报。

这个例子表明，特朗普的投资计划有两个方面的问题：政府不担任公共创造财富者的公共角色，将其角色委托给私营部门，而私营部门本不应该创造公共财富。但是，如果认真对待全面意义上的创造财富，政府作为集体行动者就必须参与创造公共财富，企业则必须超越其对自身利益的纯粹追求，承担起为创造公共财富做出贡献的责任。显然，创造公共财富包括创造"公共产品"和避免"公共坏事"。

为公共创造财富做出贡献是有其局限性的。企业责任不能也不应取代社会各级政府的公共职责。企业和政府应发挥补充作用。由于《联合国工商业与人权指导原则》赋予国家和企业（即"两大支柱"）在人权保障方面不同但互为补充的角色，因此本书在创造全面意义上的财富方面提出了类似的"劳动分工"。它允许多种可能的组合，但排除了两个极端：一方面，企业应该是公共财富的主要创造者；另一方面，它们没有任何责任对创造公共财富做出贡献。

在综合意义上进一步创造财富的企业责任

除了上面提到的创造财富的两个特征外，创造财富的综合概念还包含与公司责任相关的五个特征。首先，对创造财富的全面理解不能将自己局限于创造财富过程的生产层面，这是许多学者和实践者的短视行为。相反地，它还必须考虑其分布维度，该维度渗透到资源的原始禀赋、创造财富的过程和结果中的分配方面（请参阅第六章）。如果不能理解和解释分配问题，那么就不能正确地理解生产问题，并且会在经济和道德方面产生深远的负面影响：资源分配不当，对公司政策的差异化经济影响的认识不足，无法创造长期财富，对公平工资的道德要求不敏感等。为了说明创造财富的分配维度在中观层面的重要性，第十九章讨论了商业组织中收入不平等的关键方面。

关于创造财富的第四个特征——物质和精神方面，第七章提供了一些示例和概念上的说明。松下幸之助（Konosuke Matsushita）秉持着"不只为面包"的理念，希望松下电子能够创造和平与繁荣。更具体地说，罗伯特·贾卡罗龙（Robert Giacalone）和卡罗尔·尤尔凯维齐（Carole Jurkiewicz）将工作场所的精神定义为"工作场所的各个方面，无论是在个人、团体还是组织中，通过超越来增强个人的满足感。具体来说，工作过程促进了员工与超越自身的非物质力量联系的感觉，这种非物质力量提供了完整和愉悦的感觉"（Giacalone & Jurkiewicz, 2010：13）。工作场所精神的实际应用可以采取多种形式：临终关怀中的精神需求和福祉；在危机和灾害管理方面的精神危机、自我意识和成长（例如，2017年波多黎各的玛利亚飓风）；精神智力和在 IT 工作场所自我发现中的超越（Giacalone & Jurkiewicz, 2010：255 – 333）。琼·马奎斯（Joan Marques）及其同事 2007 年在企业高管、中层、底层和非管理人员中进行了几项研究，以找出"什么是（工作场所的精神状态），它为什么重要，以及如何让它为你工作"。玛丽莲·伯德（Marilyn Byrd）2016 年在其编辑的书中，就工作中的精神状态提供了一个"哲学和正义视角"。

尽管这些方法非常有价值，并且可以满足工作场所中不断增长的需求，但是它们往往超越工作场所的经济效益，而没有充分注意从内部改变经济状况。森的经济学伦理相关方法（请参阅第一章）和创造财富的综合概念可以加强对最人化股东价值的模型的经济批判，而又不会削弱精神层面，即"与比我们更伟大的东西联系，不管你怎么称呼它；以及引导我们生活的意义和目的感"（Judy Neal, 2007：ix）。

创造财富的第五个特征从人类能力的角度来定义可持续的财富。在企业责任方面，森的能力方法在多个方面提供了更好的理解（Enderle, 2013b; González-Cantón et al., 2018）。它通过结合人的动机和对社会成就的判断，克服了"无价值"经济学问题。它超越了纯粹的工具理性，尊重人类能力的内在价值。它对贫困和分配特别敏感。它以每个人为最终目标，关注真正的机会或实质性的自由，因此它无疑是以人为本的。这至少表现在四个方面。（1）存在多种相互依存的功能和能力。在企业工作的功能可能会产生与其他人联系并在社区中受到尊重的能力。而且，它可以激发忠于企业使命和被提升的能力。（2）在企业与利益相关者的对话中，可以确定员工在健康和培训方面的相关能力，客户在提供安全产品方面的能力，为投资者提供透明信息方面的能力以及为社区保住工作方面的能力。（3）能力与人权息息相关。它们有着共同的动机，并且为某些事情做出贡献，这是任何一方都无法单独提供的。人权方法将人的发展方法与其他国家有义务促进和加强人的发展（人权作为能力的权利）的想法联系起来，而人的发展有助于扩大人权方法的范围（能力作为人权的潜在内容）。此外，能力可以很容易地与《联合国工商业与人权指导原则》（UN, 2011；请参阅第十一章）相关联。尽管该原则没有提及能力方法，但提到了"人权和基本自由"（General Principle [a]：1）。（4）目前有几个经过深思熟虑的经济、社会和环境绩效指标，涵盖了商业组织通过这些指标影响人们的一系列相当广泛的问题。建议 GRI 可持续发展报告，ISO 26000 和其他指标可能会从能力方法的组织角度受益，类似于斯蒂格利茨、森、菲图西的报告（Report，2009），该报告始终是从广泛的社会角度关注人和生活质量。

联合利华的可持续生活计划（USLP）是一个以人类能力为基础的可持续财富的杰出例子。在联合利华前首席执行官保罗·波尔曼（Paul Polman）的领导下，联合利华的可持续生活计划于 2010 年设立，专注于从农场到餐桌的整个价值链，并具有三个主要目标，每个子目标均包含以下子目标：（1）改善数百万人的健康状况和增进福祉；（2）将对环境的影响减少一半；（3）改善数百万人的生计。帕特里克·墨菲（Patrick Murphy）和凯特琳·墨菲（Caitlin Murphy）的案例研究中对该企业的举措进行了广泛的讨论（Murphy & Murphy，2018）。

创造意味着制造出新的、更好的东西，这是创造财富的第六个特征，远远超出了获得和拥有财富的范围。如第九章所述，创新是超越寻常的成功运用，它会导致逐渐的改变或巨大的破坏。它与创造一些新的东西有关，这是有伦理意义的。它需要好奇心和冒险精神。企业责任要求在组织层面进行伦理创新，这可以采取多种形式的产品、服务、流程、策略和商业模式。与想象和发明不同，创新将新的人类思维转变为新的实践活动、制造和行为。从经济和金融角度看，这使事情变得新颖可行。但是从道德角度来讲，它并不一定更好（因此可能存在道德和不道德的创新）。因此，创新需要具有道德资格，才能成为创新活动，这不仅使事物变得新颖，而且从道德的角度来看也变得更好。因此，企业创造财富的责任与道德创新有关。

为了说明小企业如何履行其职责，本书在戈尔曼（Gorman）等人的案例研究的基础上，简要介绍了瑞银纺织股份有限公司（Rohner Textil AG）的案例（Gorman et al.，2003；Enderle，2004）。这家瑞士公司成立于 1947 年，是一家家族所有的股份公司，生产用于家庭和办公室的全生命周期可降解的室内装饰面料。这都是"可再生纺织品"（http://www.climatex.com）。在20世纪80年代中期，这家拥有30名员工的小型染厂面临着越来越大的竞争压力和日益增加的生态期望和法规。管理层意识到"要么经济，要么生态"不是单一对立选择，因此制定了将两者结合的策略。多年来，尽管受到纺织行业的质疑和敌视，但管理层仍凭着远见、决心和毅力，逐步实现了这一目标。与一家大型化工跨国公司和一个非政府组织的伙伴关系被证明是至关重要的。瑞银纺织股份有限公司从汽巴-盖吉公司（Ciba-Geigy）获得了使用16种可生物降解染料的权利，除了黑色以外，几乎所有颜色都可以使用；瑞银纺织股份有限公司还与德国汉堡的独立环境研究所（EPEA）合作。它的负责人迈克尔·布朗加特（Michael Braungart）博士以及美国设计师和建筑师威廉·麦克多诺（William McDonough）为无害环境的产品和生产开发了一种可衡量的设计工具，即"可持续发展指数"（http://www.epea.com）。Climatex® 是一种可持续材料的创新技术。该纺织品能平衡温度，调节湿度并且经久耐用。Climatex® 产品可促进健康和福祉。它们可以被均匀地分离，可以整体回收，从而恢复到它们的自然和技术周期。Climatex® 已通过从摇篮到摇篮认证。总而言之，凭借清晰的愿景、长期的承诺以及与志同道合的合作伙伴的巧妙合作，瑞银纺织股份有限公司成功地将企业对伦理创新的责任付诸实践。

创造财富的第七个特征既需要自我考虑的动机，也需要其他方面的动机。正如森与道德相关的经济学方法所论证的那样，动机应在经济活动的各个层面上得到充分关注。对于创造被理解为私人财富和公共财富结合的财富而言，尤其如此。在第十章中，对自我利益的动机进行了严格的评估，特别是在极端假设"经济人"的同时，人们也认识到了其在生产私人物品和创造私人财富中的重要作用。然而，就创造公共财富而言，出于经济和非经济原因，利己动机是完全不够的。在全面意义上，利他动机是创造财富必不可少的。回顾了一般都需要自我考虑和其他考虑的动机之后，它如何适用于与企业组织相关的动机？如果仅以创造私人财富为目的，那么自我激励的动机——简而言之，就是出于个人利益——就足够了。但是，如果企业组织还负责为创造公共财富做出贡献,则它还需要其他方面的动机,例如对企业公民的承诺,回馈社会的义务和团结感。尽管这些动机对于在国家范围内开展业务至关重要,但对于在全球范围内创造迫切需要的公共财富而言,这些动机显得更加必要。但是,如果商业组织仅专注于自身利益,并且不会为从本土到全球的公共创造财富做出贡献,就无法实现这些公共目标。

企业对尊重人权的责任

本书的第二部分介绍了当今对人权的理解并进行了广泛讨论。第十一章概述了所有 30 项国际公认的人权。第十二章主张将人权作为最低的道德要求。第十三章考虑了人权的成本效益影响。第十四章将人权视为道德上要求的全球公共物品。在将这些广泛的观点应用于企业责任时,第十五章讨论了《联合国框架》(2008) 和《联合国工商业与人权指导原则》(2011),并阐述了这种方法的一些关键伦理特征。可以说,这种现已确立的方法为阐明公司在人权方面的责任做出了具有突破性的、非常有益的贡献。因此,它为本书中提出的方法奠定了坚实的基础。

如第十五章所述,公司尊重人权的责任包括三个主要组成部分。(1) 工商企业必须"尊重"全世界所有国际公认的人权,而与各国履行自己的人权义务的能力和/或意愿无关。这意味着,企业不得直接做出或作为同谋直接或间接参与侵犯人权行为。(2) 为了理解并履行这些责任,企业必须进行"尽职调查"(即承诺),定期检查其公司策略和活动对人权的所有潜在和实际影响,并确保所有人权都得到"尊重"。(3) 企业不对所有类型的侵犯人权行为负责,而仅对必须"尊重"人权和纠正其侵犯行为负责。

以下示例说明了企业对人权的不利影响(UN, 2012:17)。(1) 当顾客在比赛中被餐厅歧视时,以及工厂工人在没有足够的安全设备的情况下暴露于危险的工作环境时,将发生直接因果关系。(2) 企业通过向政府提供有关互联网服务用户的数据,而政府使用该数据来追踪和起诉违反人权的政治异见人士,对人权造成不利影响;将儿童作为高糖食品和饮料的消费对象,导致儿童肥胖。(3) 尽管业务不会对人权造成不利影响,但它通过其运营、产品或服务直接与受影响的人相关联,例如,通过为企业违反商定标准的商业活动提供金融贷款,导致家庭被驱逐;供应商将零售公司服装产品上的刺绣分包给家庭中的童工,将违反合同义务(见框注17-2)。

框注 17-2　企业尊重人权的责任

不会通过以下方式对人权造成不利影响。

● 直接因果关系:顾客在比赛中被餐厅歧视;工厂工人暴露在危险的工作环境中而没有足够的安全设备。

● 贡献:向政府提供有关互联网服务用户的数据,该政府使用该数据来追踪和起诉违反人权的政治异见人士;将儿童作为高糖食品和饮料的消费对象,导致儿童肥胖。

● 没有贡献,而是通过公司的运营、产品或服务直接关联:为企业违反商定标准的商业活动提供金融贷款,导致家庭被驱逐;供应商将零售公司服装产品上的刺绣分包给家庭中的童工,将违反合同义务。

强调企业的对象

在解释了企业责任的内容之后,我们现在转向其对象,即企业从伦理意义上应该向谁负责的实例或机构。如第一章所述,从广义上来讲,可以大致分为三种观点。自由市场经济学家声称,作为"代理人"(即个人,而非企业组织)的企业高管只对股东(作为"委托人")负责,以实现股东价值最大化。利益相关者方法的拥护者从工具或规范的角度将商业组织设想为必须考虑多个利益相关者(不仅是股东,还包括股东、客户、员工和其他人)利益的企业乃至是伦理行动者,甚至在伦理的意义上对他们负责。第三种观点总体上与利益相关者的观点一致。但是,它更具体地确定了企业责任的内容(如本章所述),并为受影响的利益相关者增加了更广泛的目标对象,例如整个社会、子孙后代和自然界，并信奉坚定的可持续观点。

当问到本书赞同三种观点中的哪一种时，创造财富和人权的综合概念支持第三种观点可能就不足为奇了。主要论点是什么？企业责任的三方概念将它的主体（即企业）限定为除个人或有道德的人以外承担责任的公司和伦理行动者（请参阅第十六章）。但是，使股东价值最大化的普遍代理模式拒绝了商业组织的这种伦理地位，因此无法回应任何对象。即使只考虑单个代理人，委托人也不能让他或她对股东价值最大化以外的事情负责［弗里德曼的警告是"参与公开和自由的竞争，不存在欺骗和欺诈行为"（Friedman，1970：282）］。如果认真对待创造财富和人权的内容，就不能简单地将其减少到企业或代理人对股份所有者负责的财务数额，而股份所有者恰恰不是企业所有者（Bower & Paine，2017）。

财富的创造和破坏对多个利益相关者、社会和自然产生的影响要大得多，因此，企业责任的对象不能仅限于股东。在大众汽车公司和富国银行的丑闻（大规模破坏自然资本和经济资本）中，需要问责的对象不仅是这些公司的股东和投资者（在丑闻爆发后），还包括客户、员工、环保组织、社区和其他实体——当然，还有司法机构。美敦力"减轻疼痛、恢复健康和延长寿命"的责任——创造人力资本——是针对患者、医生和医院的。格莱珉银行的小额信贷之所以能运作良好，是因为信任——也就是社会资本——被投入贫困的个人和群体中，这些个人和群体通过创造经济和人力资本做出回应。

关于私人财富和公共财富的创造，强调的内容可以有很大的不同。创造私人财富不仅必须回应企业的所有者和其他利益相关者，还必须回应社会的法律要求和社会期望。至于公共财富的创造，如基础设施项目和公正有效的法治，主要涉及以人权和福祉为伦理基础的公共当局和机构。

虽然确定创造财富的对象并不总是那么容易的，但在人权受到不利影响的情况下，确定企业责任的对象通常是直接的。造成种族歧视的企业首先应对受其政策影响者负责。一些企业将儿童作为其高糖食品和饮料的消费对象，助长了儿童肥胖，这侵犯了它们应该负责的儿童健康权利。许可方对供应链中的童工问题视若无睹，它们应对受虐待的年轻人遭受的剥削负有责任。根据《联合国工商业与人权指导原则》的三个标准，在每种情况下，可以清楚地认定企业责任的对象。但是，这并不排除其他对象（如家庭、社区和机构安排），他们有理由要求企业履行其职责。

总之，通过影响真实的人，侵犯人权可以被理解为违反了平衡自我和其他动机的黄金法则："你希望别人如何对待你，你就如何对待别人！"或者，不要侵犯别人的人权，因为你不想让别人侵犯你的人权！似乎是时候"重新发现全球化世界的黄金法则"（Enderle，2008），并且重新评估当今人类历史上最古老的伦理原则。

注释

1. 请注意，责任的单数形式表示责任的主体、内容和对象三方概念，责任的复数形式表示责任的具体内容。
2. 有关中国自然资本创造和破坏的更多案例研究，请参见 Enderle & Niu（2012）。积极的例子：宝钢和海沃氏。消极的例子：苹果公司的供应链和康菲公司的石油泄漏事件。
3. 富国银行的调查报告（Wells Fargo，2017）对销售实践的失败提供了清醒的分析，并要求进行彻底的改革和严格的问责。然而，《金融时报》的 FT 大阅读（the FT Big Read in the *Financial Times*）远远超出了这份报告。
4. 这并不意味着美敦力拥有完美的记录。比尔·乔治（Bill George）离开后，公司在向医生支付报酬方面面临严重的问题。2010 年，所有关于薪酬和与美国医生合作的内部政策和程序得到了更新和加强，并建立了指导原则，以保持医患关系的完整性，并保持薪酬和政策的透明度。详见 https://www.medtronic.com/us-en/healthcare-professionals/services/physicians-collaboration/physicians-payment-guidelines.html。

第十八章
关于创造财富和人权的公司治理

公司治理被理解为公司的权威方向和控制权，必须服务于公司的宗旨。正如本书所解释的那样，公司或商业组织的目的是在全面意义上创造财富并尊重人权。因此，主要经济组织的公司治理不仅涉及经济层面，还涉及伦理层面（"两条腿走路"）：它认真地对待创造财富的七个特征以及《联合国工商业与人权指导原则》。

根据三方责任概念（请参阅第十五章），可以通过以下三个问题来分析公司治理的责任。(1) 关于主体：谁负责？(2) 关于内容：主体对什么负责？(3) 关于对象：主体对谁负责？

关于第一个问题，按照 2015 年二十国集团/经合组织公司治理原则的含义，责任主体被确定为"董事会"。这些原则旨在指导任何董事会结构，各国内部或各国之间可能会有所不同。在设有两级董事会（将监督职能和管理职能划分为不同的机构）的国家中，本原则适用于由非执行董事会成员组成的"监事会"和完全由（关键）高管组成的"管理委员会"。它们还适用于将执行和非执行董事会成员聚集在同一机构的"单一"委员会，以及适用于具有审计目的的其他法定机构。尽管这些原则侧重于上市公司，包括金融和非金融公司，但它们也应成为改善"所有［其他］公司，包括较小和未上市公司"的公司治理的有用工具。

关于第二个和第三个问题，公司责任的内容和对象已在第十七章中进行了广泛的映射。它们与董事会同样相关，因此界定了董事会在创造财富和人权方面的责任。它们的区别在于其相对具体的经济性质和相对具体的伦理要求。更具体的内容和对象的含义将在第十九章关于工商业组织和社会的收入不平等，以及第二十章关于工人参与全球供应链的内容中得到解释。

有关不同公司治理概念的概述

用于创造财富和人权的公司治理强调了一种新视角，可以将其放在过去20多年的公司治理讨论中。[1]在20世纪90年代，公司治理成为一些重要报告和出版物的主题，在安然（Enron）和世通（WorldCom）丑闻（2001—2002）与全球金融危机（2008—2009）之后，这些政策和报告引起了决策者、商业领袖、媒体和学者的极大关注。

在英国，在一系列公司丑闻出现之后，《吉百利报告》于1992年发表（Cadbury Report，1992；Boyd，1996）。它把公司治理定义为"指导和控制公司的系统"（Cadbury，1992：2.5），并提出了一套重点关注财务方面的最佳实践准则，从整体上促进建立良好的公司治理体系（Cadbury，1992：2.1）。多年来，艾德里安·吉百利爵士在国际上推动了公司治理的整体概念。正如他所写的那样：

> 公司治理关注的是保持经济和社会目标之间以及个人和社区目标之间的平衡。公司治理框架旨在鼓励有效利用资源，同样要求对这些资源的管理负责。目的是使个人、公司和社会的利益尽可能地保持一致。（Cadbury，2003）

南非在种族隔离制度被废除之后，1994年颁布了《关于公司治理的国王一号报告》，以从商业角度应对种族融合的巨大挑战（IOD，1994）。《国王二号报告》（IOD，2002）提出了一种包容性的利益相关者方法［被称为"参与式公司治理系"（Rossouw，2006：259）］。《国王三号报告》（IOD，2009）将范围扩展到了所有商业形式，并将其重点从"遵守或解释"转变为"适用或解释"。《国王四号报告》（IOD，2016）旨在解决企业界的三个转变：（1）从金融资本主义到包容性资本主义；（2）从短期资本市场到长期、可持续的市场；(3) 从孤立式报告到综合报告。此外，它提议从"适用或解释"过渡到"适用并解释"。

经合组织在 1999 年颁布了《公司治理原则》，将公司治理定义为"涉及一系列关系——公司管理层、董事会、股东和其他利益相关者……之间的一系列关系的公司治理……［它］还提供了确定公司目标的结构以及实现这些目标和监督绩效的方法"(OECD, 1999)。提倡更大的股东权利，但也认可了利益相关者参与公司治理的观点（如果未得到认可，请参见 Emmons & Schmid, 2000：63）。经修订的《2004 年经合组织原则》(OECD, 2004) 大体上重申了 1999 年文件的要点。此外，它们引入了新的第一项原则"确保有效的公司治理框架的基础"，强调所有股东行使所有权的重要性，并要求利益相关者应能够自由地将他们对非法或不道德行为的担忧传达给董事会。

经过与二十国集团所有国家、关键国际机构（巴塞尔委员会、金融稳定委员会、世界银行集团）以及拉丁美洲、亚洲、中东和北非的区域公司治理圆桌会议专家的广泛磋商，2015 年通过了《二十国集团/经合组织公司原则》(G20/OECD, 2015)。它们"旨在帮助决策者评估和改善公司治理的法律、监管和制度框架，以支持经济效率、可持续增长和金融稳定"(G20/OECD, 2015：9)。它们构成了公司治理的"国际参考点……公司治理的有效工具"(Angel Gurría, OECD Secretary-General in G20/OECD, 2015：3)。通过 61 页的篇幅解释其六项原则，它们很可能构成迄今为止最全面、最详细的公司治理框架。

2006 年发布的《联合国负责任投资原则》(http://www.unpri.org) 也强调了公司治理的关键作用，提出了借助环境、社会和治理三个因素评估投资的责任。尽管这些因素的定义很广泛并且需要一些规范，但它们不仅与评估投资对象高度相关，而且与董事会治理绩效的自我评估也密切相关。

除了这些开创性的文件之外，还有四份学术出版物被简要介绍，以表明各种不同的科学方法。安德烈·施莱弗（Andrei Shleifer）和罗伯特·维什尼（Robert Vishny）在其 1997 年的颇具影响力的文章《公司治理调查》(A Survey of Corporate Governance) 中，将公司治理定义为基于管理和财务分离的代理问题。文章强调："有充分的证据显示，经理们带着金融家的资金潜逃，或把它们浪费在自己喜欢的项目上的机会是很多的。"因此，"公司治理的基本问题是如何确保金融家从他们的金融投资中获得回报"（Shleifer & Vishny, 1997：773）。简而言之，答案在于建立"机制"，即"经济和法律制度"，设置适当的激励机制来解决这个代理问题。虽然这种方法无疑可以处理一个重要问题，但它极大地限制了公司治理。它忽略了吉百利和国王的报告（Cadbury and King Reports）、经合组织的原则（OECD Principles）以及多项学术文献（见下文）中涉及的更广泛的问题：经济和社会目标之间的平衡，股东以外的利益相关者的角色，公司的整体福利，以及长期、可持续的市场，等等。

罗伯特·蒙克斯（Robert Monks）和内尔·米诺（Nell Minow）广受赞誉的《公司治理》（*Corporate Governance*）一书于 1995 年首次出版，随后又发行了四版（于 2001、2004、2008、2011 年发行）。该书中也谈到了"指导公司行为的机制"，但它在更广泛的意义上定义了公司的目的（Monks & Minow, 2008：12 ff.）。公司治理的关键角色是股东、董事和管理层，而其他利益相关者只能发挥工具性作用来支持这三个关键角色。他们认为："在立法或公司章程中，'利益相关者'的用语可能掩盖了对股东权利的有意或无意的忽视。"（Monks & Minow, 2008：48）

受益于自 20 世纪 90 年代以来长期的董事会实践经验，马丁·希尔布（Martin Hilb）提出了一个"新公司治理"（New Corporate Governance）的概念。其书德文版的第六版于 2016 年发行（Hilb, 2016），同时这本书还以其他几种语言（英语、越南语、西班牙语、中文、葡萄牙语、日语和法语）出版。他支持"董事会应同时指导和控制公司"的观点，因此将"新公司治理"定义为一种系统，"以一种企业家的和道德的方式，并以一种适合于每个特定背景的方式，对公司予以战略指导、综合管理和整体控制"（Hilb, 2008：9f.）。与传统方法相比，希尔布的新方法果断地面向实践：（1）实施必须适合公司的特定环境；（2）战略发展是监事会的核心职能；（3）监事会的选拔、考核、薪酬和发展要做到一体化、有针对性；（4）必须从股东、客户、员工和公众的角度对结果进行整体监控，而且，希尔布公司治理的定义的"另一个基石"是"以创业和道德为导向"，但是尚未得到明确的拓展。

在先前介绍的公司治理概念的背景下，值得注意的是，它们中的大多数并未阐明公司治理的独特伦理特征。正如托马斯·唐纳森（Thomas Donaldson）在 2012 年[2]的一篇高质量文章中所证明的那样，基于代理理论和交易理论的定义甚至至少隐含地排除了规范伦理维度。迪恩·罗索夫（Deon Rossouw）和其他学者承担了明确解决公司治理的伦理特征的任务，并将其列入 2004 年国际企业、经济学与伦理学学会第三届世界大会的议程，并于 2006 年发表了他们的论文（Rossouw & Sison, 2006），随后又出版了一些作品（Sison, 2008; Rossouw, 2009a, 2009b, 2009c）。

描述和解释公司治理的伦理维度并不容易，尤其是从全球的角度来看。因此，罗索夫（Rossouw, 2009a）提出了三个关键的区别，这有助于在第一步绘制出伦理维度。

（1）治理伦理与伦理治理。公司治理道德是指在监管或企业层面支撑和指导公司治理制度的伦理价值观（Rossouw, 2009c: 6 ff.）。这些价值观可能被公开且明确地表达出来，或者它们也可能是不可见的，根本未被提及。无论如何，它们存在并塑造着政权。如果没有明确说明，可以通过这样一个问题来揭示：应该为谁的利益而经营？或者，公司治理制度的目标是什么？然后，可以评估这些利益和目标是否公平、是否负责任或对社会有益。

相比之下，伦理治理涉及的问题是要求或建议公司如何管理自己的伦理事务。它总是以一种明确的方式呈现，并且只涉及一个方面（即伦理方面），包括伦理规范、行为准则、伦理审核等。此类要求和期望可以源自公司的外部和企业层面。

（2）外部和内部公司治理。根据定义，外部公司治理位于公司外部，要么是监管机构（例如法律、专业标准和上市要求），要么是社会规范（例如社会价值、惯例和约定），要么是市场本身（例如企业收购和并购）。这是在宏观层面的分析。

内部公司治理是指董事会和执行经理对公司绩效的指导和控制；这意味

着指导战略方向，并确保公司在特定环境中遵守公司行为的正式和非正式标准。在法律和社会规范的范围内，董事会和执行经理拥有相当大的自由裁量权以行使内部公司治理。这是在中观和微观层面的分析。

（3）公司治理中的股东和利益相关者导向：这种区别是基于公司治理模型在行使公司指导和控制权时优先考虑谁的利益的问题。可以故意排除其他利益相关者群体的利益，或者假定以股东为关注焦点将使所有其他利益相关者（尽管是间接的）受益，公司可能会按照股东的最佳利益来管理。相比之下，以利益相关者为导向的模型意味着，公司的领导和控制权需要在所有合法利益相关者的利益下行使，这些合法利益相关者应享有自己的权利，而不仅仅是被当作创造股东价值的手段。

这些区别已成功应用于世界各地不同地区的公司治理模式的实证研究。特别是基于治理伦理（即明确或隐含的基础价值体系基础）、监管和企业层面的要求和期望，以及股东和利益相关者导向的区别，研究发现了截然不同的模型：非洲普遍存在"包容性"模式，在亚太地区流行的是"扩张型"模式，在欧洲大陆是"参与性"模式，在北美是"股东导向型"模式（Rossouw，2009c）。值得注意的是，从全球的角度来看，这些结果显示出明显的分歧而不是趋同（由不同作者假设），这是特定环境因素导致的，例如公司在社会中的角色观点、社会文化背景，以及一些所有权形式（例如家庭所有权和国家影响）。

值得注意的是，著名的商业圆桌会议最近将北美以股东为导向[3]的模式转变为以利益相关者为导向的模式，该模型确认"我们的每一个利益相关者（客户、雇员、供应商、社区和股东）都是必不可少的。我们致力于为所有人，包括他们的公司、社区和国家的未来成功提供价值"（2019年商业圆桌会议）。

对公司治理新视角的贡献

在简要介绍了一些精选的开创性报告和学术著作之后，我们现在可能要问，创造财富和人权如何为公司治理的新视角做出贡献。创造财富的综合概念扩大了对许多公司治理的实践和理论方法（like Shleifer and Vishny）使用的金融资本的狭隘关注，并要求董事会在适当的法律、监管和制度框架的支持下，并在符合二十国集团/经合组织公司治理原则的情况下，对创造自然、经济、人力和社会资本负责。如果金融资本的生产是排他性的目标，那么环境问题、健康和受过教育的人们以及经济与社会行动者之间的信任关系本身就得不到尊重并受到损害。此外，代际可持续性无法实现。

由于一个社会的财富从地方到全球都是私人财富和公共财富的结合，因此董事会的职责不能局限于创造私人财富。它还必须为创造公共财富做出贡献，可以根据公司的具体情况以多种方式来实现（Hilb）。尽管吉百利和国王的报告都强调了这种公共责任，但经合组织原则并不要求这种责任，除了关于公开性和透明度的第 5 条原则（明确规定的公共利益）。此外，上述学术著作（Shleifer & Vishny, 1997；Monks & Minow, 2008；Hilb, 2016）避免要求承担公共责任，除非公共利益被视为利益相关者（这在第十七章中受到了批评）。

在公司治理的实践和理论讨论中，一个主要争议点是确定董事会应该对哪些利益相关者负责。除了施莱弗（Shleifer）、维什尼（Vishny）、蒙克斯（Monks）和米诺（Minow），主流经济学和金融学以及众多从业者都认为，责任只与股东有关。其他利益相关者，例如员工、客户和供应商，充其量只能起到促进股东利益的工具性作用。但是，在过去 20 多年的时间里，超越股东至上的利益相关者的范围已经扩大了。1994 年，科克斯圆桌商业原则（the Caux Round Table Principles）颁布了利益相关者导向模型［包括竞争对手在内的六个利益相关方之一（Caux Round Table, 1994）］。吉百利和国王的报告（the Cadbury & King Reports）以及经合组织原则（Principles 4 of 2015）肯定了一些利益相关者在公司治理中的重要作用。此外，希伯的"新公司治理"概念以及罗索夫和其他人在世界各地的经验发现分别主张并证实了利益相关者的导向（Business Roundtable, 2019）。如第十七章所述，该书总体上与利益相关者的观点相符。但是，它更具体地确定了公司责任的内容——对董事会也是如此——并为受影响的利益相关者增加了更广泛的对象，例如整个社会、子孙后代和自然界。

由于创造财富的生产和分配维度具有内在的关联，公司治理必须同等重视指导和控制公司的分配方面。收入、支出和利润的总体增长数字不能充分说明公司的创造财富。值得注意的是，2015 年二十国集团和经合组织原则不仅希望"支持投资作为增长的强大驱动力"，而且还希望通过"解决这些利益相关者的权利（即数以百万计的家庭将其储蓄投入股市，上市公司提供了超过 2 亿个就业机会）以及他们参与创造企业财富的能力"（Gurríain in G20/OECD，2015：3）。董事会的一项重要任务是确定公司的薪酬政策，包括首席执行官和董事会成员的薪酬。毫无疑问的是，董事会必须应对道德、经济、社会和其他方面的多重挑战，这在某种程度上已经在第十九章中讨论过了。

如果如本书所提出的那样，从全面意义上构想财富的创造，它就不仅仅是物质上的问题，而且还必然涉及精神层面。正如第七章所述，精神与最终现实有关，可以概括为"变革性连接的经验"（Judy Neal，2013）。公司治理必须发扬这种精神，这种精神可能会受到宗教或非宗教传统的启发。在董事会任职不只是一项"工作"；相反地，应该将其理解为崇高的职业或召唤。为了说明这意味着什么，天主教社会教学提供了"反思"（Vocation，2018）。它是一种让商业人士根据人的尊严和共同利益[4]的原则与当代经济和金融界打交道的法宝。董事会成员（与任何商业人士一样）在生活中面临更大的挑战，理应践行这一使命。

以人的能力创造可持续的财富，将人置于中心位置（请参阅第八章）。根据世界环境与发展委员会对可持续性的代际定义，它证实了当代人的"需求"和子孙后代满足其自身需求的"能力"，并需要实现代际正义：在不损害后代的情况下满足当代人的需求。从这个意义上讲，可持续性应该成为公司治理的基本基准。首先，这意味着从经济和伦理角度来看，短期主义是不可接受的。其次，关注人们的真正机会和实质自由至少表现在四个方面：(a) 通过寻找多种功能和能力，并利用它们的协同作用；(b) 通过加强利益相关者对话中的相关能力；(c) 通过了解能力与人权之间的关系并加强两者之间的联系；（d）使用适当的指标，例如全球报告倡议组织（GRI）可持续性报告和 ISO 26000 报告，以指导和控制公司绩效。

在第九章中，创造被定义为制造新的和更好的东西。这是关于创造（不仅仅是思考）和做得更好（不仅仅是创新）的；换句话说，它是关于伦理创新的，这与所有级别的决策和行动相关。在中观层面上，它不仅与公司的产品和服务有关，也与公司的生产流程、组织、文化和身份有关，并且在经济和财务方面都是可行且成功的。公司治理的作用是激发、支持和推动伦理创新。该倡议可以来自任何级别的员工，来自公司外部或单个董事会成员。董事会需要持开放态度，了解其伦理价值观，熟悉该倡议的潜力和局限性，并明智地做出决策。举一个例子，数字化治理在当今面临着重大挑战，充满了诱人的机会和不确定的风险。如何在董事会层面应对这些挑战是一个时机已经成熟的问题。例如，《数字化治理——董事会和高层管理团队在数字价值创造中的作用》从多个角度进行了讨论（Hilb，2017）。在希伯的框架（见上文）的帮助下，四组建议被提出来了：（1）为数字化提供战略指导；（2）控制数字化的结果；（3）促进文化的数字化转型；（4）使数字化业务方法适应环境。

权衡取舍

除了创造财富对公司治理的贡献外，国际公认的 30 种人权为董事会提供了明确的伦理指导。与公司治理方面的大量文献［包括希伯的《数字化治理》(*Governance of Digitalization*)，2017］没有以明确的方式解决伦理问题形成鲜明对比的是，对人权的尊重（请参阅第十二章）设定了明确的伦理标准，这些标准以相对具体的措辞详细说明了罗索夫在更广泛的术语中概述的内容。然而，这些只是最低限度的伦理标准，既包括巨大的机遇，也面临严峻的挑战：这是巨大的机遇，因为除了这些最低限度之外，董事会在选择其伦理标准方面有很大的自由空间；这是一个艰巨的挑战，因为在可用资源有限的情况下，董事会在尊重所有人权时可能会面临艰难的取舍。例如，健康权的实现可能与享有公正和有利工作条件的权利的实现发生冲突。但是，采用《联合国工商业与人权指导原则》的三个尊重标准（即公司的直接影响、间接影响和共谋；请参阅第十五章）时，这些权利的权衡将大大减少甚至消除。而且，当在有限的可用资源范围内似乎无法实现冲突的权利时，可能有必要重新分配企业资源以使这种实现成为可能。

从广义上讲，在创造财富方面也可能会出现权衡的问题。企业是否应该以牺牲经济资本为代价来创造更多的自然资本？是否应该以损害社会资本为代价增加经济资本？还是应该通过放弃私人财富，来扩大对公共财富的贡献？这几个问题表明，权衡问题确实可能出现，因此需要加以解决。然而，值得注意的是，乍一看，它们通常看起来像是权衡取舍的问题，但是仔细观察，就会发现它们根本不存在。回想一下创造或破坏自然、经济、人力和社会资本的公司的例子（第十七章）。大众打算创造经济资本，但实际上，它摧毁了自然、人力和社会资本，并最终破坏了经济资本。富国银行假装创造经济资本（通过扩大客户群），但是，它实际上减少了人力和社会资本，最终也减少了经济资本。另外，积极的例子也可以显示"双赢"而不是"权衡"的情况：美敦力致力于创造健康的人（即人力资本），极大地有助于增加经济和社会资本。格莱珉银行强调与贫穷的借款人（主要是女性）建立信任关系，这是其取得经济成功和教育影响的一个主要原因。

尽管如此，在创建一种或另一种类型的资本之间的权衡问题仍然可能发生，而且确实发生了。常见的例子是自然资本和经济资本之间的权衡。并不总是能够实现"生态效率"（即将生态效益和经济效益结合起来，请参阅第二章）。增加自然资本可能需要较高的经济成本，即减少经济资本。

为了解决这个问题，"公司的平衡概念"的三重区别可以通过区分三个层次的伦理主张来提供帮助（请参阅第十二章）：最低伦理要求、超出最低要求的社会义务以及对伦理理想的追求（De George, 1993）。因此，每种类型的资本的创造可以分为三个层次：最低资本、社会义务资本和理想资本。尽管最低限度的任何类型的资本之间的取舍都是不可接受的（人权就是这种情况），但在第二层和第三层之间都允许这样做。然后由董事会根据自然、经济、人力和社会资本来决定创造财富的组合。

类似的考虑也适用于创造私人财富和公共财富的混合体。在最低限度上，不允许有任何权衡取舍；例如，有助于创造公共财富（例如，基础设施建设）的法律和监管义务具有约束力。除了最低限度的要求，董事会还可以决定公司应在何种程度上以一种或多种类型的资本来为创造公共财富做出贡献。不言而喻，必须创造真正的公共财富（而非伪装的私人财富）（请参阅第十七章，萨默斯对唐纳德·特朗普关于基础设施项目的投资计划的批评）。

进一步讨论将"公司平衡概念"应用于董事会创造财富和尊重人权的决策超出了本书的范围。目前重要的是，内部公司治理［在外部公司治理的支持下（Rossouw，2009a）］既需要明确的最低伦理标准，也要有良好的判断力和智慧，以负责任的方式处理超出最低限度的取舍。[5]

注释

1. 名词的"控制"和动词的"控制"源自拉丁语动词"gubernare"，即"引导"。《韦氏大学词典》(*The Merriam-Webster's Collegiate Dictionary*) 对"govern"（动词）的定义为"对某事行使持续的主权，特别是，控制和指导政策的制定和执行"。https://www.merriam-webster.com/dictionary/govern。

2. 应当指出，《商业伦理季刊》(*Business Ethics Quarterly*) 在2001年1月，即安然丑闻爆发前不久，发布了有关公司治理的特刊。

3. "关于我们：商业圆桌会议是一个由美国领先公司的首席执行官组成的协会，致力于通过健全的公共政策促进美国经济的繁荣，并为所有美国人扩大机会。"https://www.businessroundtable.org/about-us。

4. 这份文件分享了本书的许多关注、观点和建议，以及"观察、判断和行动"的上升方法（类似于商业和经济伦理的"行动导向"方法），全球化、可持续性和金融化的重要性和问题（请参阅第二章），人类尊严和声援穷人的原则。不幸的是，尽管人类尊严的具体表述在《罗马教廷通谕》（John XXIII，1963）中颁布，并得到梵蒂冈第二次理事会的确认（1965），但人权根本未被提及（第 20 号文件是个例外）。此外，"财富"的概念是相当狭窄的，其创造仅指生产，不包括分配维度。

5. 这些困难的情况通常被称为"伦理困境"，在此情况下，任何可能的选择都没有一个明确而令人满意的伦理解决方案。尽管如此，做出决定的压力是无法避免的，因此需要进行伦理审查和推理。关于金融和银行业的伦理问题，保罗·德宾斯基（Paul Dembinski）在其《金融伦理与责任》（*Ethics and Responsibility in Finance*，2017）一书中孜孜不倦地将这种方法应用于伦理困境。

第十九章
一个典型的案例：减少收入不平等的企业责任

简介

在大萧条过后，收入和财富的不平等在公共辩论和学术讨论中引起了广泛关注。尽管金融危机及其余波对许多国家的大部分人口产生了影响，但令人惊讶的是，一小部分人幸免于难，甚至在收入和财富中所占份额有所增加。此外，事实证明，自20世纪80年代以来，不平等现象的加剧实际上已成为一种长期趋势，这一点已经变得很明显。这些事态发展现在在许多出版物中都有记载。例如：弗兰克（Frank，2007）、威尔金森与皮克特（Wilkinson & Pickett，2009）、皮克蒂（Piketty，2014，2015）、沃尔夫（Wolf，2014）、阿特金森（Atkinson，2015，2019）、斯蒂格利茨（Stiglitz，2015）、《外交事务》（*Foreign Affairs*，2016）、金（King，2016）、鲍施伊（Boushey et al.，2017）等的著作。

值得注意的是，这些不平等问题主要涉及国家内部和国家之间的收入和财富不平等，分析的主要单位是国家。然而，关于一般组织内部的收入不平等，特别是商业组织内部[1]的收入不平等方面的文献很少。正如安德鲁·希尔（Andrew Hill，2016）所写的，向公众开放公司薪酬数据似乎打开了潘多拉盒子，会导致许多公司过度混乱和员工情绪动荡（另请参阅 Colella et al.，2007）。或者，要求不那么高，但仍然具有启示性的是美国证券交易委员会

（Securities and Exchange Commission）最近的一项规定，该规定根据 2015 年《多德-弗兰克华尔街改革和消费者保护法》（Dodd-Frank Wall Street Reform and Consumer Protection Act），要求上市公司披露其首席执行官（CEO）的薪酬与其雇员的薪酬中位数之间的比率。

确实，一些具体例子说明了许多美国公司的极端薪酬差距。一位在沃尔玛（Walmart）工作的单身母亲每小时收入 9 美元，每月依靠美国政府支付她的 294 美元的食品券［这些钱都在沃尔玛消费了（Whipp & Fleming，2016）］，而沃尔玛首席执行官董明伦（Doug McMillon）2016 年的薪酬是 2240 万美元（Fortune，2017）。另一个例子是美国最大的连锁药店沃尔格林（Walgreens）的首席执行官格雷格·沃森（Greg Wasson）2014 年与中层雇员之间的薪资比率。员工薪酬中位数为 28700 美元，而沃森的薪酬待遇（包括基本工资、奖金、股票和奖励）总计为 1670 万美元，是其薪酬的 582 倍（*Chicago Magazine*，2015）。

此外，除了最近的几篇文章（Davis & Cobb，2010；Cobb，2016；Tsui et al.，2016，2018）之外，很少有文献研究组织中的收入不平等实际上如何影响——以及应该如何影响——国家内部和全世界范围内的收入不平等这一重要问题。科布（Cobb，2016）的理论认为，高管和利益相关者的权力影响了企业用于雇用和奖励员工及其高管的标准。薪酬政策反过来又形成了社会层面的收入不平等。科布没有提供任何数据来支持他的推测。崔等人（Tsui et al.，2016）提供了有关 23 个经合组织国家的收入差距的基尼系数与这 23 个国家在 2011 年至 2014 年首席执行官薪酬与平均雇员薪酬比率之间关系的统计数据。滞后的相关系数（全国基尼系数相对于首席执行官与雇员的薪资比率滞后一年或以上）范围为 0.63—0.71，显著性水平均低于 0.01。这些数据支持了经济学家的观察（Atkinson，2015；Stiglitz，2015），即收入是社会层面收入不平等的主要来源。在有关商业伦理的文献中，公司的收入不平等在很多教科书中都没有出现（Velasquez，2006；Crane & Matten，2010；De George，2010；Wicks et al.，2010；Painter-Morland & Bos，2011；DesJardins，2014），直到最近才被提及（Beal & Astakhova，2017；Bapuji et al.，2018）。

崔等人（Tsui et al.，2016，2018，2019）呼吁开展更多研究，以了解组织薪酬政策如何导致组织内部和社会内部的不平等，并考虑减少公司中极高水平的收入不平等的可能性和可取性。

本章是对此呼吁的回应。它旨在探讨两个问题：首先，我们应如何定义企业责任以减少商业组织中的收入不平等？其次，我们应该如何定义企业责任以减少整个社会的收入不平等？[2]

减少商业组织中收入不平等的企业责任

如第十五章所述，责任概念已成为当代伦理思想中的一个关键概念——无论是在实际生活中还是在学术研究中。作为一种关系概念，它"锚定"一个或多个参与者（谁负责？）上，它涉及一个人负责的机构或对象，并且关注一个人要负责的非常具体的问题。就像《联合国工商业与人权指导原则》要求的那样，伦理行动者包括处于行动的中微观层次的所有商业企业。他们承担"企业责任"，并可以从伦理的角度对其行为负责。第十六、十七和十八章广泛讨论了适用于商业企业的三方责任概念，而本章则重点关注企业责任的内容，具体的问题是：企业对收入不平等的责任减轻多少？为了回答这个问题，我们首先要澄清不平等的确切基础和"减少"收入不平等的概念。

被调查不平等的基础是公司的个人，无论是工人、雇员还是领导者，从他们的工作中获得的货币或非货币形式的收入或报酬。这些款项是由雇主支付的，可以包括货币福利（例如，工资、养老基金保费、股票）以及实物福利（例如，儿童保育）；因此，它们不是由雇用组织以外的来源提供的，例如政府发放的食品券或慈善民间组织的捐款。赚取收入意味着有工作和福利，这与消费是不同的。在讨论收入和消费之间的差异作为不平等的基础时，阿特金森（Atkinson）总结道："继续把收入作为对资源进行潜在控制的指标。收入的使用确实是对资源（即收入）的使用超越消费的一种认识。"（Atkinson，2015：35）在收入分配的低端和高端都是如此。与生活水平方法不同的是，最低限度的贫困处理方法将资源的处置视为个人决定（包括储蓄）的事项，而高收入则带来了超越消费的权利。毋庸置疑，收入和工作只是人类福祉的两个重要组成部分。第四章讨论的经合组织福祉框架中指出，还有更多的组成部分是相关的。

与收入作为基础相关的是收入单位的问题。是在组织中实际工作的个人吗？还是包括配偶和子女的家庭？或者是（更广泛的）家庭，可能拥有其他成员，例如成年子女和其他成年的亲戚或朋友？这个收入单位的问题对低收入者和最低工资与生活工资的定义特别重要，这些将在下文讨论。

进一步地澄清的是"减少"收入不平等的概念。第一，该主张根本不要求完全不存在收入不平等，就好像收入平等应该是目标一样。我们的建议是把重点放在减少收入不平等的方向上。因此，"较少"可以用不同的方式被限定。在一个定义下，"较少"可以用整个组织的收入分配，并且影响所有水平的收入，这可以用常用的基尼系数或其他系数来衡量（Lüthi, 1980）。

第二，将整个收入分配划分为几个部分，并研究每个部分减少整体不平等的潜力。在低收入阶层，通过将最低收入提高到（法律规定的）最低工资水平甚至提高到（更高的）生活工资水平，并通过将最低工资提高到生活工资，假定生活工资是伦理上要求的最低收入，可以减少不平等现象。同样地，可以通过将最高收入降低到伦理上可接受的较低水平，来减少组织中的收入不平等。第三，关注生活工资和可接受的最高收入水平之间的部分，减少该收入范围内的不平等。文献中讨论的其他方法集中在底部和顶部部分之间的比率，例如，最低20%和最高20%或最低99%和最高1%。

在这些不同的方式中，我们建议选择较低端的生活工资和较高端的"可接受的"最高收入作为基准，这可以被称为"一个体面、可争论和可行的主张"，这可以得到有力论据的支持。如果以整个收入分配为基础并用基尼系数来衡量其不平等程度，就很难说应该达到某个值（例如0.3）。将底部与顶部之间的比率降低到某个数字也不会是更容易的，例如，声称格雷格·沃森的薪酬方案不应超过沃尔格林员工薪资中位数的50倍（而不是582倍）。

此外，似乎很难提供一个理由，以相对或绝对的方式将生活工资和"可接受的"最高收入之间的收入范围缩小到一定数额。这一范围在很大程度上取决于劳动力市场上的供求关系（反过来又受经济和社会环境的影响）。如果收入的分散反映了工人获得的技能的分配，那么收入不平等的减少将不尊重应有的收入分散。

此外，专注于最低工资而不是生活工资可能是减少公司收入不平等的第一步。但这是不够的，而且可能会产生误导。最低工资通常是由立法机构制定的，在一个非常低的水平，而且落后于时代，不一定能充分满足工人的需求。它是政治讨价还价的结果，往往缺乏经济和伦理方面的推理。既然它的实际优势在于支持最低生活工资，那么，人们或许更应该支持最低生活工资。

现在让我们转向我们的"体面、可争论和可行的主张"，即最低生活工资在低端，"可接受的"最高收入在高端。在这两个基准中，我们将考察重要的伦理和经济方面的重要因素。

公司有责任支付最低生活工资

作为第一个近似值，生活工资可以被定义为"一个全职雇员需要支付基本生活必需品或超过贫困门槛的钱。它所依据的原则是，全职工作的人应该赚到足够的钱来支持他们的家庭"（Collins, 2018）。最低生活工资是一个古老的要求，到目前为止引起了很大的争议。

有争议的问题分为三类。第一类问题涉及一个全职工人可以有什么样的要求来获得生活工资。在 1948 年的《世界人权宣言》中可以找到一个明确的答案，该宣言第 23 条第 3 款规定"每个工作的人有权享受公正和合适的报酬，保证使他本人和家属有一个符合人的尊严的生活条件，必要时并辅以其他方式的社会保障"。第二类问题与这一权利要求的对象有关。是由雇主负责支付最低生活工资，还是由政府（地方、区域或国家）承担这一责任，或者是私人和公共部门共同承担这一义务？如果是这样，以何种方式？第三类问题涉及主张的实质内容：生活工资应如何概念化和衡量？它应该与哪个单位有关：家族、家庭还是个人？

简短的历史回顾表明,生活工资随着工业革命而成为一个"社会问题",尽管称谓不同。亚当·斯密主张"自由工资",即高于单个工人最低工资(Smith, 1976: 98-99; Stabile, 1997)。100多年后,教皇利奥十三世(Pope Leo XIII)于1891年发布了《新罗马通谕:论资本和劳动》(Rerum Novarum: On Capital and Labor),其中他谈到了公平工资的问题(Leo, 1891: No. 43-46)。几年后,出现了两本有影响力的出版物,它们全面论述了一个国家的最低生活工资和企业的责任:西德尼(Sidney)和比阿特丽斯·韦伯(Beatrice Webb)的《工业民主》(*Industrial Democracy*, 1897),该书提出了英国的最低生活工资理论,并从经济角度为其辩护;以及约翰·A. 莱恩(John A. Ryan)在美国发表的《最低生活工资:它的伦理和经济方面》(*A Living Wage: Its Ethical and Economic Aspect*, 1912)。20世纪以来,关于最低生活工资的讨论从坚持"劳动力市场的供求经济规律"到美国社会关于最低生活工资的社会运动,以及《联合国工商业与人权指导原则》的推动,经历了多次的转折。唐纳德·斯塔比勒(Donald Stabile)2008年研究了从柏拉图和亚里士多德到亚当·斯密(Adam Smith)的经济思想的起起落落的丰富历史,阿瑟·奥康(Arthur Okun)和阿玛蒂亚·森(Amartya Sen)。杰罗德·沃尔特曼(Jerold Waltman)2004年更新和扩展了莱恩的工作。安德烈·维尔纳(Andrea Werner)和林明(Ming Lim)2016年提出了一个关于生活工资伦理问题的精湛回顾和研究议程,并参考了有关商业伦理学期刊中关于生活工资问题的一些文章(McMahon, 1985; Arnold & Bowie, 2003, 2007; Zwolinski, 2007; Karnes, 2009; Preiss, 2014)。此外,关于工商业和人权的文献近年来也大大增多了(参见第二部分)。

我们现在试图从伦理和经济的角度出发,要求公司应该至少向所有员工支付生活工资。根据劳动力市场的供求关系的决定性经济规律,我们假设(作为一个经验事实),在自由企业制度下,企业组织及其领导人确实有一定的自由空间和权力来决定其雇员的低工资。因此,他们对这些决定负有伦理责任——回顾一下这个原则:权力越大,责任越大。

企业对生活工资承担负责的伦理案例可以以上述《世界人权宣言》第

23 条第 3 款所载的人权为基础："每个工作的人有权享受公正和合适的报酬，保证使他本人和家属有一个符合人的尊严的生活条件……"尽管 1948 年的这一宣言没有直接呼吁企业尊重人权，但它已与 2011 年通过的《联合国工商业与人权指导原则》一起直接适用于企业。这些原则指出，公司应对其对人权的直接不利影响负责。

尊重人权的责任要求工商企业：

（a）避免通过其自身活动造成或加剧负面人权影响，并消除已经产生的影响。

（b）努力预防或缓解经由其商业关系与其业务、产品或服务直接相关的负面人权影响，即使并非它们造成了此类影响。（UN，2011：#13）

因此，由于公司的薪酬政策对每个员工都有直接的影响，企业在伦理上有责任支付公正和合适的薪酬，以确保每个员工及其家庭有一个享有人类尊严的生活。此外，凭借道德想象力和企业家精神，大多数公司也有能力兑现这一权利，即使不是立即兑现，也是在长期内兑现。创新应该有助于在不减少数量的情况下提高工作的质量——这是一个"创造财富"的明显机会（这意味着创造新的和更好的东西；见第九章）。简而言之，企业责任是一种自我承诺，源于支付最低生活工资这一具体挑战中的自由（参见第十五章对责任的定义）。

这种获得最低生活工资的权利是基于雇员的人格尊严和他们作为公民而不仅仅是生产力而获得体面生活的权利。个人尊严意味着能够过上体面的生活，不仅为雇员本人，而且为她有一个或几个孩子的家人提供生存和体面的手段，直到他们长大成人。最低生活工资是相对于雇员所在社区的社会经济标准而言的，并且必然在时间和空间上有所变化。尽管确定精确的生活工资并不容易，但在一定的不精确范围内可以做到（例如，2018 年的爱丽丝报告[3]）。此外，如果认真对待最低生活工资的伦理和经济原因，就必须这样做。

作为对伦理论点的补充，可以提出微观和宏观经济方面的强有力的经济理由，来支持企业支付最低生活工资的责任（与中观层面有关）。有些考虑可以追溯到亚当·斯密，而有些则是在那之后发展起来的。根据斯密的观点，如果雇员被认为是有价值的合作者并得到报酬，他们中的大多数人就会有更大的工作动力，变得更有生产力，这个观点得到许多后来的学者的支持。雇主可以支付"效率工资"并从中受益，这种工资被设定在高于市场结算率的水平，以鼓励工人提高生产力（意味着劳动力市场的价格体系在这种情况下可能不起作用）。如果他们的基本能力得到增强（Sen，1999），公司可能会以各种方式受益：通过增强员工对企业使命的认同，提高自尊、健康和技能，更积极的行为和合作意愿，以及其他优势。具有前瞻性的公司明白它们在面对全球化和技术变革时所起到的教育作用。

延续唐纳德·斯塔比勒（Donald Stabile，2008）的经济思想史，有三组与微观和宏观经济有关的最低生活工资的论点：可持续性、能力和外部性。可持续性要求劳动力不应该被耗尽，而是应该被更新和加强。寄生贸易和企业不支付生活工资，它们从自然界、人类和社会索取的比回报的更多，因此是不可持续的。

能力论认为，雇员不仅是生产力，而且是人，因此支持上文提到的"效率工资"的论点。工资应该使他们能够提高其作为组织和社会成员的能力。就工资与雇员的生产力正相关的程度而言，员工通过更高的生产率为自己创造更高的工资（Akerlof & Yellen，1988）。

外部性论点声称，不支付最低生活工资会导致净负外部性，这意味着它伤害了不参与工资供求的第三方。有人可能会说，收入低于最低生活工资的人无法得到体面生存所需的资源。如果这种资源的缺乏不伤害挣钱者本人，则必须从其他人（如家庭成员）和机构（如政府或慈善机构）获得支持，并可以采取私人和/或公共产品的形式。在任何情况下，通常不是由雇主承担这些费用。

反对所有这些支持最低生活工资的论点，人们可能会说，这个主张虽然讲得很体面，论据充分，但并不可行。把非常低的工资提高到生活工资的水平，对公司来说成本太高，原因有三：来自劳动力市场的竞争压力、低收入者的生产力不足，以及把收入分配给更重要的公司开支。如果它们被法律强迫这样做，它们可能不得不裁员，然后交由政府或慈善组织支持。为了应对这些困难，应该注意以下几个方面的考虑。（1）许多公司确实有足够的自由空间来支付这种加薪。[4]（2）在使用道德想象力时，这种加薪的支出与企业的资产负债表相比通常并不大（Ciulla, 2015）。（3）如果加薪对公司来说是一个沉重的负担，它可以错开，在一个较长的时间内推出。（4）为了支付这次加薪的费用，可以在公司内部进行工资的再分配；也就是说，通过将最高工资降低到"伦理上可接受的"水平（见下文）。

最后，我们关于企业支付最低生活工资的责任的讨论集中在发达国家。不言而喻，最低生活工资的挑战不仅限于这些国家。随着全球化和经济与社会的相互联系日益紧密，争取生活工资也成为全球经济特别是全球供应链中的一个紧迫问题（见第二十章）。因此，对国际商务中生活工资的研究还有很多工作要做。

企业对伦理上可接受的最高收入的责任

在将生活工资作为商业组织收入分配的最低标准之后，我们现在转向一个更困难的问题，即确定和证明组织中最高收入（这里指的是首席执行官的薪酬）的伦理上可接受的上限。如果我们的主张是为了减少组织中的收入不平等，那么这一步是必要的。如果不设置上限，即使有一个固定的下限，不平等也有可能增加。因为即使有了既定的生活工资水平，高层收入也可能继续增长。

正如兰德尔·托马斯（Randall Thomas）和詹妮弗·希尔（Jennifer Hill）所指出的，由于最近的企业丑闻和危机，包括全球金融危机，高管薪酬已被再次推向中心舞台和监管议程上（Thomas & Hill, 2012：1）。此外，阿特金森（Atkinson）观察到，"超高工资的激增发生在一些发达国家，而不是其他国家。这表明，国家之间的制度差异，而不是技术变革等一般的和先天的普遍原因发挥了核心作用"（Atkinson，2015：315）。

托马斯和希尔（Thomas & Hill，2012）提供了一段高管薪酬的历史和解释。本章重点讨论高管薪酬如何以及在多大程度上不应该超过伦理上可接受的上限的问题。

在下文中，我们集中介绍美国首席执行官薪酬的具体数额［包括基本工资、奖金、股票期权和其他薪酬（Kolb，2012；Pozen & Kothari，2017）］：

> 2014年，所有公司（基于标准普尔500指数）首席执行官的平均薪酬为每年1380万美元，工人的平均薪酬中位数约为7.78万美元，首席执行官薪酬与工人薪酬中位数的平均比率为204。换句话说，平均而言，首席执行官的收入是其中位数工人收入的204倍左右。（Chamberlain，2015）

2014年探索通信公司（Discovery Comm.）的首席执行官大卫·扎斯拉夫（David Zaslav）以年收入156077914美元排名第一（员工工资中位数为80000美元；比率为1951）。相比之下，例如，好市多批发公司（Costco Wholesale）的首席执行官克雷格·耶利内克（W. Craig Jelinek）的年收入是560万美元（员工薪酬中位数为30555美元；比率为184），许多中小型公司的首席执行官的年收入不到100万美元。

有几个伦理和经济方面的论点强烈支持大幅削减高管薪酬，同时也留下了一个问题，即这种削减的绝对值和相对值应该是多少（Moriarty，2005，2009）。

第一个伦理方面的考虑涉及对商业组织的理解。如果把它设想为一个人的共同体（见第十六章），人与人之间存在着直接或间接的关系。团结和相互尊重的期望出现了，如果得到满足，就会成为合作和"同舟共济"态度的强大动力。如果组织本质上被理解为一种财产、一个生产功能或一系列契约的联结，那么情况就不是这样了。

鉴于收入差距非常大，公平感促使人们去问，公司的各个利益相关者，特别是员工和股东，应该如何按照他们各自对公司业绩的贡献比例得到相应的回报（Ghoshal，2005）。对人的尊严的尊重也要求每个员工的工资至少能维持生活。显然，在雇员和股东的收入有限的情况下，无限制的高管薪酬在伦理上是不可接受的。

因此，我们可能会问，有什么理由可以对高管薪酬进行限制，谁有权施加这种限制。文献中的标准论点是权力的行使、市场的力量和基于绩效的薪酬表现。根据托马斯和希尔的研究：

> 管理权力论者认为，美国的首席执行官主导着由他们忠诚的下属和基本被动的局外人组成的友好董事会。这些唯唯诺诺的董事和他们的高薪、顺从的薪酬顾问将……很少尝试以有力地保护股东利益的方式来谈判首席执行官的薪酬。相反，他们更倾向于依靠行业内的薪酬水平调查，而这种调查的后果是不断提高高管的薪酬水平。（Thomas & Hill，2012：1）

换句话说，美国的首席执行官权力太大了，他们的薪酬只能由他们自己来限制。第二个学派主张运用责任最优契约理论来解释高管薪酬及其限制：

> 高管薪酬合同的设计是为了在扣除合同成本和交易成本后使股东价值最大化。因此……高管合同使代理成本和委托人与代理人之间的任何剩余利益分歧的成本最小化。合同反映了美国的基本公司治理体系，虽然不完善，但考虑到信息成本、交易成本以及现有的法律和监管体系的存在，这个体系实际上可能是非常好的。（Thomas & Hill，2012：1-2）

这种观点认为，对高管薪酬的限制是基于考虑了信息和交易成本的代理理论以及法律和监管框架。只要代理理论在理论上是合理的，成本被准确地核算，框架反映了公民的偏好，那么高管薪酬无论定在什么水平上都是可以解释的。

第三种观点认为，高管薪酬是以企业业绩为基础的。如果前一年的业绩增长了，高管就应该得到相应更高的薪酬，如果业绩下降了，就应该相应降低薪酬。通常情况下，薪酬方案被赋予了股票期权或其他形式的股权补偿。然而，将这些形式的报酬与企业价值联系起来，证明了股票期权几乎没有下跌风险，可以使高管们利用他们相对于股东的信息优势。

这三组论点可以在一定程度上解释美国高管薪酬的现状，因此有助于设计有效的措施来限制过度薪酬。然而，它们也有严重的理论缺陷，而且往往没有得到实证研究的验证（Tsui et al., 2018）。权力论可以（部分）解释高管薪酬的现状；但不能从规范的角度来证明它的合理性。人们还可以假设，当首席执行官可以自由决定他们目前的高额薪酬时，他们有减少薪酬的自由。如果高管、董事会、股东或其他利益相关者不能或不愿意遏制高薪事件的爆发，那么政府就应该介入并设定限制。代理理论在全球金融危机中被证明是有缺陷的，甚至是危险的（Bower & Paine, 2017），不能证明现状的合理性。至于绩效工资，它并不是基于高管在理论中和实践中的良好业绩，而且，如果提出，它应该在业绩上升和下降的情况下都得到一致的应用。然而，研究表明，首席执行官的薪酬和公司业绩之间没有相关性（Bebchuk & Fried, 2006；Martin, 2011；Marshall & Lee, 2016）。即使在1980年至2010年，高管薪酬增长了4倍，而企业盈利却略有下降（Martin, 2011）。

总之，我们主张大幅削减美国的高管薪酬。这一主张是基于一个不可否认的事实，即高管在决策方面确实有一个相对较大的自由空间。他们可以使用它，并且对他们的行为负有伦理责任。维持现状的论据很难让人信服，而伦理上的考虑则强烈支持这种削减。从这些削减中获得的收益可以用于公司内部的收入再分配、研究创新、员工的教育计划，以及其他提高生产力和积极性的政策。这些措施和其他措施非但不会对组织造成伤害，反而对提高组织的生产力相当有效。

在主张大幅削减高管薪酬之后，我们仍然面临着这样一个问题：这种削减的绝对值和相对值应该是多少。不幸的是，鉴于目前的文献状况，这个问题仍未得到解答——我也没有给出答案——即使我们不寻求一个确切的数额，而只接受一定的薪酬范围作为高管薪酬的上限（例如，500万—700万美元）。尽管如此，几项建议可能有助于实现实际的解决方案（Atkinson，2015：133-154，179-204）：（1）加强和扩大企业组织最高收入的透明度（Dodd-Frank Act）；（2）在高管薪酬问题上，让股东有发言权；（3）在公司中建立自愿的薪酬守则；（4）在公共部门实行薪酬限制；（5）促进关于收入分配的"全国性对话"，讨论收入分配、经济增长带来的收益分配，以及中层和底层人士被抛在后面的程度。

在考虑了企业在商业组织范围内对最低生活工资和高管薪酬的责任后，我们现在要问，在最低生活工资和高管薪酬的挑战方面，企业应该对整个社会做出什么贡献。

减少社会收入不平等的企业责任

正如导言中提到的，到目前为止，关于组织中的收入不平等如何实际影响和应该影响国家内部和世界范围内的收入不平等这一重要问题的文献很少。然而，我们可以有充分的理由假定，这种关系是存在的。劳动收入是社会收入不平等的主要原因（Atkinson，2015；Stiglitz，2015），2011年至2014年，23个经合组织国家收入不平等的基尼系数与这23个国家每年的首席执行官薪酬与平均薪酬的比率之间存在着强烈的相关性（Tsui et al.，2016）。[5]

随着我们对这一关系的规范伦理维度的关注，我们现在要问的是，为了减少整个社会的收入不平等，应该如何定义企业的责任。简而言之，答案有两方面。第一，企业组织的伦理责任在于树立一个良好的榜样，在其自身范围内减少上述的收入不平等。第二，企业责任不仅仅是"管好自己的家"，它需要企业在社会中以负责的"企业公民"的身份行事。虽然财富、福祉和公共产品与不良产品对于充分评估收入者的经济状况很重要，但在这里，我们的视角仅局限于收入不平等。

树立一个可信的榜样，支持社会减少收入不平等的举措

在对他人提出伦理要求之前，人们必须先问自己，自己要承担什么责任。同样地，一个商业组织的伦理责任首先是对组织本身的挑战，它希望以积极主动的方式行事，而不考虑其竞争环境。如上所述，企业对减少收入不平等的责任要求支付至少能糊口的生活工资，并建立伦理上可接受的最高收入。通过遵守这些标准，企业不仅在自己的组织内，而且在社会上为减少收入不平等做出了重要贡献。此外，它为其他企业树立了一个可信的榜样，证明了这种政策是可行的。

在充分认识到这一贡献的同时，企业责任由于几个原因要求更多。为了在国内和国际上实施这些标准，个别企业的开创性行为——即使它们数量众多——也是不够的。我们需要的是一个公平的竞争环境，以防止优秀的企业受到惩罚，并鼓励它们保持减少收入不平等的计划。由于生活工资在空间和时间上有所不同，必须根据相关情况以科学的方式确定。更困难的是确定伦理上可接受的最高收入上限，这需要社会达成某种共识，而这是公司无法控制的。更为明显的是，如果从财富、福祉和公共产品与不良产品等更广泛的背景来看，公司所能做出的贡献是有限的。

然而，尽管存在经济、社会、法律和其他方面的限制，自由企业制度体系中的公司确实有一些自由空间，可以在利润的基础之外为社会做出贡献。但它们必须利用它们的自由，而且它们不应该满足于消极的态度和行为。

这些贡献应有助于在国内和国际上建立"一项体面的、有争议的和可行的政策"，其主要目标有两个：确保生活工资和建立伦理上可接受的最高收入。鉴于过去30多年来收入不平等的发展，如果假设在没有强有力的立法的社会中可以实现这两个目标，那将是天真的。同时设置收入分配的下限和上限，已经面临并将面临来自社会各界的强烈反对。因此，阿特金森（Atkinson，2015：153f.）关于收入分配的"全国性对话"是必要的，这当然是正确的。所有的社会团体都应该被包括在内：商业和经济领域的组织、政治和市民社

会的组织。因此，企业组织也必须发挥不可缺少的建设性作用。

然而，这场对话绝不能动摇和消退。这事关重大。它需要为达成共识、法律承诺和明确的方向而进行不懈的斗争。本章阐述的两条道德准则指出了必须得到公司支持的适当立法。首先，制定一项法律，保证私人和公共组织的所有雇员的生活工资；其次，制定一项强有力的累进所得税，阻止企业向高层管理人员支付超过道德上可接受的上限的收入。

在通往这种立法的漫长道路上，同时可以采取许多举措，其中一些在上面提到过：不阻碍许多城市和国家提高最低工资的努力；支持乐施会在全球供应链中的生活工资的倡议；提高商业组织最高收入的透明度；让股东在高管薪酬方面有发言权；在企业建立自愿薪酬守则；在公共部门采取薪酬限制措施。

结论

无论在国内还是国际上，我们都面临着对社会收入不平等日益加剧的紧迫问题，这种问题有时表现为无助和愤怒的激烈表达，有时则是对严厉法律的呼吁。不幸的是，收入不平等是一个极其复杂的问题，不能用一些简单的措施来解决，也不可能通过包括商业组织在内的许多社会行动者的参与来解决。

正如本章所论述的，通过发放生活工资和大幅降低最高收入，可以减少公司内部的收入不平等，这得到了强有力的经济和伦理论据的支持。此外，作为"良好的企业公民"，公司可以支持立法，规定最低生活工资和伦理上可接受的高管薪酬上限。因为这样的立法还有很长的路要走，我们仍然可以毫不犹豫地采取许多主动行为，广泛的研究机会正在增加。

注释

1. 组织理论很少直接关注组织内部的收入分配问题，尽管它们广泛地处理了公平问题。

关于"组织公正"(作为组织理论的一部分)的文献涉及公司内部的公平观念,这些观念决定了员工的态度和行为(Greenberg, 1987)。然而,它既没有明确涉及基本的经验性薪酬差异,也没有涉及规范—伦理意义上的社会正义。

2. 因此,本章也有助于澄清可持续发展目标第10项:减少不平等。

3. 最近一项旨在改善美国弱势低收入家庭生活的倡议是联合之路爱丽丝(ALICE)项目。ALICE 是指 Asset Limited (资产有限)、Income Constrained (收入受限)、Employed (有工作的人)的缩写,是对那些努力工作、收入高于联邦贫困线,但不足以负担住房、儿童保育、食品、交通和医疗保健等基本家庭预算的人。根据2018年爱丽丝报告,2016年,印第安纳州圣约瑟夫县(人口:269141 人)的生存家庭预算,单身成年人为19716美元,家庭(一个婴儿和一个学前儿童)为54564美元,而美国的贫困线分别为12140美元和25100美元。在97071个家庭中,有16%低于贫困率,加上27%低于生存预算,所有家庭中只有57%的家庭有生存预算或更多。

4. 有两个例子可以说明企业在制定薪酬政策和薪酬实践方面的自由裁量权。在2010年爆发了14起工人自杀的丑闻后,富士康将工人的工资提高了一倍(Forbes, 2012;Guo et al., 2012)。沃尔玛和好市多在同一行业经营。尽管它们迎合不同的细分市场,但它们的员工所做的工作基本上是一样的,都是在货架上进货或给顾客结账。沃尔玛使用了许多没有福利的兼职员工;好市多雇用的大多数是全职员工,并提供全面的福利(Tsui et al., 2018)。此外,沃尔玛和好市多的最低工资存在显著差异,即使在沃尔玛的最低工资提高到11.00美元(2018年1月)和好市多的最低工资提高到14.00美元(2018年6月)之后(Nassauer, 2018)。

5. 这种强烈的相关性表明,企业和行业之间的收入不平等可能不会对整个社会的整体收入不平等产生重大影响。

第二十章
一个典型的案例：大学如何在其供应链中促进企业责任？
——圣母大学的经验

引言：设置前提

大学[1]不仅是高等教育机构，也是强大的经济行为体，作为数百或数千名雇员的雇主，是数百万美元学费的收取者，是建筑、设备和养老金计划的投资者，是多种体育项目的组织者，更重要的是，他们是供自己使用和出售给客户的产品和服务的购买者。一类特殊的产品是衣服、运动服、纪念品和许多其他在很显眼的地方带有大学商标的商品。商标不仅表明大学的名称，而且是一所大学的品牌和声誉的象征。顾客以自豪的心情购买和使用这些授权产品时，常常感到自己是该机构"家庭"中的宝贵成员。根据该机构的规模和公众认可度，以及其最著名的运动队的成功战绩，商标授权产品的年零售总额可以达到 6000 多万美元。

当消费者得知这些授权产品实际上是在什么条件下生产的，他们能有多大的自豪感？大学有什么责任确保这些商品是在公平和人道的条件下生产的，而不是在血汗工厂生产的？本章探讨了带有大学商标的授权产品的供应链，认为这些机构在供应链中有促进企业责任的伦理义务，并提出实现这种促进的方法。为了说明负责任的政策的发展，本章说明了圣母大学的经验，并讨论了大学在处理这类供应链问题时的挑战和机遇。

自从商业组织开始依赖他人的资源以来，供应链中的企业责任问题一直是个问题。一个商业组织应该对其供应商的决定和行动负责吗？自20世纪90年代以来，通过日益增长的全球化，世界变得更加紧密相连（Enderle, 2005；Radin, 2018），这导致供应链延伸到全球各地。复杂性的增加使得供应链管理对企业来说极具挑战性（Quinn, 2017；Kryder, 2018）。

因此，跨国企业被批评在其供应链中存在多种不负责任的行为，从使用童工和强迫劳动到污染水和空气，也就不足为奇了。人们可能还记得20世纪90年代初耐克的丑闻，当时这家体育用品公司从印度尼西亚等国家的血汗工厂购买产品（Locke, 2002），或者2013年孟加拉国拉纳广场工厂大楼倒塌，造成1100多名工人死亡的事件（Labowitz & Baumann-Pauly, 2014）。

早期，全球化进程的加强受到了许多商界人士、经济学家、政策制定者和媒体大师的称赞。但是，也有人对全球化的弊端提出批评，指出了劳动力市场的破坏、对人权的侵犯、环境恶化，以及缺乏公平和强大的全球机构、全球公司不顾一切的权力游戏等问题。至于北美，加拿大、墨西哥和美国之间关于贸易协定的谈判产生了北美自由贸易协定（NAFTA），该协定于1994年生效。应克林顿总统的要求，该协定包括关于劳工合作（NAALC）和环境合作（NAAEC）等附带协议。尽管这些附带协议没有得到强有力的执行政策的跟进，但它们至少表明，立法者意识到全球化带来的两个敏感领域。

1996年，在美国劳工部的倡议下，对劳工和环境挑战的认识也导致了时尚产业论坛的出现，有300名服装公司代表参加（Schein, 2018）。该活动旨在提高人们对从事服装制造的劳工和侵犯人权行为的认识。因此，服装行业合作组织（AIP）成立了，该组织由工会和消费者权益倡导组织、人权和宗教团体的代表组成，其目标是改善服装行业的条件，消除在任何地区对成人和儿童的虐待。1999年，服装行业合作组织成立了公平劳动协会（FLA），作为第501（c）（3）条规定的非营利组织，以招募更多的公司成为其会员，监督其遵守情况，并宣传其遵守行为准则（http://www.fairlabor.org）。

另一个监测供应链中劳工权利的倡议是工人权利联盟（WRC），由北美的大学行政人员、学生和国际劳工权利专家于2000年4月成立（Roy,

2018b)。它对世界各地工厂的工作条件进行调查，目的是保护生产带有大学名称和标志的服装与产品的工人的权利。这个独立的非营利组织开始时得到了 44 所大学的支持，到 2020 年已获得美国和加拿大的 157 所高等教育附属机构的支持（http://www.workersrights.org）。

为了把这些倡议放到全球范围内，值得一提的是，2000 年联合国启动了《联合国全球契约》，让世界各地的公司将战略和运作与人权、劳工、环境和（自 2004 年以来）反腐败的普遍原则相结合，并采取行动推进社会目标（http://www.unglobalcompact.org）。它成为世界上最大的企业可持续发展倡议，随后又有其他一些联合国倡议，如 2006 年的《联合国负责任投资原则》（http://www.unpri.org）和 2007 年的《联合国负责任管理教育原则》（http://www.unprme.org）。2011 年联合国人权理事会一致通过的《联合国工商业与人权指导原则》（已在第十五章讨论），对我们讨论供应链中的企业责任问题具有特别重要的意义。

圣母大学的经验：寻找正确的政策

下面的案例研究介绍了圣母大学在寻找有关圣母大学特许产品供应链的正确政策方面的经验。这里的描述在很大程度上是基于圣母大学工人参与委员会 2015 年和 2018 年的两份报告（WPC，2015，2018）。它反映了作者的个人观点，因为他在过去五年中参与了工人参与委员会的案例检索工作，了解了大量关于供应链的复杂性和伦理挑战。

热情的开始和失败的结果

如上一节所述，由于全球化进程加快，20 世纪 90 年代，人们对供应链中的伦理问题的认识不断提高，并产生了解决这些问题的多种倡议。圣母大学积极投身这个运动。正如《2015 年结社自由政策回顾》自豪地指出的那样，"圣母大学一直站在努力改善生产圣母大学特许产品的外国工厂的工资待遇和工作条件的最前沿。1997年，圣母大学成为第一所为特许经营者采用劳工行为准则的大学。它是公平劳动协会的创始成员，也是工人权利联盟的成员"（WPC，2015：5）。

作为一所天主教大学，圣母大学希望践行天主教社会教义，自教皇利奥十三世1891年的通谕《新约》（Leo XIII，1891）发布以来，圣母大学对多年来出现的"社会问题"采取了立场，并为解决这些问题提供了指导。因此，在1999年，爱德华·马洛伊（Edward A. Malloy）校长任命了一个反血汗工厂倡议的特别工作组。工作组在报告中指出，"天主教社会教义……早已承认世界各地的工人有权组织工会并与雇主进行集体谈判"，并提出了"最有效和高效的表达这些承诺方式"的结社自由政策（FOA）。该政策包括三项建议：

1. 带有大学名称或其他商标的产品，只能由享有自由结社、组织工会和与雇主就工资、工时、工作条件或其他就业条款和条件进行集体谈判的合法权利的工人才能生产。
2. 有限的公开披露制度，这将要求向大学及其指定的监督者披露工厂地点。
3. 建立一个区域性的试点监测项目。（WPC，2015：5）

圣母大学于2001年采用了结社自由政策。该政策明确强调结社自由和集体谈判的合法权利，规定圣母大学特许产品不能在没有这些权利的国家生产。换句话说，选择工厂的决定性标准是工厂所在国的这些法律，而不是个别工厂的做法。然而，在现实中，这些做法可能不符合甚至可能完全违反这些国家的法律，而在没有类似权利保护法律的国家，工厂的做法可能在工人参与和集体谈判方面要好得多。因此，基于这一国家标准，结社自由政策排除了一些国家（阿富汗、赤道几内亚、伊朗、老挝、阿曼、卡塔尔、沙特阿拉伯、索马里、土库曼斯坦和阿拉伯联合酋长国等）的工厂。毫不奇怪，在后来关于世界生产力大会修订结社自由政策的讨论中，这种排斥成为一个关键点，并被一些委员会成员认为是一种歧视而被拒绝。

结社自由政策被宣布为对天主教社会教义的强有力的承诺。圣母大学坚信自己的先驱者作用，希望其他大学也能效仿并采取类似政策。然而，没有一个大学这样做。此外，正如工作组自己所承认的，"被许可方的游说[将]不太可能对庞大和强大的政府的政策产生很大的影响"（WPC，2015：6）。不幸的是，结社自由政策产生了微弱的结果，而且没有一个常设委员会的监督。目前不清楚在生产圣母大学特许产品的工厂里，工人的结社自由是否得到尊重，以及如何得到尊重（只能找到一个具体的评估案例）。而且，在圣母大学不允许生产特许产品的国家，工人权利没有受到任何积极影响。

尽管结果发人深省，圣母大学仍然保留了其在公平劳动协会和工人权利联盟的成员资格。2013年，执行副校长约翰·F. 阿弗莱克·格雷夫（John F. Affleck-Graves）接到公平劳动协会的请求，要求审查圣母大学的结社自由政策。这是对圣母大学关于其特许产品供应链政策进行新的探索的起点。

与维泰（Verité）合作的工人参与试点项目

2013年，结社自由政策的状况并不令人满意有如下几个原因。第一，经过12年的时间，政策的影响很难评估，因此很难说该政策已经实现了其预定的目标。第二，圣母大学未能与其他大学建立联盟，以促进工人的自由结社和集体谈判的权利。第三，圣母大学对中国的态度似乎有些不一致：尽管结社自由政策禁止在中国制造圣母大学的特许产品，但近年来圣母大学在多个层面扩大了与中国的关系，包括访问中国的圣母大学本科生和研究生人数、来圣母大学学习的中国学生人数、在北京开设大学办公室、由捐赠基金持有的投资和大学每年从中国购买的许多非特许产品（WPC，2015：6）。第四，为了更准确地掌握工人参与工厂决策的国家有或没有结社自由政策和集体谈判（CB）的国家立法，似乎需要一个新的工人参与概念，以便在世界各地的工厂进行实证研究。第五，大学对天主教社会教义的承诺本身不能满足结社自由政策的情况。

基于上述原因，约翰·阿弗莱克·格雷夫于2013年邀请一个委员会审查现行政策，并确定是否应建议对该政策进行任何修改，特别是关于中国的生产政策。在他的领导下，工人参与委员会包括2名（后来是5名）学生代表、4名教授、2名许可部人员和8名（后来是10名）大学行政人员。

委员会考虑了两种解决政策问题的方法：以工厂为中心的方法和以国家为中心的方法，并建议大学在中国开展试点项目，以确定工人的权利是否得到改善，工厂是否达到并能维持可接受的绩效标准。通过针对工厂层面的工人权利，将重点放在工人参与上，工人参与被定义为工厂管理层积极让员工/工人参与企业管理和决策的过程。除了评估中国的工厂外，这一关注还允许对世界各地的工厂进行比较，而不受关于结社自由和集体谈判的国家立法的影响。

由于评估工人在工厂的参与度需要大量的专业知识，大学考虑了几个专业组织，并最终聘请了维泰（Verité）——一个全球性的、独立的、非营利的组织。这个非政府组织在全球范围内提供咨询、培训、研究和评估服务，总部设在马萨诸塞州的阿默斯特（Amherst），并在上海设有办事处。自1995年成立以来，它已与数百个跨国品牌、供应商和国际机构合作，以改善工作条件和社会及环境表现（http://www.verite.org）。

第一步，委员会选择了6家中国工厂，由圣母大学的5家特许经营公司提名，以便更好地了解中国工人参与的状况。这些工厂包括2家生产头饰的工厂、3家生产服装的工厂，以及1家生产各种非服装产品（例如，后挡板帐篷、椅子和软边冷却器）的工厂。它们的规模从80人到超过3000人不等。

委员会与维泰合作开发了一个稳定而详细的评估工具，其中包括71个标准（用英文和中文制定），并根据这些标准对所有工厂进行衡量，并就可接受的表现达成一致标准。该工具的重点是关注工人的参与以及生产线工人和管理层体验这些权利和保护的方式，从而针对三个基本方面：沟通、协商和参与决策（下文将具体说明）。

随后，维泰对6家工厂进行了一次在线管理自我评估，然后对每一家工厂进行了现场评估，包括与管理人员和工人进行个别访谈。结果，维泰确定

2家工厂达到了委员会的标准；2家工厂需要进一步改进以达到标准；其余2家工厂需要大量的能力建设以达到可接受的水平。此外，7名委员会成员访问了中国6家工厂中的4家，并确认了维泰的评价结果。

在全校范围内就拟议的试点项目进行对话后，大学校长约翰·詹金斯（John I. Jenkins）于2015年9月批准了工人参与委员会的建议。根据在6家中国工厂的经验，该试点项目对80个标准的评估工具进行了改进，继续对中国工厂进行后续评估，并扩展到孟加拉国、萨尔瓦多、危地马拉和印度的8家工厂——这些国家在法律上都有结社自由和集体谈判的权利，大学目前允许在这些国家进行生产。

结果，4家中国工厂中的3家对照其纠正措施显示出了足够的改进，并与前两家立即达到标准的工厂一起开始生产，为期12个月。中国以外的8家工厂是生产服装（4家）、婴幼儿和青少年服装（2家）、头饰（1家）和钱包（1家）的工厂，雇用了42至2100名工人。他们的评估采用了与中国相同的方法，即先进行一系列在线评估，然后由维泰进行工厂访问和深入的现场审核。与中国的调查一样，在收到维泰的评估报告后，工人参与委员会的一个小组委员会对萨尔瓦多和危地马拉的4家工厂进行了现场访问，以评估工厂的工作条件，这证实了工人参与委员会对维泰和评估工具的信心。

基于维泰的工作，工人参与委员会能够比较所有试点工厂的表现。结果显示，位于中国的一些工厂在评估标准方面的表现比位于其他国家的许多工厂要好：3家中国工厂达到79%—85%的标准，3家工厂达到52%—62%的标准，而萨尔瓦多的2家工厂和危地马拉的1家工厂达到61%—77%的标准，其余5家工厂则在20%—47%。

维泰向工人参与委员会提供了关于试点项目的总体结论（WPC，2018：19）：

- 与2014年的评估相比，中国所有工厂的表现都有所改善。
- 几个关键供应商的改进足以做出继续采购的决定，尽管只是在试点基础上。
- 中国以外的工厂的表现各不相同，尽管只审核了一次，但有些工厂并不符合大学为该项目制定的标准（基于存在的几个零容忍问题）。

● 中国的供应商可以在工厂层面实现结社自由和工人参与的持续改善，尽管这需要时间和管理承诺。

扩大评估程序的范围

关于工人参与的试点项目是寻求圣母大学结社自由政策方面的重要一步。但它在两个方面受到限制：它只关注一些核心的工人权利，而没有考虑生产圣母大学特许产品的工厂的更广泛的社会和环境责任；它只评估了14家工厂，而没有涉及获得圣母大学许可产品生产的所有或至少大多数工厂。

考虑到这两个局限性，工人参与委员会寻找了第二个评估伙伴。圣母大学的许可项目目前有189个许可证持有人和561个许可证持有人的签约工厂。它们分布在35个国家，55%在美国境内，45%在海外。15%的工厂由特许经营企业所有，85%是独立拥有或经营的。由于维泰公司没有能力也没有兴趣大幅扩展其工作以覆盖所有的工厂，而且，考虑到对所有工厂进行如此详细的评估的成本问题，工人参与委员会探索了其他能够在更大范围内实施评估程序的方法和供应商。

在与其他大学协商后，工人参与委员会最终选择了苏梅拉（Sumerra），该公司被邀请在2017年春季向工人参与委员会介绍其方法。苏梅拉（"summa terra"的简称，即整个地球）是一个全球性的营利组织，它在全球范围内提供供应链管理、合规管理和咨询服务。它的总部设在俄勒冈州波特兰市，并在香港、班加罗尔和达卡设有办事处。苏梅拉与跨国品牌、组织、特许经营公司和工厂合作，努力改善工作条件，促进其公平对待工人（http://www.sumerra.com）。

正如2017年8月工人参与委员会与苏梅拉的首席执行官杰森·罗伯茨（Jason Roberts）的广泛谈话显示，苏梅拉为圣母大学试点项目的扩展提供了几项至关重要的服务。（1）它有一个多管齐下的评估平台，包括通过预先调查获得许可的企业，以及聘请专业审计机构的单位。（2）预先调查和审计问题评估了广泛的人权和环境问题。（3）大学可以选择使用该平台中最适合其需求的部分。（4）与苏梅拉合作的学校可以获得使用其平台的任何被许可方和工厂的评估结果。因此，圣母大学与其他学校共有的被许可人不需要进行额外的评估。（5）在工人参与委员会与苏梅拉的首次会议上，圣母大学目前46%的特许经营机构已经应另一所学校的要求完成了苏梅拉对特许经营机构的调查。

鉴于工人参与委员会对工人参与的高度重视，工人参与委员会对苏梅拉的评估工具进行了彻底的审查，以确保圣母大学对工人权利的长期关注得到充分考虑，同时其他社会和环境问题也得到解决。

如上所述，维泰修订的工人参与评估工具包含80个标准，有五个合规级别：零容忍、最低、良好、更好和最佳。它区分了两种类型的工人组织：工会和工人代表机构。而这些组织和工人的积极参与可以采取三种形式：

- 工人申诉制度——政策/程序、实施、有效性；
- 工人反馈系统——政策/程序、执行、有效性；
- 工人参与——政策/程序、执行、有效性。

相比之下，苏梅拉的评估工具则侧重于十个广泛的主题上，包括工厂概况、预调查（由被许可人方填写）以及对工厂的半突击审计。评估数据的十个主题包含409条规定：雇佣关系（87条）、不歧视（14条）、童工（8条）、强迫劳动（14条）、骚扰和虐待（18条）、工作时间（23条）、补偿和福利（32条）、结社自由（27条）、健康和安全（94条）以及环境（92条）。审核内容包括：

- 参考资料（主题、定义、观察、文件、访谈）；
- 十个主题的评估数据，并在五个类别中进行评估［绩效，审计绩效、审计发现和违反法律/行为准则，审计师意见（保密），根本原因分析，建议/纠正措施］；

- 访谈（与工人）；
- 记分卡，不符合规定的行为分为五类，即零容忍、严重—高风险立即行动、严重—高风险、重大—中等风险、轻微—低风险；
- 执行摘要。

此外，苏梅拉的评估工具和维泰一样，区分了两种类型的工人组织：工会和合法的工人协会（或工人组织）。

对比维泰和苏梅拉的评估工具，工人参与委员会的标准小组委员会确定，维泰和苏梅拉确定的零容忍和最低标准（关于雇佣关系和结社自由的规定）之间有很大的一致性。这两个工具都包括大量与三个关注领域有关的标准，并以维泰的工具为基础：

- 工厂尊重和兑现工人的结社自由和集体谈判的权利：3 个零容忍（Z），4 个最低限度（M），3 个良好（G）。所有 Z 和 M 都得到满足。
- 工厂禁止任何干涉工会或工人参与机构的行为（这是为工会服务的）：3 个零容忍，6 个最低限度，1 个良好，6 个更好。所有 Z 和 M 都得到满足。
- 申诉制度（保密的内部投诉制度）：8 个最低，6 个良好。所有 M 都得到满足。

苏梅拉的工具中没有包括维泰的两个最低标准：鼓励工人反馈系统和工人参与系统；工厂保存完整的工人申诉、反馈、参与活动和结果的文件。

考虑到这一点，标准小组委员会建议增加这几个缺失的标准，并对苏梅拉的工具进行其他修改。苏梅拉表示非常愿意采纳所有要求的建议，以提供一个增强的评估工具，适用于有或没有结社自由政策和集体谈判法律的国家的所有工厂。

利用《联合国框架》《联合国工商业与人权指导原则》及其解释指南的优势

圣母大学在 2001 年制定结社自由政策，正好是在 2000 年《联合国全球契约》颁布之后。然而，在国际层面上，又花了许多年的时间来确立《联合国框架》(2008)、《联合国工商业与人权指导原则》(2011) 及其解释性指南 (2012)。得益于这些发展，工人参与委员会可以从寻找合适的圣母大学政策中受益，并扩大其方法对象范围，使之更适合与其他志同道合的大学建立联盟。

由于第十五章对《联合国框架》和《联合国工商业与人权指导原则》（UNGP）进行了广泛的讨论，我们在此仅回顾一下关键假设：

（1）国家有"保护"人权和"补救"侵犯人权行为的"义务"；

（2）工商企业有"尊重"人权和"补救"侵犯人权的"责任"；

（3）被视为伦理行动者的企业，承担独立于国家义务的伦理责任；

（4）工商企业对人权的不利影响，以因果关系、促成关系和无促成关系的直接联系为标准；

（5）工商企业的人权尽职调查责任；

（6）所有工商企业都包括在内，所有国际公认的人权都与之相关。

对圣母院在圣母大学特许产品供应链中促进企业责任政策的建议

自 1997 年圣母大学对特许商采用了劳动行为准则以来，在天主教社会教义的启发下，圣母大学经历了许多起伏，致力于寻找一个一致、有效和有说服力的政策。公平地说，这一探索已经取得了显著的进展，尽管它还没有完成。有几个关键因素促成了这一进展：工人参与委员会五年来的持续参与，与维泰和苏梅拉专业组织合作，评估供应链中的工人参与和企业责任，以及《联合国工商业与人权指导原则》的发展及其在全世界的推广。

圣母大学的搜索程序的结果可以总结为以下几点。

（1）最初关注的单一问题，即结社自由，已拓展到对"企业责任"的全面处理——被理解为企业组织（被许可方、工厂）的政策承诺，在被许可方和/或工厂控制下的企业业绩的所有经济、社会和环境方面采取道德行动的政策承诺。

（2）企业责任包括根据《联合国工商业与人权指导原则》，尊重所有人权。

（3）圣母大学致力于履行其受天主教社会教义启发的使命，并在其许可产品的供应链中促进企业责任。

（4）圣母大学的被许可方和工厂有各自的自由空间，应该承担责任，独立于各国政府的职责。这意味着——除其他外——工厂层面的工人待遇优先于国家的结社自由和集体谈判的立法。

（5）与维泰和苏梅拉合作开发的强化评估工具是一个相对全面、有效和可靠的企业责任绩效评估工具。相对可靠是指评估结果至少反映了企业实际绩效的80%。

（6）鉴于供应链的复杂性和不断变化的性质，应该成立一个常设委员会来监督和指导圣母大学政策的进展。

（7）圣母大学应根据《联合国工商业与人权指导原则》，与志同道合的组织建立联盟，促进在供应链中尊重人权的企业责任。

在认识到这些重要成果的同时，可以注意到这个政策存在的一些局限性。第一，对圣母大学特许产品的关注并不包括圣母大学为其运营所购买的所有其他产品和服务。第二，该政策只包括在国外生产的圣母大学特许产品，即45%—55%是在国内生产的。第三，圣母大学特许产品的供应链只达到第一层，即制造最终产品的工厂，但不包括为这些最终产品提供中间产品和原材料的第二层、第三层等。

2018年4月，工人参与委员会起草了最终报告和建议，开展了一次全校范围内的对话，并将文件提交给约翰·詹金斯校长，他于10月批准了该文件，并提出了以下五项建议（WPC，2018：5：21-32）。

（1）应设立一个常设委员会[2]，以监测大学在实现下述目标方面的进展，并考虑设立更多的理想目标，以促进其对工人权利的承诺，以及其他人权和天主教社会教学的价值观，以促进企业责任。

（2）大学应扩大其对被许可方和工厂的审查，包括更广泛的人权问题。应每年对这些评估工具进行审查，以确保它们能按照大学《许可行为守则》的要求，处理广泛的人权问题。

（3）在法律承认结社自由的国家，应要求每个被许可方参与苏梅拉评估过程，以评估其组织当前的企业责任计划和对其签约工厂内生产实践的了解程度。这些工厂将受到常设委员会的持续监督。

（4）在法律不承认结社自由的国家，大学应酌情考虑有限的豁免[3]，只有在工厂成功完成苏梅拉评估和维泰更深入的审计之后，才能在这些国家生产产品。这些工厂也将处于常设委员会的持续监督之下。

（5）大学应培养与其他组织的伙伴关系，促进对工人权利和其他人权的尊重，并促进供应链中的企业责任。

正如圣母大学的经历所显示的那样，这些建议代表了对一项基于扎实和考虑周全的政策的漫长探索过程的成功完成。人们只能希望它能结出多种果实。

对圣母大学经历的反思和超越

正如导言中简要描述的那样，随着20世纪90年代全球化进程的加快，供应链中的伦理挑战大大增加，变得更加复杂和紧迫。同时，这些发展也引发了激烈的公众辩论、广泛而深远的调查以及各种各样的实际举措。与20世纪90年代初相比，今天我们在理解和解决国际供应链中的伦理挑战方面明显处于一个更好的位置——尽管仍然不能令人满意。

回顾圣母大学的经验，我们能从"在供应链中促进企业责任"这一更普遍的概念中学到什么，可能对其他志同道合的大学有什么帮助？又有哪些重要的研究问题尚待仔细研究？

对其他大学的建议

圣母大学 25 年的经验表明,"为什么"、"是什么"和"如何做"在供应链中促进企业责任的问题是相互关联的;但是,它们需要被分别对待,在这个过程中,它们会相互加强。

第一,"为什么"的问题必须从一开始就明确提出,并至少以一种广泛和积极的方式来回答。大学的使命宣言可能会在政策形成和实施的整个过程中提供必要的指导。如果没有这样的指导或指导过于笼统,那么机构需要成立一个特别工作组,以便以一种足够具体的方式确定使命,指导政策的探索。要想取得成功,大学的使命必须明确,并得到大学领导层的全力支持。

第二,在"是什么"的问题上,供应链政策的目标和限制要被清楚地识别和确定,基本上遵循《联合国工商业与人权指导原则》。这种方法包括四个特点。

(1) 政策是关于"企业责任",即企业伦理的(见第十五章)。

(2) 政策以工厂为中心,而不是以国家为中心,这意味着工厂要对其能够控制的事情负责,而不依赖于国家的立法和"国家的义务"。

(3) 政策不只关注一个或几个单一的问题,相反地,它是全面的,基本上涉及工厂业绩的所有经济、社会和环境方面。

(4) 政策要求最低的绩效标准,其中包括《联合国工商业与人权指导原则》规定的所有人权。

政策的第五个特点——联合国的方法没有提到这一点——是其发展目的,即在经济、社会和环境方面使工厂的表现更好。它的重点显然超出了对工厂的控制和监督。虽然这一目的主要涉及工厂,但作为最终产品买家的被许可方和大学也必须参与这一发展任务。

为了更好地理解这项政策,以促进企业在供应链中的责任,应该注意三个限制。它们在这里被假定和承认——就像在圣母大学的经历一样；但是，显然，它们不是永远固定的，是可以被改变的。第一，我们考虑的供应链只包括第一层级，即制造最终产品的工厂，不包括第二层级、第三层级或其他为这些最终产品提供中间产品和原材料的层级。第二，这项政策只适用于国外制造的产品，不包括国内制造的产品。第三，这项政策仅限于大学许可的产品，而不涉及大学为其业务所需而购买的所有其他产品和服务。

有了这些限制，拟议的政策显然是有重点和可行的，不需要完全改变大学的整个供应链政策。尽管如此，这是一个重大的变化，表达了大学对其使命的承诺。它代表了向前迈出的一步，未来可能会有更多的步骤，它创造了一个机会来收集关于供应链中企业责任具体含义的经验。

第三，与"为什么"和"是什么"同样重要的是"如何做"的问题，即在供应链中促进企业责任政策的实施方法。一个有效和高效的实施至少要满足以下五项要求。

（1）在对政策目标达成共识的基础上，学校与被许可方、工厂和专业组织在供应链管理和评估方面进行合作。

（2）为了评估工厂的实际表现，大学依靠高质量的评估工具，这些工具是物质的、一致的和相对全面的。

（3）由大学设立的常设委员会监督政策的进展，做出适当的改变，并与学生、教职员工分享经验。

（4）大学帮助建立一个志同道合的大学联盟，以《联合国工商业与人权指导原则》为基础，使用相同的评估工具。

（5）虽然大学致力于在拟议的框架内进行自我监管，但它也明智地支持和利用来自外部的压力（如消费者倡议、道德投资和法律建议），这有助于促进供应链中的企业责任承担。

研究的机会

为了扩大这些思考，提出几个研究的可能性方案。第一组问题涉及政策建议的经济影响。简单地说，供应链中的"企业责任"是否"有偿"（见第十三章）？在"最低"和"良好"水平上遵守社会和环境标准——例如，最低工资和申诉机制等劳工权利，或大量减少能源和处理空气污染——的成本是什么？还有经济利益吗？有多少？什么是可接受的成本和效益的平衡？或者说，如果工厂没有在"最低"和"良好"水平上遵守这些社会和环境标准的，经济成本效益分析会产生什么结果？

关于"企业责任"的成本和收益在整个供应链中的分配，谁承担成本，谁获得收益？它们如何在工厂（第一层级、第二层级、第三层级和其他层级）、被许可方、最终产品的销售商和消费者之间分配的？什么是"公平"的分配，基于什么标准？

为了研究这些问题，我们可以使用第十五章提出的概念框架——"企业责任"，以及进一步的概念发展。理论探索将从理解买方—供应商关系的新方法中获益，这不是一种委托—代理关系，而是一种将供应商视为买方管家的关系（Assländer et al.，2016）。普利斯（Preiss，2014）和凯茨（Kates，2015）分别提出了很多关于经济分析和全球劳工正义的局限性以及血汗工厂的选择和伦理的局限性的研究观点。文化差异不一定与劳工权利相冲突，而是可以相互支持，这在《儒家伦理与劳工权利》（Confucian Ethics and Labor Rights）一文中得到了证明，它为在不同文化中实施人权开辟了创新的途径。

实证研究可以集中于特定行业（如服装、玩具或电子行业），并比较遵守企业责任标准的供应链与违反企业责任标准的供应链；例如，林希和布伦贝格（Lin-Hi & Blumberg，2017）表明，企业的购买行为对行业自律成为改善中国玩具行业劳动标准的适当手段具有决定性作用；奥卡（Oka，2018）分析了柬埔寨服装行业"品牌倡导"的有效性。此外，如果能找出这两类供应链在不同行动者之间的成本和利益分配模式是否、如何以及为何不同，将是很有意思的。至于管理学中的社会问题的管理，见亚瓦和苏林（Yawar & Seuring，2017）的文献综述。

工人参与委员会讨论的另一个有争议的问题涉及由专门组织开发和使用的供应链管理的评估工具的可靠性（Locke，2013）。麻省理工学院的批判性研究对耐克公司长期以来的审计方法提出了质疑（Locke et al., 2006; Locke & Romis, 2007）。而较新的调查显示，即使是精心设计的审计方案，"在面对一些供应商采用的复杂的欺骗方法时，也会是无效的"（Locke et al., 2009, quoted in Assländer et al., 2016: 661-662）。然而，最近与苏梅拉等专业组织领导人的对话表明，评估工具的质量在过去几年里有了实质性的提高。因此，调查目前正在使用的评估工具的信息内容和可靠性是很重要的，如有必要，可将其提高到可接受的水平（Searcy & Ahi, 2014）。此外，人们可以分析评估成本的结构和分配，并制定公平的方案，向工厂、被许可方、销售商和消费者收取费用。

由于《联合国工商业与人权指导原则》确认了工商企业"尊重人权"的（伦理）责任的重要和独立的作用，因此出现了国家（或政府）应发挥什么作用来保障人权的问题。答案是——根据这一框架——国家"有义务保护"其公民免受人权侵犯，并与工商企业一起尊重人权并纠正侵犯人权的行为。虽然这种"分工"在概念上是明确的，但并非无可争议（Wettstein, 2012: 753-754），它仍然开启了大量关于企业在国内和国际上尊重人权和补救侵犯人权行为的法律方面的研究课题。

有三个观点似乎特别有希望。在联合国人权理事会于2011年颁布《联合国工商业与人权指导原则》之后，各国应邀制定自己的《工商业与人权国家行动计划》，截至目前，已有30多个国家已经制定或正在制定此类计划，而非国家倡议正在至少15个国家推动此类计划（Morris et al., 2018）。虽然这些计划差别很大，但它们提供了一个广泛的研究问题，即它们所陈述的和被忽视的目标、它们的理由、它们的实施策略、它们的评估以及它们因过去的成就和失败而提出的变革。

将《联合国工商业与人权指导原则》纳入全球公司的国家立法的一个有趣的例子是2012年向瑞士国民议会提交的一份由13.5万公民签名的"请愿书"。它引发了许多公开辩论，在国家立法机构中进行了讨论，最后被否决。2015年，"负责任的企业倡议"被发起，并在议会中再次进行辩论。国民议会在2018年6月接受了一个妥协方案，而在2019年夏天，国务委员会仍未做出决定（https://konzern-initiative.ch）。2020年秋天，瑞士人民将对这一倡议举行公投。研究问题可能涉及这项立法对不同选区的潜在影响：改善供应链中的工作条件和环境绩效；全球公司的竞争力及其留在瑞士的意愿；瑞士及其全球公司在国际社会的声誉；以及这项倡议对其他国家的潜在引导作用。

在有关人权的国际立法方面，欧盟将一系列人权条件发展为"外交政策和发展合作的自主工具"，可以纳入其国际协议当中（Violini & Rangone，2020）。一个典型的例子是目前正在进行的欧盟和越南之间的自由贸易协定（FTA）谈判。虽然欧盟委员会两次拒绝将人权纳入自由贸易协定草案，但欧洲监察专员在两个非政府组织——国际人权联合会和越南人权委员会——的要求下，发现委员会在这两个案件中存在行政失当行为，并将问题转到复杂的欧盟批准程序中（Carrillo & Batalli，2018；Cassel & Ramasastry，2016；Jennings，2017）。2019年6月30日，欧盟与越南签署了一项具有里程碑意义的自由贸易协定。吴和阮芳（Vu & Phuong Nguyen，2019）写道："它仍然需要欧洲议会的批准，这不是一个必然的结果，因为一些立法者对越南的人权记录感到担忧。"2020年3月30日，欧盟理事会最终批准了欧盟与越南的自由贸易协定（EVFTA）。这包括承诺实施国际劳工组织核心标准和诸如与应对气候变化或保护生物多样性有关的联合国公约（Council of the EU，2020）。2020年6月8日，越南国民议会批准了于2020年7月生效的欧盟与越南的自由贸易协定（Nguyen，2020）。

研究可以调查该协议对促进越南不同类型公司的企业责任承担可能产生的影响；国家、欧洲和其他企业的商业领袖、工人代表、民间社会和政府如何看待人权要求——将其视为外国势力的入侵、额外的成本因素或作为对国家发展的支持；以及这些谈判如何能帮助越南制定一个"国家人权行动计划"。

结论

正如本章引言中所述，大学不仅是高等教育机构，也是强大的经济行为体，销售带有它们名称和声誉的特许产品。在其使命和天主教社会教义的激励下，圣母大学多年来一直致力于寻求结社自由的政策，并最终制定了在其特许产品的供应链中促进企业责任的政策。这次经历对圣母大学来说不仅是一次伟大的学习过程，还根据《联合国工商业与人权指导原则》，向其他志同道合的大学提供了政策建议，并就供应链中的企业责任提供了广泛而吸引人的研究机会。最后，这种在国际供应链中关心人权和环境的努力，可能会导致大学为了追求一致性，在国内也表现出同样程度的关注。不仅是商业企业，其他非国家行动者也可以借鉴《联合国工商业与人权指导原则》。（Kirchschläger，2017）

注释

1. 在本章中，"大学"一词是指大学和学院。
2. 该常设委员会被命名为商标许可和人权委员会，并在2019年1月开始工作。
3. 这种"有限的豁免"可以从两个方面来解释。它可能意味着，在没有法律承认的结社自由的国家，工厂必须达到比在法律上有结社自由的国家的工厂更高的工人参与标准。也可能意味着，同样的标准适用于世界各地的所有工厂，而在不确定的情况下，评估的有效性必须由维泰公司的审计来保证。第一种解释意味着对中国工厂和没有法律上结社自由的其他国家的工厂的歧视。第二种解释（我支持）既不意味着歧视，也不表示对苏梅拉的强化评估工具缺乏信任；相反地，它降低了评估结果的某种不确定性。

后　记

　　创造财富和尊重人权似乎是一对奇怪的组合，前者唤起对金钱的追逐，而后者则告诫对政治保持克制。这对组合还带来了一种不同寻常的东西：企业责任。在这本书中，我承诺将这三种观点结合起来，希望这个创作能够被学者、从业者和更广泛的感兴趣的读者所接受。

　　商业目的的问题是一个古老而广受争议的话题。对于这个问题，经常有人回答说，其目的是赚钱或使得股东利益最大化。米尔顿·弗里德曼（Milton Friedman）1970 年发表的《生意就是生意》（The Business of Business Is Business）的著名文章几十年来一直主导着这场辩论，尽管许多学者、商界人士和活动家对此提出了强烈的批评。最近，"目的第一"运动重新引发了对商业目的的质疑，它追求利润之外的东西，"（鼓励）公司有一个明确的使命，考虑它们的社区，并引导它们的创新冲动获得好的结果"（Edgecliffe-Johnson, 2019）。工商业被认为是根植于社会的，不得不处理社会问题。因此，关于工商业与社会的研究已成为一个重要的研究领域（see, for example, the Special Issue "Focusing on Field" of Business & Society, Mitnick, 2019）。

　　虽然工商企业毫无疑问是根植于社会的，但人们往往会忽视，工商企业作为经济组织只是经济和经济体系的一部分。事实上，经济是"工商企业"和"社会"之间的主要接口。因此，经济目的的定义方式也决定了工商企业的目的。

　　在这本书里，我提议将经济的目的，进而将工商企业的目的定义为创造全面意义上的财富。这一观点与亚当·斯密（Adam Smith）对《国富论》的探讨（Smith, 1776/1976）有关。与此同时，它还远远超出了这个范围。财富的实质性内容不仅包括经济资本，还包括自然资本（即经济活动与自然的一切关系）、人力资本（即健康、受过教育的）和社会资本（即经济行为体之间的信任关系)。这四种类型的资本是人类幸福长期持续的必要条件(OECD，2013a)。此外，一个社区、一个城市、一个国家、一个大陆、整个地球的财富被认为是私人财富和公共财富的结合；两种形式的商品和财富——私人的和公共的——从伦理角度看，要么是"好"的，要么是"坏"的。

在一个社会实体中，私人财富和公共财富的比例是多少？显然有所不同。像90%：10%或10%：90%这样的极端比例几乎不现实。如果我们假设这个比例介于两者之间，那么这两种形式的财富都是非常重要和互为因果关系的。市场制度在生产私人产品方面的功能很强大，但在生产公共产品方面却失败了，它在经济中只能发挥有限的作用(通常被错误地称为"市场")。反过来，政府和社区等集体行动者可以有效地生产公共产品，但很可能无法生产私人产品。就创造财富的综合动机而言，利己动机和利他动机都是不可缺少的。

本书把从经济角度创造财富作为阿马蒂亚·森(Amartya Sen)意义上的与伦理相关的方法，并把30项国际公认的人权作为创造财富的伦理视角。根据《联合国工商业与人权指导原则》，这些人权被理解为与企业责任相关的最低伦理要求。它们是最低限度的伦理要求（毫无疑问，这对许多工商企业来说是相当苛刻的)。它们只涵盖工商业组织伦理的一个部分，尽管这是一个非常重要的部分，因此为这些最低限度之外的广泛的伦理规范和价值留出了空间。可以公平地说，它们表达了一种相对无可争议的世界范围内的共识，没有任何可比较的替代伦理标准，并且被认为是在全球和多元背景下经营的工商企业所必需的。

整本书的重点放在创造财富和人权的共同目标上，首先从宏观的角度，然后应用到工商企业。这种方法旨在适用于任何经济、政治和文化制度，为任何国家和文化的企业责任提供指导。它为任何情况下的企业责任提供了一个普遍的愿景。

因此，正如人们可能已经注意到的那样，适当的制度和文化、集体价值和共同利益的问题并没有在这里占据中心舞台。没有讨论确定市场和国家(或政府)之间的关系，也没有解释集体价值和公共利益的概念和作用。这种明显的沉默并不意味着这些问题不重要。它只是表明了我的观点，即我们应该首先把重点放在对创造财富的深刻而全面的定义上，以及对人权及其在全球和多元化背景下与企业责任的相关性有充分理解的基础上。我使用了许多例子来说明这一设想。此外，两个案例研究以非常具体的方式展示了减少收入不平等所需要的企业责任，以及大学如何在其商标授权产品的全球供应链中促进企业责任承担。

在强调了这本书的重点——希望也是它的力量——之后，很明显，这本书也有其局限性。虽然它有良好的基础，并为企业责任提供了基本的指南，但它没有解决在不同的国家、文化和行业中，创造财富和人权构成的更具体的挑战。如何在撒哈拉以南非洲的非正规经济中具体说明和促进财富创造？创造自然资本对亚马孙地区的公司意味着什么？在那些被帮派和战争所困扰的国家，国内和国外的企业能够且应该提供什么样的公共财富？面对金融化的挑战，投资银行应该如何创造真正意义上的财富？中国企业在国内和国际上对采掘行业的人权负有哪些责任？在数字时代，跨国公司应该如何尊重人权？

这些问题表明，企业对创造财富和人权的责任远远超出了本书的关注和研究范围。我在这二十章中所讨论的只是一个开始。为了促进和加强企业对创造财富和人权的承诺，本书邀请大家从不同地理和文化角度进行进一步的调查和对话。

参考文献

Acemoglu, D., & Robinson, J. A. 2012. *Why Nations Fail: The Origins of Power, Prosperity and Poverty*. New York: Crown.

Adams, C. A. 2015. The International Integrated Reporting Council: A Call to Action. *Critical Perspectives on Accounting*, 27, 23–28.

Adler, M. 2012. *Well-Being and Fair Distribution: Beyond Cost-Benefit Analysis*. Oxford: Oxford University Press.

Akerlof, G. A., & Yellen, J. L. 1988. Fairness and Unemployment. *American Economic Review*, 78, 44–49.

Alice Report. 2018. Indiana. https://www.iuw.org/alice; accessed on October 25, 2019.

Allenby, B. R., & Sarewitz, D. 2011. *The Techno-Human Condition*. Cambridge, MA: MIT Press.

Amnesty International. 2009. *Freedom: Stories Celebrating the Universal Declaration of Human Rights*. New York: Broadway Paperbacks.

Amnesty International and The Prince of Wales Leadership Forum (AI and PWLF). 2000. *Human Rights—Is It Any of Your Business?* London: Amnesty International UK and The Prince of Wales Leadership Forum.

Argandona, A. 2018. Capitalism. In Kolb 2018, 370–379.

Aristotle. 1980. *The Nichomachean Ethics*. Translated by R. Ross. Revised edition. Book 1, Section 5. Oxford: Oxford University Press.

Arnold, D. G. 2006. Corporate Moral Agency. *Midwest Studies in Philosophy*, XXX, 279–291.

2016. Corporations and Human Rights Obligations. *Business and Human Rights*

Journal, 1 (2), 255 – 275.

2017. On the Division of Moral Labour for Human Rights Between States and Corporations: A Reply to Hsieh. *Business and Human Rights Journal*, 2 (2), 311 – 316.

2018a. Human Rights. In Kolb 2018, 1762 – 1767.

2018b. Corporate Moral Agency. In Kolb 2018, 713 – 717.

Arnold, D. G., & Bowie, N. 2003. Sweatshops and Respect for Persons. *Business Ethics Quarterly*, 13, 221 – 242.

2007. Respect for Workers in Global Supply Chains: Advancing the Debate Over Sweatshops. *Business Ethics Quarterly*, 17, 135 – 145.

Arrow, K. J. 1963. *Social Choice and Individual Values*. New Haven: Yale University Press.

Arrow, K., Dasgupta, P., & Mäler, K.-G. 2003. Evaluating Projects and Assessing Sustainable Development in Imperfect Economies. *Environmental and Resource Economics*, 26 (4), 647 – 685.

Arruda, M. C., & Enderle, G. (eds.). 2004. *Improving Globalization*. Rio De Janeiro: Editora FGV.

Assländer, M. S., Roloff, J., & Nayir, D. Z. 2016. Suppliers as Stewards? Managing Social Standards in First-and Second-Tier Suppliers. *Journal of Business Ethics*, 139, 661 – 683.

Atkinson, A. B. 2015. *Inequality: What Can Be Done?* Cambridge, MA: Harvard University Press.

2019. *Measuring Poverty Around the World*. Edited by J. Micklewright & A. Brandolini. With Afterwords by F. Bourguignon & N. Stern. Princeton and Oxford: Princeton University Press.

Atkinson, R. D., & Ezell, S. J. 2012. *Innovation Economics: The Race for Global Advantage*. New Haven, CT: Yale University Press.

Audi, R. 2009. *Business Ethics and Ethical Business*. New York: Oxford University

Press.

Auer, A. 2016. *Autonome Moral und christlicher Glaube. Mit dem Nachtrag zur Rezeption der Autonomievorstellung in der katholisch-theologischen Ethik von 1984 und mit einem einleitenden Essay von Dietmar Mieth.* Darmstadt: Wissenschaftliche Buchgesellschaft.

Avery. C. L. 2000. Business and Human Rights in a Time of Change. London: Amnesty International UK, February.

Ayios, A., Jeurissen, R., Manning, P., & Spence, L. J. 2014. Social Capital: A Review from an Ethics Perspective. *Business Ethics: A European Review*, 23 (1), 108 – 124.

Baker, L. 2019. With Trump Sitting Nearby, Macron Calls Nationalism a Betrayal. November 11. https://www.reuters.com/article/us-ww1-centenary-macron-nationalism/with-trump-sitting-nearby-macron-calls-nationalism-a-betrayal-idUSKCN1NG0IH. accessed on Octobor 27, 2019.

Balch. O. 2009a. Access All Areas. *Ethical Corporation*, April, 12 – 16.

2009b. Shell Shocked and in the Dock. *Ethical Corporation*, June, 12 – 16.

Bandelj, N., & Wherry, F. F. (eds.). 2011. *The Cultural Wealth of Nations.* Stanford: Stanford University Press.

Bapuji, H., Husted, B. W., Lu, J., & Mir, R. (guest editors.). 2018. Special Issue: Business, Society, and Economic Inequality. *Business & Society*, 57 (6), 983 – 1285.

Barney, G. O., Blewett, J., & Barney, K. R. 1993. *Global 2000 Revisit* (ed.). *What Shall We Do? The Critical Issues of the 21st Century.* Arlington, VA: Millennium Institute.

Bartkus, V. O., & Davis, J. H. (eds.). 2009. *Social Capital. Reaching Out, Reaching In.* Cheltenham, UK: Edward Elgar.

Bateman, M. 2014. The Rise and Fall of Muhammad Yunus and the Microcredit Model. International Development Studies: Working Paper Series #001. Saint

Mary's University.

Baumann-Pauly, D., & Nolan, J. (eds.). 2016. *Business and Human Rights. From Principles to Practice*. New York: Routledge.

Baumann-Pauly, D., & Posner, M. 2016. Making the Business Case for Human Rights: An Assessment. In Baumann-Pauly & Nolan 2016, 11 – 21.

BBC. 2018. Myanmar Rohingya. What We Need to Know About the Crisis. April 24. https://www.bbc.com/news/world-asia-41566561.

Beal, B. D., & Astakhova, M. 2017. Management and Income Inequality: A Review and Conceptual Framework. *Journal of Business Ethics*, 142, 11 – 23.

Bebchuk, L. A., & Fried, J. M. 2006. Pay Without Performance: Overview of the Issue. *Academy of Management Perspectives*, February, 5 – 24.

Becker, G. K. 2017. Paying the Price: Lessons from the Volkswagen Emissions Scandal for Moral Leadership. *The Journal of the Macau Ricci Institute*, 9, 15 – 28.

Becker, G. S. 1964. *Human Capital. A Theoretical and Empirical Analysis, with Special Reference to Education*. New York: National Bureau of Economic Research.

Becker, L. C., & Becker, C. B. (eds.). 2001. *Encyclopedia of Ethics*. Second edition. New York: Routledge.

Behrman, J. R., & Taubman, P. 1994. Human Capital. In D. Greenwald (ed.). *The McGraw-Hill Encyclopedia of Economics*. Second edition. New York: McGraw-Hill, 493 – 495.

Bekink, M. J. 2016. Thinking Long-Term: Investment Strategies and Responsibility. In Baumann-Pauly & Nolan 2016, 225 – 235.

Benedict X. V. I. 2009. *Caritas in Veritate*. http://www.vatican.va/holy_father/benedict_xvi/encyclicals/documents/hf_ben-xvi_enc_20090629_caritas-in-veritate_en.html.

Beschorner, T., & Kolmar, M. 2015. Moral Capabilities and Institutional Innovation-An Extended Transaction Cost Approach. In Enderle & Murphy 2015, 47 – 71.

Bergen, D. 2018. Germany's Tortured Conscience. Review of *Then They Came for Me* by M. D. Hockenos. *The Wall Street Journal*, December 8 – 9, C8.

Betz, H. D., Browning, D. S., Janowski, B., & Jüngel, E. (eds.). *Religion Past & Present: Encyclopedia of Theology and Religion*. Volume XII. Leiden: Brill.

Bhagwati, J. 2004. *In Defense of Globalization*. New York: Oxford University Press. With a new afterword 2007.

Bird, R. C., Cahoy, D. R., & Prenkert, J. D. (eds.). 2014. *Law, Business and Human Rights: Bridging the Gap*. Cheltenham, UK: Edward Elgar.

Black, J., Hashimzade, N., & Myles, G. 2009. *A Dictionary of Economics*. Third edition. Oxford: Oxford University Press.

Bobbert, M., & Mieth, D. 2015. *Das Proprium der christlichen Ethik. Zur moralischen Perspektive der Religion*. Luzern: Edition Exodus.

Bornstein, D. 1996. *The Price of a Dream. The Story of the Grameen Bank and the Idea That Is Helping the Poor to Change Their Lives*. Chicago: University of Chicago Press.

Boukaert, L., & Zsolnai, L. (eds.). 2011. *The Palgrave Handbook of Spirituality and Business*. New York: Palgrave Macmillan.

Bourdieu, P. 1986. In J. G. Richardson. 1986. *Handbook of Theory and Research for the Sociology of Education*. Westport, CT: Greenwood Press.

Bourguignon, F. 2015. *The Globalization of Inequality*. Princeton, NJ: Princeton University Press.

2019. Growth, Inequality and Poverty Reduction. In Atkinson 2019, 218 – 231.

Boushey, H., DeLong, J. B., & Steinbaum, M. (eds.). 2017. *AFTER PIKETTY. The Agenda for Economics and Inequality*. Cambridge, MA: Harvard University Press.

Bower, J. L., & Paine, L. S. 2017. The Error at the Heart of Corporate Leadership. Most CEOs and Boards Believe Their Main Duty is to Maximize Shareholder Value. It's not. *Harvard Business Review*, May-June, 50 – 60.

Braybrooke, D., & Mohanan, A. P. 2001. Common Good. In Becker 2001, 262 – 266.

Brenkert, G. G. 2009. Google, Human Rights, and Moral Compromise. *Journal of Business Ethics*, 85 (4), 453 – 478.

2015. Business, Moral Innovation and Ethics. In Enderle & Murphy 2015, 25 – 46.

2016. Business and Human Rights: An Overview. *Business and Human Rights Journal*, 1 (2), 277 – 306.

Brenkert, G. G., & Beauchamp, T. L. 2010. *The Oxford Handbook of Business Ethics*.

Brent, R. J. 1998, *Cost-Benefit Analysis for Developing Countries*. Cheltenham, UK: Edward Elgar.

2018. *Advanced Introduction to Cost-Benefit Analysis*. Cheltenham, UK: Edward Elgar.

Brieskorn, N. (Hg.). 1997. *Globale Solidarität. Die verschiedenen Kulturen und die Eine Welt*. Stuttgart: Kohlhammer.

Brown, M. 2010. *Civilizing the Economy*. Cambridge: Cambridge University Press.

Bruni, L., Comim, F., & Pugno, M. (eds.). 2008. *Capabilities and Happiness*. New York: Oxford University Press.

Buhmann, K. 2017. Chinese Human Rights Guidance on Minerals Sourcing: Building Soft Power. *Journal of Current Chinese Affairs*, 2 (1), 135 – 154.

Burke, R. 2010. *Decolonization and the Evolution of International Human Rights*. Philadelphia: University of Pennsylvania Press.

Business and Human Rights Research Center (BHRRC): http://tinyurl.com/hb54fe9.

Business Leaders Initiative on Human Rights (BLIHR). 2009. *Policy Report*

4. http://www.blihr.org.

Business Roundtable. 2019. Statement on the Purpose of a Corporation. https://opportunity.businessroundtable.org/wp-content/uploads/2019/08/Business-Roundtable-Statement-on-the-Purpose-of-a-Corporation-with-Signatures.pdf.

Byrd, M. Y. (ed.). 2016. *Spirituality in the Workplace: A Philosophical and Justice Perspective*. San Francisco: Jossey-Bass.

Cadbury Report. 1992. *Report of the Committee on the Financial Aspects of Corporate Governance*. London: GEE Professional Publishing Ltd.

Cameron, P. D., & Stanley, M. C. 2016. *Oil, Gas, and Mining. A Sourcebook for Understanding the Extractive Industries*. Washington, D. C.: World Bank Group.

Campbell, T., & Miller, S. (eds.). 2004. *Human Rights and the Moral Responsibilities of Corporate and Public Sector Organisations*. Dordrecht: Kluwer Academic Publishers.

Carrillo, H., & Batalli, L. 2018. European Values or European Profit? A Case Study of the EU's Responsibility to Protect Human Rights in the Free Trade Agreement with Vietnam. Research Paper in the MBA Course "International Business Ethics" in the Mendoza College of Business, University of Notre Dame, April.

Carroll, A. B., 2008. A History of Corporate Social Responsibility: Concepts and Practices. In Crane, A., Matten, D., McWilliams, A. Moon, J., & Siegel, D. S.. (eds.). 2008. *The Oxford Handbook of Corporate Social Responsibility*. New York: Oxford University Press, 19–46.

Carroll, A. B., Lipartito, K. L., Post, J. E., Werhane, P. H., & Goodpaster, K. E. (executive editor). 2012. *Corporate Responsibility: The American Experience*. Cambridge: Cambridge University Press.

Cassel, D., & Ramasastry, A. 2016. White Paper: Options for a Treaty on Business and Human Rights. *University of Notre Dame Journal of International &*

Comparative Law, September. Class Materials for Transnational Corporations and Human Rights, spring semester 2018.

Caux Round Table. 1994. Caux Round Table Principles for Responsible Business. New edition 2009, updated in 2010. http://www.cauxroundtable.org.

CCCMC. 2015. Chinese Due Diligence Guidelines for Responsible Mineral Supply Chains. Beijing: The China Chamber of Commerce of Metals, Minerals and Chemicals. Online: https://mneguidelines.oecd.org/chinese-due-diligence-guidelines-for-responsible-mineral-supply-chains.htm (16 December 2018).

Chabrak, N., Craig, R., & Daidj, N. 2016. Financialization and the Employee Suicide Crisis at France Telecom. *Journal of Business Ethics*, 139, 501–515.

Chamberlain, A. 2015. http://www.glassdoor.com/research/ceo-pay-ratio; accessed on 10/27/2017.

Chatterji, M., & Zsolnai, L. (eds). 2016. *Ethical Leadership. Indian and European Spiritual Approaches*. New York: Palgrave Macmillan.

Chicago Magazine. 2015. October. http://chicagomag.com/ceopay; accessed on February 5, 2017.

Chiu, T. K. 2014. Putting Responsible Finance to Work for Citi Microfinance. *Journal of Business Ethics*, 119, 219–234.

Chiu, T.-K. 2015. Factors Influencing Microfinance Engagements by Formal Financial Institutions. *Journal of Business Ethics*, DOI 10.1007/s10551-015-2811-1.

Ciulla, J. B. 2015. Drops in the Pond: Leaders, Morality, An Imagination. In Enderle & Murphy 2015, 119–136.

Cobb, J. A. 2016. HowFirms Shape Income Inequality: Stakeholder Power, Executive Decision Making, and the Structure of Employment Relationships. *Academy of Management Review*, 41 (2), 324–348.

Cohen, S. S. & Boyd, G. (eds.). 2000. *Corporate Governance and Globalization. Long Range Planning Issues*. Cheltenham, UK: Edward Elgar.

Colella, A., Paetzold, R. L., Zardkoohi, A., & Wesson, M. J. 2007. Exposing Pay Secrecy. *Academy of Management Review*, 32, 55 – 71.

Coleman, J. S. 1990. *Foundations of Social Theory*. Cambridge, MA: Belknap Press of Harvard University Press.

2000. Social Capital in the Creation of Human Capital. In Dasgupta & Seragedin 2000, 40 – 58.

Collier, P. 2010. *The Plundered Planet: Why We Must—and How We Can—Manage Nature for Global Prosperity*. New York: Oxford University Press.

Collins, D. 2018. Living Wage. In Kolb 2018, 2102 – 2105.

Collins, J. C. 2001. *Good to Great. Why Some Companies Make the Leap ··· and Others Don't*. New York: Harper Business.

Collins, J., & Porras, J. I. 1994. *Built to Last. Successful Habits of Visionary Companies*. New York: Harper Business.

Copp, D. 2001. Metaethics. In Becker & Becker 2001, 1079 – 1087.

Corporate Responsibility Magazine: https://www.3blassociation.com/insights/magazines.

Cortina, A. 2013. Sen's Capabilities, Poverty and Economic Welfare. In Luetge 2013, 659 – 741.

Cragg, W. 2010. Business and Human Rights: A Principle and Value-based Analysis. In G. G. Brenkert & T. L. Beauchamp (eds.). 2010. *The Oxford Handbook of Business Ethics*. Oxford: Oxford University Press, 267 – 304.

Crane, A., & Matten, D. 2010. *Business Ethics. Managing Corporate Citizenship and Sustainability in the Age of Globalization*. Third edition. Oxford, UK: Oxford University Press.

Crane, A., Matten, D. and J. Moon. 2008. *Corporations and Citizenship*. Cambridge: Cambridge University Press.

Crane, A., McWilliams, A., Matten, D., Moon, J., & Siegel, D. S. (eds.). 2008. *The Oxford Handbook of Corporate Social Responsibility*. New

York: Oxford University Press.

Curran, C. E., & McCormick, R. A. (eds.). 1980. *Readings in Moral Theology No. 2. The Distinctiveness of Christian Ethics*. New York: Paulist Press.

Curtler, H. (ed.). 1986. *Shame, Responsibility and the Corporation*. New York: Haven.

Cushen, J. 2013. Financialization in the Workplace: Hegemonic Narratives, Performative Interventions and the Angry Knowledge Worker. *Accounting, Organizations and Society*, 38, 314 – 331.

Dasgupta, P. 2003. Social Capital and Economic Performance: Analytics. In E. Ostrom & T. K. Ahn (eds.). 2003. *Foundations of Social Capital*. Cheltenham: Edward Elgar.

Dasgupta, P., & Mäler, K. -G. 2000. Net National Product, Wealth, and Social Well-Being. *Environmental and Development Economics* 5, 69 – 93.

(eds.). 2004. *The Economics of Non-Convex Ecosystems*. Dordrecht: Kluwer Academic Publishers.

Dasgupta, P., & Serageldin, I. (eds.). 2000. *Social Capital. A Multifaceted Perspective*. Washington, D. C. : World Bank.

Davis, G. 2016. Post-Corporate: The Disappearing Corporation in the New Economy. http://www.thirdway.org/reports/post-corporate-the-disappearing-corporation-in-the-new-economy.

Davis, G. F., & Cobb, J. A. 2010. Corporations and Economic Inequality Around the World: The Paradox of Hierarchy. *Research in Organizational Behavior*, 30, 35 – 53.

Davis, P. 2011. John Ruggie: A Common Focus for Human Rights. *The Ethical Corporation*, February, 43.

Dawkins, C. E. 2012. Labor Relations: Corporate Citizenship, Labor Unions, and Freedom of Association. *Business Ethics Quarterly*, 22, 473 – 500.

De George, R. T. 1987. The Status of Business Ethics: Past and Future. *Journal of*

Business Ethics, 6, 201 – 211.

1993. *Competing with Integrity in International Business*. New York: Oxford.

2010. *Business Ethics*. Seventh edition. Upper Saddle River, NJ: Prentice Hall.

Dees, J. G., Emerson, J., & Economy, P. 2001. *Enterprising Nonprofits: A Toolkit for Social Entrepreneurs*. New York: Wiley.

Dembinski, P. H. 2009. *Finance: Servant or Deceiver? Financialization at the Crossroad*. New York: Palgrave Macmillan.

2017. *Ethics and Responsibility in Finance*. New York: Routledge.

DesJardins, J. 2014. *An Introduction to Business Ethics*. Fifth edition. New York: McGraw-Hill.

Deva, S., Ramasastry, A., Wettstein, F., & Santoro, M. 2019. Editorial: Business and Human Rights Scholarship: Past Trends and Future Directions. *Business and Human Rights Journal*, 4 (2), 2101 – 2121.

Dodd-Frank Wall Street Reform and Consumer Protection Act. 2015. www.sec.gov/news/pressrelease/2015 – 160.html; accessed on 01/30/2017.

Dodgson, M., Gann, D., & Salter, A. 2008. *The Management of Technological Innovation, Strategy and Practice*. New York: Oxford University Press.

Dodgson, M., & Gann, D. 2010. *Innovation: A Very Short Introduction*. New York: Oxford University Press.

Donaldson, T. 1982. *Corporations and Morality*. Englewood Cliffs, NJ: Prentice Hall.

2001. The Ethical Wealth of Nations. *Journal of Business Ethics*, 31, 25 – 36.

2012. The Impossibility Theorem for Corporate Governance. In Crane et al. 2008.

Dumas, J., Bernardi, C. Guthrie, J., & Demartini, P. 2016. Integrated Reporting: A Structural Literature Review. *Accounting Forum*, 40 (3), 166 – 185.

Dutt, Amitava K. 1990. *Growth, Distribution and Uneven Development*. Cambridge, UK: Cambridge University Press.

Eatwell, J., Milgate, M., & Newman, P. (eds.). 1987. *The New Palgrave:*

A Dictionary of Economics. 4 volumes. New York: Stockton.

(eds.). 1989. *The New Palgrave: General Equilibrium.* New York: Norton.

Ebeling, H. 1984. Betroffenheit, Mitleid und Vernunft. In K. O. Apel et al. (Hg.). 1984. *Praktische Philosophie/Ethik: Dialoge.* Band 2, 147 - 168.

Edgecliffe-Johnson, A. 2019. Beyond the Bottom Line. For 50 years, Companies Were Told to Put Shareholders First. Now Even Their Largest Investors are Challenging That Consensus. But Can We Trust CEOs to Decide What Is Best for Society? *Financial Times*, January 5.

Emmons, W. R. & Schmid, F. A. 2000. Corporate Governance and Corporate Performance. In Cohen & Boyd 2000, 59 - 94.

Emunds, B. 2014. *Politische Wirtschaftsethik Globaler Finanzmärkte.* Wiesbaden: Springer.

Enderle, G. 1982. *Die Auswirkungen der Weltwirtschaftskrise der dreissiger Jahre auf die personelle Einkommens-und Vermögensverteilung-Methodische und theoretische Probleme, Ergebnisse einer Fallstudie.* Freiburg/Schweiz: Universitätsverlag. [The impact of the great depression in the thirties on the personal distribution of income and wealth-Methodological and theoretical problems-Results of a case study]

1987. *Sicherung des Existenzminimums im nationalen und internationalen Kontext-eine wirtschaftsethische Studie.* Bern/Stuttgart: Haupt. [Securing the minimal standard of living in the national and international context-A business ethics perspective]

1989. Das Armutsproblem als Paradigma der Wirtschaftsethik [The problem of poverty as paradigm of business ethics]. In P. Eicher (Hg.). 1989. *Neue Summe Theologie*, Band 2. Freiburg: Herder, 342 - 373.

1993. *Handlungsorientierte Wirtschaftsethik. Grundlagen und Anwendungen.* Bern: Haupt. [Action-oriented business ethics. Foundations and applications]

1995. An Outsider's View of the East Asian Miracle: Lessons and Questions. In

S. Stewart & G. Donleavy (eds.). 1995. *Whose Business Values? Some Asian and Cross-Cultural Perspectives.* Hong Kong: Hong Kong University Press, 87 - 120.

1996. A Comparison of Business Ethics in North America and Continental Europe. *Business Ethics: A European Review*, 5 (1), 117 - 122.

1997. In Search of a Common Ethical Ground: Corporate Environmental Responsibility from the Perspective of Christian Environmental Stewardship. *Journal of Business Ethics*, 16 (2), 173 - 181.

1998. Business Ethics as a Goal-Rights-System. In E. Morscher, O. Neumaier, & P. Simons (eds.). 1998. *Applied Ethics in a Troubled World.* Dordrecht: Kluwer Academic Publishers, 151 - 166.

Enderle, G. (ed.). 1999. *International Business Ethics: Challenges and Approaches.* Notre Dame: University of Notre Dame Press.

2000. Whose Ethos for Public Goods in a Global Economy? An Exploration in International Business Ethics. *Business Ethics Quarterly*, January, 131 - 144.

2003a. Business Ethics. In N. Bunnin, & E. P. Tsui-James. 2003. *The Blackwell Companion to Philosophy.* Second edition. Oxford: Blackwell Publishers, 531 - 551.

2003b. Special Section: Religious Resources for Business Ethics in Latin America. *Latin American Business Review*, 4 (4), 87 - 134.

2004. Global Competition and Corporate Responsibilities of Small and Medium-Sized Enterprises. *Business Ethics: A European Review*, 13 (1), 51 - 63.

2005. Globalization. In P. H. Werhane & R. E. Freeman (eds). 2005. Blackwell Encyclopedic Dictionary of Business Ethics. Second edition. Oxford: Blackwell, 215 - 218.

2006. Corporate Responsibility in the CSR Debate. In J. Wieland, J. M. Reder, & T. Karcher (eds). 2006. *Unternehmensethik im Spannungsfeld der Kulturen und Religionen.* Stuttgart: Kohlhammer, 108 - 124.

2007. The Ethics of Conviction Versus the Ethics of Responsibility: A False Antithesis for Business Ethics. *Journal of Human Values*, 13 (2), 83 – 94.

2008. Rediscovering the Golden Rule in a Globalizing World. In Tze-wan Kwan (ed.), *Responsibility and Commitment: Eighteen Essays in Honor of Gerhold K. Becker*. Waldkirch: Edition Gorz, 1 – 15.

2009. A Rich Concept of Wealth Creation Beyond Profit Maximization and Adding Value. *Journal of Business Ethics*, 84, Supplement 3, 281 – 295.

2010a. Wealth Creation in China and Some Lessons for Development Ethics. *Journal of Business Ethics*, 96 (1), 1 – 15.

2010b. Clarifying the Terms of Business Ethics and Corporate Social Responsibility. *Business Ethics Quarterly*, 20 (4), 730 – 732.

2011a. What Is Long-term Wealth Creation and Investing? In A. Tencati & F. Perrini (eds.), *Business Ethics and Corporate Sustainability*. Cheltenham, Edward Elgar, 114 – 131.

2011b. Three Major Challenges for Business and Economic Ethics in the Next Ten Years: Wealth Creation, Human Rights, and Active Involvement of the World's Religions. *Business and Professional Ethics Journal*, 30 (3 – 4), 231 – 252.

Enderle, G., & Niu, Q. 2012. Discerning Ethical Challenges for Marketing in China. *Asian Journal of Business Ethics*, 1 (2), 143 – 162. Also in Murphy & Sherry 2013, 281 – 305.

2013a. Defining Goodness in Business and Economics. In V. Hösle (ed.), *Dimensions of Goodness*. Notre Dame, IN: University of Notre Dame, 281 – 302.

2013b. The Capability Approach as Guidance for Corporate Ethics. In Luetge 2013, 675 – 691.

2013c. Wealth Creation in China from a Christian Perspective. *Qing Feng*, n. s. 12, 119 – 136.

2014a. The Option for the Poor and Business Ethics. In D. Groody & G. Gutierrez (ed.), *The Preferential Option for the Poor Beyond Theology*. Notre Dame, IN: University of Notre Dame Press, 28 – 46.

2014b. Some Ethical Explications of the UN Framework for Business and Human Rights. In O. F. Williams (ed.), *Sustainable Development: The UN Millennium Development Goals, the UN Global Compact, and the Common Good*. Notre Dame: University of Notre Dame Press, 163 – 183.

2015a. Exploring and Conceptualizing International Business Ethics. *Journal of Business Ethics*, 127 (4), 723 – 735.

2015b. Business and the Greater Good as a Combination of Private and Public Wealth. In K. Ims & L. J. Tyles Petersen (eds.), *Business and the Greater Good: Rethinking Business Ethics in an Age of Crisis*. Cheltenham: Edward Elgar Publishing, 64 – 80.

2015c. Ethical Innovation in Business and the Economy—A Challenge That Cannot Be Postponed. In Enderle & Murphy 2015, 1 – 22.

2018a. Manifesto for a Global Economic Ethic. In Kolb 2018, 2159 – 61.

2018b. Interfaith Declaration of International Business Ethics. In Kolb 2018, 1883 – 1885.

2018c. Economic Systems. In Kolb 2018, 1028 – 1034.

2018d. How Can Business Ethics Strengthen the Social Cohesion of a Society? *Journal of Business Ethics*, 150 (3), 619 – 629.

2018e. Corporate Responsibility for Less Income Inequality. *Review of Social Economy*, 76 (4), 399 – 421.

Enderle, G., Homann, K., Honecker, M., Kerber, W., & Steinmann, H. (eds.). 1993. *Lexikon der Wirtschaftsethik*. Freiburg: Herder.

Enderle, G., & Murphy, P. E. (eds.). 2015. *Ethical Innovation in Business and the Economy*. Cheltenham: Edward Elgar.

Enderle, G., & Tavis, L. A. 1998. A Balanced Concept of the Firm and the Measurement of Its Long-Term Planning and Performance. *Journal of Business*

Ethics, 17, 1121 – 1144.

Epstein, G. A. (ed.). 2005. *Financialization and the World Economy*. Cheltenham: Edward Elgar.

Etinson, A. 2018. *Human Rights: Moral or Political?* Oxford: Oxford University Press.

Fawthrop, T. 2004. Vietnam's War Against Agent Orange. *BBC News*, June 14: http://news.bbc.co.uk/2/hi/health/3798581.stm. Accessed on 10/27/2019.

Feder, B. J. 2001. Lawsuit Says I. B. M. Aided the Nazis in Technology. *New York Times*, February 11: http://www.nytimes.com/2001/01/11/world/lawsuit-says-ibm-aided-the-nazis-in-technology.html.

Financial Times. 2015. Volkswagen Emission Test Cheating Rocks Europe's Car Manufacturers. Volkswagen Makes a Monumental Blunder. VW Woes Cast Doubts Over Chief's Place in Driving Seat. September 11, pp. 1, 8, 15.

2016. Record fines for Wells after staff set up secret accounts to hit goals. Fake account put focus on Wells Fargo Culture. Wells Fargo caves in and dispenses with chief. Wells to scrap branch sales targets. The high cost of Wells Fargo's sales practices. Wells scandal stiffens resolve to end board inertia. John Stumpf-The Labrador of Main Street. Wells Fargo scandals turns attention to pay. Wells chief savaged in Congress over fake accounts. September 9, 12, 14, 14, 14, 15, 17, 19, 21.

2018. Macron Attempts to Reset Beijing Trade Ties. By L. Hornby & A. S. Chassany, January 10.

2019a. Repairing a Damaged Brand. By R. Armstrong & L. Noonan, January 15.

2019b. Volkswagen and 400000 Diesel Drivers Set to Lock Horns in German Court Battle. By J. Miller, September 30.

Forbes. 2012. Apple's Foxconn to Double the Wages Again. http://www.forbes.com/sites/timworstall/2012/05/28/apples-foxconn-to-double-wages-again/#23ddcad15d16; accessed on October 23, 2017.

Forbes Global 2000 Ranking 2018：https：//www. forbes. com/global2000/list/

Foreign Affairs. 2016. Inequality. What Causes It. Why It Matters. What Can be Done. 95（1），1 – 44.

2019. Autocracy Now. 98（5），10 – 54.

Fort, T. M.（ed.）. 2011. *Peace Through Commerce*：*A Multisectoral Approach*. New York：Springer.

Fortune. com. 2016. Wells Fargo Exec Who Headed Phony Accounts Unite Collected ＄125 Million. September 9：http：//fortune. com/2016/09/12/wells-fargo-cfpb-carrie-tolstedt.

Fortune. 2017. Walmart CEO Dough McMillon Got a Solid Raise Last Year. April 21.

Francis. 2015. *Laudato si'-On Care for Our Common Home*. Encyclical letter. http：// w2. vatican. va/content/francesco/en/encyclicals/documents/papa-francesco _ 20150524_enciclica-laudato-si. html.

Frangieh, C. G. , & Yaacoub, H. K. 2017. A Systematic Literature Review of Responsible Leadership. Challenges, Outcomes and Practices. *Journal of Global Responsibility*, 8（2），281 – 299.

Frank, R. H. 2007. *Falling Behind*：*How Rising Inequality Harms the Middle Class*. Berkeley：University of California Press.

Frankl, V. 1984. *Man's Search for Meaning*：*An Introduction to Logotherapy*. Third edition. New York：Simon and Schuster.

Freeman, C. , & Soete, L. 1997. *The Economics of Industrial Innovation*. London：Pinter.

Frederick, R. E.（ed.）. 1999. *A Companion to Business Ethics*. Malden, MA：Blackwell.

French, P. A. 1984. *Collective and Corporate Responsibility*. New York：Columbia University Press.

Friedman, B. M. 2005. *The Moral Consequences of Economic Growth*. New York：

Knopf.

Friedman, M. 1970. The Social Responsibility of Business Is to Increase Its Profit. *The New York Times Sunday Magazine*, September 13.

Friedman, T. L. 2000. *The Lexus and the Olive Tree.* New York: Anchor Books.

Fukuda-Parr, S. 2004. Justice, Not Charity in Development: Today's Human Rights Priorities. In Arruda & Enderle 2004, 105 – 114.

G20/OECD. 2015. *G20/OECD Principles of Corporate Governance.* Paris: OECD.

George, B. 2003. *Authentic Leadership Rediscovering the Secrets to Creating Lasting Value.* San Francisco, CA: Jossey-Bass.

Gewirth, A. 1978. *Reason and Morality.* Chicago, IL: University of Chicago Press.

1982. *Human Rights: Essays on Justification and Application.* Chicago, IL: University of Chicago Press.

1984. The Epistemology of Human Rights. *Social Philosophy and Policy*, 1 (2), 1 – 24.

1996. *The Community of Rights.* Chicago: University of Chicago Press.

2007. Duties to Fulfill the Human Rights of the Poor. In Pogge. 2007, 219 – 236.

Ghoshal, S. 2005. Bad Management Theories Are Destroying Good Management Practices. *Academy of Management Learning and Education*, 4 (1), 75 – 91.

Giacalone, R. A., & Jurkiewicz, C. L. (eds.). 2010. *Handbook of Workplace Spirituality and Organizational Performance.* Second edition. Armonk, NY: M. E. Sharpe. First edition 2003.

GMWatch. 2009. Bayer: A history. February 1: https://www.gmwatch.org/en/gm-firms/11153-bayer-a-history.

Golding, M. P. 1984. The Primacy of Welfare Rights. *Social Philosophy and Policy*, 1 (2), 119 – 136.

González-Cantón, C., Boulos, S., & Sánchez-Garrido, P. 2018. Exploring the Link Between Human Rights, the Capability Approach and Corporate Responsibility. *Journal of Business Ethics*, DOI 10.1007/s10551 – 018 – 3801-x.

Goodpaster, K. E. 1983. The Concept of Corporate Responsibility. *Journal of Business Ethics*, 2, 1 – 22.

2001. Business Ethics. In Becker & Becker 2001, 170 – 175. First edition 1992.

Gorman, M. E., Mehalik, M. M., & Werhane, P. H. 2003. *Ethical and Environmental Challenges to Engineering.* Englewood Cliffs, NJ: Prentice Hall. Case Study: Rohner Textil AG, 109 – 145.

Götzmann, N. 2017. Human Rights Impact Assessment of Business Activities: Key Criteria for Sstablishing a Meaningful Practice. *Business and Human Rights Journal*, 2 (1), 87 – 110.

Gräb-Schmidt, E. 2012. III. Philosophy of Religion. IV. Fundamental Theology. V. Dogmatic. VI. Ethics. 226 – 228.

Greenberg, J. 1987. A Taxonomy of Organizational Justice Theories. *Academy of Management Review*, 12, 9 – 22.

Grethlein, C. 2012. Practical Theology. In Betz et al. 2012, 228 – 229.

Gröschl, S., & Bendl, R. (eds.). 2015. Managing Religious Diversity in the Workplace. Examples from Around the World. Farnham, UK: Gower.

Grunberg, I., & Stern, M. A. (eds.). 1999a. *Global Public Goods. International Cooperation in the 21st century.* Published for the United Nations Development Programme (UNDP). New York: Oxford University Press.

Guo L., Hsu, S-H., Holton, A., and Jeong, S. H. 2012. A Case Study of the Foxconn Suicides: An International Perspective to Framing the Sweatshop Issue. *International Communication Gazette*, 74 (5), 484 – 503. http://gaz.sagepub.com/content/74/5/484, accessed on October 19, 2017.

Gutiérrez, G. 1988. *A Theology of Liberation.* Revised edition. Maryknoll, NY: Orbis Books.

Habermas, J. 2001. *The Postnational Constellation: Political Essays.* Translated by M. Pensky. Cambridge, MA: MIT Press.

Haltiwanger, J. 2018. Here's Everything We Know About the Troubling Disappearance and Death of the Saudi Journalist Jamal Khashoggi. December 10. https://www.businessinsider.com/who-is-jamal-khashoggi-turkey-accuses-saudi-arabia-of-murdering-reporter-2018-10. Accessed on October 27, 2019.

Hamilton, K., & Clemens, M. 1999. Genuine Saving Rates in Developing Countries. *World Bank Economic Review*, 13 (2), 333-356.

Hamlin, A. P. 2001. Economic Systems. In Becker et al. 2001, 1, 439-445.

Hammes, D. L. 2018. Pareto Efficiency. In Kolb 2018, 2586-2588.

Hardin, G. 1968. The Tragedy of the Commons. *Science*, 162, 1243-1248.

Hargreaves-Heap, S. P., & Hollis, M. 1987. Economic Man. In Eatwell et al. 1987, 2, 54-55.

Hartman, L. P., Arnold, D. G., & Wokutch, R. E. (eds.). 2003. *Rising Above Sweatshops. Innovative Approaches to Global Labor Challenges*. Westport, CT/London: Praeger.

Heilbroner, R. L. 1987. Capitalism. In Eatwell et al. 1987, 1, 347-353.

Held, D., & McGrew, A. (eds.). 2000. *The Global Transformations Reader*. Cambridge: Polity Press.

2002. *Governing Globalization. Power, Authority and Global Governance*. Cambridge: Polity Press.

Held, D., McGrew, A., Goldblatt, D., & Perraton, J. 1999. Global Transformations. Politics, Economics and Culture. Stanford, CA: Stanford University Press.

Hess, K. M. 2013. "If You Tickle Us …": How Corporations Can Be Moral Agents Without Being Persons. *Journal of Value Inquiry*, 47, 319-335.

Hesse, H. 1993. Globalization. In Enderle et al. 1993, 402-410.

Hilb, Martin. 2008. *New Corporate Governance. Successful Board Management Tools*. Berlin: Springer. Other English editions in 2005, 2006, 2015, 2016.

2016. *Integrierte Corporate Governance. Ein neues Konzept zur wirksamen Führung und Aufsicht von Unternehmen*. 6., überarbeitete Auflage. Berlin: Springer.

Hilb, Michael (Ed.). 2017. *Governance of Digitalization. The Role of Boards of Directors and Top Management Teams in Digital Value Creation.* Bern: Haupt.

Hill, A. 2016. Open the Pandora's Box of Pay and Reap the Benefits. *Financial Times*, June 21, 10.

Hösle, V. 2019. Globale Fliehkräfte. Eine geschichtsphilosophische Kartierung der Gegenwart [Global centrifugal forces. A mapping of the present based on the philosophy of history]. Freiburg: Karl Alber.

Hsieh, N. 2017. Business Responsibilities for Human Rights: A Commentary on Arnold. *Business and Human Rights Journal*, 2 (2), 297 – 309.

Huang, Y. 2008. *Capitalism with Chinese Characteristics: Entrepreneurship and the State.* New York: Cambridge University Press.

International Integrated Reporting Committee (IIRC). 2013. *The International < IR > Framework.* http://integratedreporting.org/wp-content/uploads/2015/03/13 - 12 - 08-THE-INTERNATIONAL-IR-FRAMEWORK-2 - 1.pdf.

IOD. 1994. *King Report on Corporate Governance.* Johannesburg: Institute of Directors (IOD).

—— 2002. *King Report on Corporate Governance for South Africa* 2002. Johannesburg: Institute of Directors.

—— 2009. *King Report on Governance for South Africa* 2009. Johannesburg: Institute of Directors.

—— 2016. *King Report on Corporate Governance for South Africa* 2016. Johannesburg: Institute of Directors.

James, H. S. 2018. Collective Choice. In Kolb 2018, 514.

Jennings, P. L., & Velasquez, M. 2015. Towards an Ethical Wealth of Nations: An Institutional Perspective on the Relation Between Ethical Values and National Economic Prosperity. *Business Ethics Quarterly*, 25 (4), 461 – 488.

Jennings, R. 2017. Vietnam's TTP Backup Plan, a Free Trade Agreement with Europe, is Facing New Obstacles. *Forbes*, March 2.

Jensen, M. C., & Meckling, W. M. 1976. Theory of the Firm: Managerial Behavior, Agency Costs and Ownership Structure. *Journal of Financial Economics*, 3, 305 – 360.

John XXIII. 1963. *Pacem in Terris*-Peace on Earth. Encyclical on April 11, 1963. http://w2.vatican.va/content/john-xxiii/en/encyclicals/documents/hf_j-xxiii_enc_11041963_pacem.html.

Johnson-Cramer, M. E. 2018. Stakeholder Theory. In Kolb 2018, 3246 – 3255.

Jonas, H. 1984. *The Imperative of Responsibility: Foundations of an Ethics for the Technological Age*. Chicago: University of Chicago Press. Original version in German in 1979.

Kalkundrikar, A. B., Hiremath, S. G., & Mutkekar, R. R. (eds.). 2009. *Business Ethics and Corporate Social Responsibility. International Conference Proceedings*. Delhi: Macmillan Publishers India.

Karnes, R. 2009. A Change in Business Ethics: The Impact on Employer-Employee Relations. *Journal of Business Ethics*, 87, 189 – 197.

Kates, M. 2015. The Ethics of Sweatshops and the Limits of Choice. *Business Ethics Quarterly*, 25 (2), 191 – 212.

Kaufman, S., & Wining, L. 2012. Drilling Safety at BP: The Deepwater Horizon Accident. *Harvard Business School*.

Kaul, I. (ed.). 2003. *Providing Global Public Goods: Managing Globalization*. New York: Oxford University Press.

Kaul, I., Grunberg, I., & Stern, M. A. 1999a. *Global Public Goods: International Cooperation in the Twenty-First Century*. New York: Oxford University Press.

1999b. Defining Global Public Goods. In Kaul et al. 1999a, 2 – 19.

1999c. Global Public Goods: Concepts, Policies and Strategies. In Kaul et al. 1999a, 450 – 507.

Kelman, S. 1981. Cost-Benefit Analysis: An Ethical Critique. *Regulation*: *AEI*

Journal of Government and Society, January-February, 33 – 40.

Kerber, W. 1993. Gemeinwohl. In Enderle et al. 1993, 339 – 342.

Kettner, M. 2002. Moralische Verantwortung als Grundbegriff der Ethik. In M. Niquet, F. J. Herrero, & M. Hanke. 2002. *Diskursethik, Grundlegungen und Anwendungen.* Würzburg: Königshausen und Neumann, 65 – 94.

Keynes, J. M. 1933/1972. *Collected Writings. Volume X: Essays in Biography.* London: Macmillan.

Kickul, J., & Lyons, T. S. 2012. *Understanding Social Entrepreneurship. The Relentless Pursuit of Mission in an Ever Changing World.* New York: Routledge.

Kim, K. 2012. Mission Spirituality. In Betz et al. 2012, 229.

Kim, T. W. 2014. Confucian Ethics and Labor Rights. *Business Ethics Quarterly*, 24 (4), 565 – 594.

King, M. 2016. *The End of Alchemy. Money, Banking and the Future of the Global Economy.* London: Little, Brown.

Kirchgässner, G. 2008. *Homo Oeconomicus: The Economic Model of Individual Behavior and Its Applications in Economics and Other Social Sciences.* New York: Springer.

Kirchschläger, P. G. (ed.). 2017. *Die Verantwortung von nichtstaatlichen Akteuren gegenüber Menschenrechten.* [*The Responsibility of Non-State Actors for Human Rights.*] Zürich: Theologischer Verlag, 195 – 215.

Klein, T. 2001. Analogical Argument. In Becker & Becker 2001, 59 – 64.

Knight, G. 2013. Homeland Security. *Financial Times*, January 4.

Kolb, R. W. 2012. *Too Much Is Not Enough: Incentives in Executive Compensation.* New York: Oxford University Press.

Kolb, R. W. (ed.). 2018. *The Sage Encyclopedia of Business Ethics and Society.* Second edition, 7 volumes. Thousand Oaks, CA: Sage.

Kolstad, C. D. 2010. *Environmental Economics.* Second edition. New York: Oxford University Press.

Köpf, U. 2012. Spirituality. I. Terminology. II. Church history. In Betz et al. 2012, 224 – 226.

Korff, W., et al. (Hg.). 1999. *Handbuch der Wirtschaftsethik*. Gütersloh: Gütersloher Verlagshaus.

Krippner, G. R. 2005. The Financialization of the American Economy. *Socio-Economic Review*, 3, 173 – 208.

Kromphardt, J. 1991. *Konzeptionen und Analysen des Kapitalismus: von seiner Entstehung bis zur Gegenwart*. 3. Auflage. Göttingen: Vandenhoeck und Ruprecht.

Kropp, R. 2010. InvestorsAsk Companies in Sudan to Respect Human Rights. http://www.socialfunds.com/news/article.cgi/3076.html.

Krugman, P. 2009. *The Conscience of a Liberal*. New York: Norton.

Kryder, L. G. 2018. Supply Chain, Sustainable. In Kolb 2018, 3301 – 3303.

Küng, H. 1998. *A Global Ethic for Global Politics and Economics*. London: SCM Press.

1999. A Global Ethic in an Age of Globalization. In Enderle 1999, 109 – 128 (also in *Business Ethics Quarterly*, 1997, 7, 17 – 31).

Küng, H., Leisinger, K., Wieland, J. 2010. *Manifest Globales Wirtschaftsethos. Konsequenzen und Herausforderungen für die Weltwirtschaft. Manifesto Global Economic Ethic. Consequences and Challenges for Global Businesses*. München: Deutscher Taschenbuch Verlag.

Kuper, S. 2013. Borderlines: Photography Special. *Financial Times*, January 4.

Kushnir, K., Mirmulstein, M. L., Ramalho, R. 2010. Micro, Small and Medium Enterprises Around the World: How Many Are There, and What Affects the Count? Washington, D. C.: International Finance Corporation, World Bank Group.

Kuznets, S. 1955. Economic Growth and Income Distribution. *American Economic Review*, 45 (1), 1 – 28.

1959. *Six Lectures on Economic Growth*. Glencoe, IL: Free Press.

1966. *Modern Economic Growth*. New Haven, CT: Yale University Press.

Kwon, S.-W., & Adler, P. S. 2014. Social Capital: Maturation of a Field of Research. *Academy of Management Review*, 39 (4), 412–422.

Labowitz, S., & Baumann-Pauly, D. 2014. Business as Usual Is Not an Option: Supply-chains and Sourcing after Rana Plaza. New York: New York Leonard N. Stern School of Business-Center of Business and Human Rights.

Laczniak, G. R., & Santos, N. J. C. 2015. The Integrated Justice Model: Fair, Ethical and Innovative Marketing to the Poor. In Enderle & Murphy 2015, 261–280.

Ladd, J. 1970. Morality and the Ideal of Rationality in Formal Organizations. *The Monist*, 54, 488–516.

Lagarde, C. 2015. Ethics and Finance-Aligning Financial Incentives with Societal Objectives. Speech at the Event Hosted by the Institute for New Economic Thinking: Finance and Society. https://www.imf.org/en/News/Articles/2015/09/28/04/53/sp050615.

Landes, D. S. 1999. *The Wealth and Poverty of Nations: Why Some Are so Rich and Some Are so Poor*. New York: Norton.

Lange, G.-M., Wodon, Q., & Carey, K. (eds.). 2018. *The Changing Wealth of Nations 2018. Building a Sustainable Future*. Washington, D.C.: World Bank.

Ledgerwood, J. (ed.). 2013. *The New Microfinance Handbook: A Financial Market System Perspective*. Washington, D.C.: World Bank.

Lei Guo, Shih-Hsieh Hsu, Avery Holton, & Sun Ho Jeong. 2012. A Case Study of the Foxconn Suicides: An International Perspective to Framing the Sweatshop Issue. *The International Communication Gazette*, 74 (5), 484–503; http://gaz.sagepub.com/content/74/5/484; accessed on October 19, 2017.

Leo XIII. 1891. *Rerum Novarum—On Capital and Labor*. Encyclical on May 15, 1891. http://w2.vatican.va/content/leo-xiii/en/encyclicals/documents/hf_lxiii_enc_15051891_rerum-novarum. html.

Levin-Waldman, O. M. 2005. *The Political Economy of the Living Wage: A Study of Four Cities.* Armonk, NY: M. E. Sharpe.

Lin-Hi, N. & Blumberg, I. 2017. The Power (Lessness) of Industry Self-Regulation to Promote Responsible Labor Standards: Insights from the Chinese Toy Industry. *Journal of Business Ethics*, 143, 789 – 805.

Lindenberg, S. 2005. Coleman, James. In G. Ritzer (ed.). 2005. *Encyclopedia of Social Theory.* Thousand Oaks: Sage, 111 – 115.

Locke, R. M. 2002. The Promise and Perils of Globalization: The Case of Nike. Cambridge, MA: MIT Working Paper IPC – 02 – 007.

2003. The Promise and Perils of Globalization: The Case of Nike, Inc. In T. A. Kochan & R. Schmalensee (eds.). 2003. *Management: Inventing and Delivering Its Future.* Cambridge, MA: MIT Press, 39 – 70.

2013. *The Promise and Limits of Private Power: Promoting Labor Standards in a Global Economy.* Cambridge: Cambridge University Press.

Locke, R., Amengual, M., & Mangla, A. 2009. Virtue out of Necessity? Compliance, Commitment, and the Improvement of Labour Conditions in Global Supply Chains. *Politics & Society*, 37 (3), 319 – 351.

Locke, R., Qin, F., & Brause, A. 2006. Does Monitoring Improve Labor Standards? Lessons from Nike. Sloan School of Management. MIT, Working Paper No. 24, July.

Locke, R. M, & Romis, M. 2007. Improving Working Conditions in the Global Supply Chain. *MIT Sloan Management Review*, 48 (2), 54 – 62.

Lu, X., & Enderle, G. (eds.). 2006/2013. *Developing Business Ethics in China.* New York: Palgrave.

Luetge, C. (ed.). 2013. *Handbook of the Philosophical Foundations of Business Ethics.* Dordrecht: Springer.

Luetge, C., & Uhl, M. 2015. Innovative Methodology: An Experimental Approach to Ethics. In Enderle & Murphy 2015, 72 – 92.

Lustgarten, A. & Knutson, R. 2010. Years of Internal BP Probes Warned that Neglect Could Lead to Accidents. *Propublica*. https://www.propublica.org/article/years-of-internal-bp-probes-warned-that-neglect-could-lead-to-accidents. Accessed on 10/27/2019.

Lüthi, A. P. 1980. *Messung Wirtschaftlicher Ungleichheit*. Berlin: Springer.

Maak, T., & Pless, N. M. (eds.). 2006. *Responsible Leadership*. London: Routledge.

Mandeville, B. 1714. *The Fable of the Bees: or, Private Vices, Publick Benefits. Containing, Several Discourses, to Demonstrate, that Human Frailties, During the Degeneration of Mankind, May Be Turn'd to the Advantage of the Civil Society, and Made to Supply the Place of Moral Virtues*. London: printed for J. Roberts.

Mansbridge, J. J. (ed.). 1990. *Beyond Self-Interest*. Chicago: University of Chicago Press.

Marques, J., Dhiman, S., & King, R. 2007. *Spirituality in the Workplace: What It Is, Why it matters, How It Make to Work for You*. Fawnskin, CA: Personhood Press.

Marshall, R., & Lee, L.-E. 2016. Are CEOs Paid for Performance? Evaluating the Effectiveness of Equity Incentives. MSCI ESG Research Inc. July, 1 – 23.

Martin, J. 2012. *The Jesuit Guide to (almost) Everything. A Spirituality for Real Life*. New York: HarperOne.

Martin. R. L. 2011. *Fixing the Game: Bubbles, Crashes, and What Capitalism Can Learn from the NFL*. Cambridge, MA: Harvard Business Press.

Matsushita, K. 1984. *Not for Bread Alone: A Business Ethics, a Management Ethic*. Kyoto: PHP Institute.

Mazur, J. 2000. Labor's New Internationalism. *Foreign Affairs*, 79 (1), 79 – 93.

McMahon, T. 1985. The Contribution of Religious Traditions to Business Ethics.

Journal of Business Ethics, 4, 341-349.

Melden, A. I. 1977. *Rights and Persons*. Oxford: Basil Blackwell.

Mendes-Flohr, P. 2012. IX. Judaism. In Betz et al. 2012, 229-230.

Mezue, B. C., Christensen, C. M., & van Bever, D. 2015. The Power of Market Creation. *Foreign Affairs*, 94 (1), 69-76.

Miller, S. 2006. Collective Moral Responsibility: An Individualistic Approach. *Midwest Studies in Philosophy*, XXX, 176-193.

Mishan, E. J. 1988. Cost-Benefit Analysis. 4th Edition. New York: Praeger.

Miska, C., & Mendenhall, M. E. 2018. Responsible Leadership: A Mapping of Extant Research and Future Directions. *Journal of Business Ethics*, 148, 117-134.

Mitnick, B. M. (Guest-Ed.) 2019. Special Issue: Focusing on Fields. Business & Society, 58 (7), 1307-1478.

Monks, R. A. G., & Minow, N. 2008. *Corporate Governance*. Chichester, UK: Wiley. Previous Editions 1995, 2001, 2004.

Moore, G. 1999. Corporate Moral Agency: Review and Implications. *Journal of Business Ethics*, 21, 329-334.

Moriarty, J. 2005. Do CEOs Get Paid too Much? *Business Ethics Quarterly*, 15 (2), 257-281.

2009. How Much Compensation Can CEOs Permissibly Accept? *Business Ethics Quarterly*, 19 (2), 235-250.

Morris, D., Bogner, L., Daubigeon, L., O'Brien, C. M., & Wronzicki, E. 2018. National Action Plans on Business and Human Rights: An Analysis of Plans from 2013-2018. Copenhagen: The Danish Institute for Human Rights.

Mullainathan, S., & Thaler, R. 2000. *Behavioral Economics*. Cambridge, MA: National Bureau of Economic Research.

Multinational Enterprises and Human Rights (MNEs and HR). 1998. A Report by the Dutch Sections of Amnesty International and Pax Christi International.

Utrecht: Pax Christi Netherlands. November.

Murphy, P. E., & Enderle, G. 2003. Medtronic: A "Best" Business Practice in the U. S. Manuscript. Mendoza College of Business, University of Notre Dame.

Murphy, P. E., & Murphy, C. E. 2018. Sustainable Living: Unilever. In O'Higgins & Zsolnai 2018, 263-286.

Murphy, P. E., & Sherry, J. F. (eds.). 2013. *Marketing and the Common Good. Essays from Notre Dame on Societal Impact.* Abingdon, Oxon: Routledge.

Musgrave, R. A. 1957. A Multiple Theory of Budget Determination. *Finanz Archiv*, New Series 17 (3), 333-343.

1958. *The Theory of Public Finance.* New York: McGraw-Hill.

1969. Cost-Benefit Analysis and the Theory of Public Finance. *Journal of Economic Literature*, 7 (3), 797-806.

1987. Merit Goods. In Eatwell et al. 1987, Volume 3, 452-453.

Myrdal, G. 1968. *Asian Drama: An Inquiry into the Poverty of Nations.* New York: Pantheon.

Nagel, T. 2002. Personal Rights and Public Space. In *Concealment and Exposure & Other Essays.* Oxford: Oxford University Press.

Nassauer, S. 2018. Costco to Boost Its Minimum Wage to $14 an Hour. http://www.marketwatch.com/story/costco-to-boost-its-minimum-wage-to-14-an-hour-2018-05-31. Accessedon 10/27/2019.

Neal, J. (ed.). 2013. *Handbook of Faith and Spirituality in the Workplace. E-merging Research and Practice.* New York: Springer.

Nguyen, T. 2020. Vietnam Ratifies EU Free Trade Agreement. What's Next?, *The Diplomat*, 22 June.

Novak, M. 1993. *The Catholic Ethic and the Spirit of Capitalism.* New York: Free Press.

North, D. C. 1972. Economic History. In D. L. Sills (ed.). 1972. *International Encyclopedia of Social Sciences.* New York: Macmillan, 468-474.

Nove, A. 1987. Socialism. In Eatwell et al. 1987, Volume 3, 398 – 407.

Nussbaum, M. C. 2011. *Creating Capabilities: The Human Development Approach.* Cambridge, MA: Belknap Press of Harvard University Press.

Nussbaum, M. C., & Sen, A. (eds.). 1993a. *The Quality of Life.* Oxford: Clarendon Press.

Nussbaum, M. C., & Sen, A. 1993b. Capability and Well-Being. In Nussbaum & Sen 1993a, 30 – 53.

Observatoire de la Finance. 2011. *Manifesto for Finance that Serves the Common Good.* http://www.obsfin.ch/founding-texts/manifesto-for-finance-that-serves-the-common-good.

O'Higgins, E., & Zsolnai, L. (eds.). 2018. *Progressive Business Models. Creating Sustainable and Pro-social Enterprise.* New York: Futurearth. Palgrave Macmillan.

Ohmae, K. 1995. *The End of the Nation State. The Rise of Regional Economies.* How New Engines of Prosperity are Reshaping Global Markets. New York: Free Press.

Oka, C. 2018. Brands as Labour Rights Advocates? Potential and Limits of Brand Advocacy in Global Supply Chains. *Business Ethics: A European Review*, 27, 95 – 107.

On the Media. 2018. A Plague of Suspicion. December 14: https://www.wnycstudios.org/story/on-the-media-2018 – 12 – 14.

Opio, P. J. 2015. "System D" —Creativity, Innovation, and Ethics in an African Context: Bridging the Gap Between the Informal and Formal Economies. In Enderle & Murphy 2015. 281 – 306.

Organization for Economic Co-Operation and Development (OECD). 1999. *Pricinples of Corperate Governance.* paris: OECD.

2001. *The Well-Being of Nations. The Role of Human and Ssocial Capital.* Paris: OECD.

2004. *OECD Principles of Corporate Governance*. Paris: OECD.

Organization for Economic Co-Operation and Development (OECD/Eurostat).

2005. *Oslo Manuel: Guidelines for Collecting and Interpreting Innovation Data*. Paris: OECD.

2012. *Innovation for Development*. A Discussion of the Issues and an Overview of Work of the OECD Directorate for Science, Technology and Industry. May. Paris: OECD.

2013a. *How's Life? 2013 Measuring Well-Being*. Paris: OECD.

2013b. *Innovation and Inclusive Development*. Conference Discussion Report. Cape Town, South Africa, 21 November 2012. February 2013 Revision. Paris: OECD.

2015a. *In It Together: Why Less Inequality Benefits All*. Paris: OECD.

2015b. *Income Inequality. The Gap Between the Rich and the Poor*. Paris: OECD.

Orhangazi, Ö. 2008. *Financialization and the US Economy*. Cheltenham, UK: Edward Elgar.

Orts, E. W., & Smith, N. C. (eds.). 2017. *The Moral Responsibility of Firms*. Oxford, UK: Oxford University Press.

Ostrom, E. 1990. *Governing the Commons. The Evolution of Institutions for Collective Aaction*. (29th printing 2011) Cambridge: Cambridge University Press.

2000. Social Capital: A Fad or a Fundamental Concept? In Dasgupta & Serageldin. 2000, 172 – 214.

Ostrom, E. 2005. *Understanding Institutional Diversity*. Princeton: Princeton University Press.

2009. What is Social Capital? In Bartkus et al. 2009, 17 – 38.

Ostrom, E., Parks, R. B., & Whitaker, G. P. 1977. Policing Metropolitan America. Washington: National Science Foundation. Research Applied to National Needs Program.

Ostrom, V., Ostrom, E. 1977. Public Goods and Public Choices. In Savas 1977.

Pagel, M., & Mace, R. 2004. The Cultural Wealth of Nations. *Nature*, 428, 275 – 278. March 18.

Paine, L. S. 2003. *Value Shift. Why Companies Must Merge Social and Financial Imperatives to Achieve Superior Performance.* New York: McGraw-Hill.

Painter-Morland, M., & Ten Bos, R. (eds.). 2011. *Business Ethics and Continental Philosophy.* Cambridge, UK: Cambridge University Press.

Palley, T. I. 2007. Financialization: What It Is and Why It Matters. Political Economy Research Institute Working Paper Series, Number 153, November.

Parfit, D. 1984. *Reasons and Persons.* Oxford: Clarendon.

Pauchant, T. C. (ed.). 2002. *Ethics and Spirituality at Work. Hopes and Pitfalls of the Search for Meaning in Organizations.* Westport, CT: Quorum Books.

Phillips, K. 2002. *Wealth and Democracy. A Political History of the American Rrich.* New York: Broadway.

2009. *Bad Money: Reckless Finance, Failed Politics, and the Global Crisis of American Capitalism.* New York: Penguin.

Phipps, K., & Benefiel, M. 2013. Spirituality and Religion: Seeking a Juxtaposition that Supports Research in the Field of Faith and Spirituality at work. In Neal 2013, 33 – 43.

Piketty, T. 2014. *Capital in the Twenty-First Century.* Cambridge, MA: Harvard University Press.

2015. *The Economics of Inequality.* Cambridge, MA: Belknap Press of Harvard University Press.

Pogge, T. W. M. 2002. *World Poverty and Human Rights: Cosmopolitan Responsibilities and Reforms.* Cambridge, UK: Polity Press.

Pogge, T. (ed.). 2007. *Freedom from Poverty as a Human Right. Who Owns What to the Very Poor?* Oxford: Oxford University Press.

Powell, B., & Zwolinski, M. 2012. The Ethical and Economic Case Against

Sweatshop Labor: A Critical Assessment. *Journal of Business Ethics*, 107, 449 – 472.

Pozen, R. C., & Kothari, S. P. 2017. Decoding CEO Pay. *Harvard Business Review*, July-August, 78 – 84.

Preiss, J. 2014. Global Labor Justice and the Limits of Economic Analysis. *Business Ethics Quarterly*, 24, 55 – 83.

Principles for Responsible Investing (PRI). 2018. http://www.unpri.org.

Prizzia, R. 2007. Sustainable Development in an International Perspective. In K. V. Thai, D. Rahm, & J. D. Coggburn (eds.). 2007. *Handbook of Globalization and the Environment*. Boca Raton, FL: CRC Press, 19 – 42.

Putnam, R. 1983. *Social Capital: Measurement and Consequences*. Paris: OECD.

Putnam, R. D. 1993. *Making Democracy Work: Civic Traditions in Modern Italy*. With R. Leonardi & R. Y. Nanetti. Princeton, NJ: Princeton University Press.

1995. Bowling Alone: America's Declining Social Capital. *Journal of Democracy* 6 (1), 65 – 78.

2000. *Bowling Alone: The Collapse and Revival of American Community*. New York: Simon & Schuster.

Putnam, R. D. (ed.). 2002. *Democracy in Flux: The Evolution of Social Capital in Contemporary Society*. New York: Oxford University Press.

Quinn, F. J. 2017. Supply Chain Management: Past, Present and Future: On Our 20th Anniversary, SCMR Asked Founding Editor Frank Quinn and Four Industry Experts to Weigh in on the Future of Supply Chain Management. *Supply Chain Management Review*, March-April, 10 – 12.

Radi, Y. (ed.). 2018. *Research Handbook on Human Rights and Investment*. Cheltenham, UK: Edgar Elgar.

Radin, T. J. 2018. Globalization. In Kolb 2018, 1620 – 1630.

Rand, A. 1957/2005. *Atlas Shrugged*. (Original edition 1957, New York: Random House). Centennial Edition. New York: Plume.

Rand, A. 1964. *The Virtue of Selfishness: A New Concept of Egoism*. With Additional Articles by Nathaniel Branden. New York: Penguin.

Randels, G. D. 2018a. Other-Regardingness. In Kolb 2018, 2568 – 2570.

———2018b. Self-Regardingness. In Kolb 2018, 3044 – 3045.

Rat der EKD. 2008. *Unternehmerisches Handeln in Evangelischer Perspektive*. Gütersloh: Gütersloher Verlaghaus.

Rawls, J. 1971. *A Theory of Justice*. Cambridge, MA: Belknapp Press of Harvard University Press.

———1993. *Political Liberalism*. Second edition 1996. New York: Columbia University Press.

Regis, Jr., E. (ed.) 1984. *Gewirth's Ethical Rationalism. Critical Essays with a Reply by Alan Gewirth*. Chicago: University of Chicago Press.

Rego, A., Pina e Cunha, M., & and Polónia, D. 2017. Corporate Sustainability: A View From the Top. *Journal of Business Ethics*, 143, 133 – 157.

Reich, B. R. 2007. *Supercapitalism: The Transformation of Business, Democracy, and Everyday Life*. New York: Knopf.

Report on the Measurement of Economic Performance and Social Progress (Report). 2009. Under the Leadership of J. E. Stiglitz, A. Sen, J.-P. Fitoussi: http://www.stiglitz-sen-fitoussi.fr.

Rich, A. 2006. *Business and Economic Ethics: The Ethics of Economic Systems*. Leuven: Peeters.

Romer, P. 1990. Endogenous Technological Change. *Journal of Political Economy*, 98 (5), S71-S102.

Rönnegard, D. 2015. *The Fallacy of Corporate Moral Agency*. Dordrecht: Springer.

Rosen, S. 1987. Human Capital. In Eatwell et al. 1987, Volume 2, 681 – 690.

Rossouw, G. J. 2006. Business Ethics and Corporate Governance in the KingII Report: Light from the Top of a Dark Continent? In Lu & Enderle 2006, 258 – 268.

2009a. The Ethics of Corporate Governance. Crucial Distinctions for Global Comparisons. *International Journal of Law and Management*, 51 (1), 5 – 9.

2009b. The Ethics of Corporate Governance. Global Convergence or Divergence? *International Journal of Law and Management*, 51 (1), 43 – 51.

2009c. The Ethics of Corporate Governance in Global Perspective. In Kalkundrikar et al. 2009, 3 – 19.

Rossouw, G. J., & Sison A. J. G. (eds.) 2006. *Global Perspectives on Ethics of Corporate Governance*. New York: Palgrave Macmillan.

Rossouw, D., & C. Stückelberger, C. (eds.). 2011. Global Survey of Business Ethics in Training, Teaching and Research (Special Issue). *Journal of Business Ethics*, 104 (1), Supplement (April).

Roy, A. 2018a. Supply-Side Economics. In Kolb 2018, 3304 – 3305.

2018b. Worker Rights Consortium (WRC). In Kolb 2018, 3662 – 3664.

Ruggie, J. G. 2013. *Just Business: Multinational Corporations and Human Rights*. New York: Norton.

Ryan, J. A., S. T. D. 1912. *A Living Wage: Its Ethical and Economic Aspects*. First Published in 1906.

Sachs, J. D. 2011. *The Prize of Civilization: Reawakening American Virtue and Prosperity*. New York: Random House.

Sandler, T. 1999. Intergenerational Public Goods: Strategies, Efficiency and Institutions. In Kaul et al. 1999a, 20 – 50.

Samuelson, P. A. 1954. The Pure Theory of Public Expenditure. *Review of Economics and Statistics*, 36, 387 – 389.

1955. Diagrammic Exposition of a Theory of Public Expenditure. *Review of Economics and Statistics*, 37, 350 – 356.

Savas, E. S. (ed.). 1977. *Alternatives for Delivering Public Services. Toward Improved Performance*. Boulder: Westview Press.

Schein, D. D. 2018. Fair Labor Association. In Kolb 2018, 1333 – 1336.

Scherer, A. G., & Palazzo, G. (eds.). 2008. *Handbook of Research on Global Corporate Citizenship*. Cheltenham, UK: Edward Elgar.

Scherer, A. G., & Palazzo, G. 2011. The New Political Role of Business in a Globalized World: A Review of a New Perspective on CSR and Its Implications for the Firm, Governance, and Democracy. *Journal of Management Studies*, 48 (4), 899–931.

Schmidheiny, S., & Zorraquín, F. 1996. *Financing Change: The Financial Community, Eco-Efficiency, and Sustainable Development*. With the World Business Council for Sustainable Development. Cambridge, MA: MIT Press.

Schrempf-Stirling, J., Palazzo, G., & Phillips, R. A. 2016. Historic Corporate Social Responsibility. *Academy of Management Review*, 41 (4), 700–719.

Schulz, W. 1972. *Philosophie Der Veränderten Welt*. Pfullingen: Neske.

Schulz, W. 1989. *Grundprobleme Der Ethik*. Pfullingen: Neske.

Searcy, C., & Ahi, P. 2014. Reporting Supply Chain Sustainability: A Myriad of Metrics. *The Guardian*, September 26.

Second Vatican Council. 1965. *Gaudium et spes*: Pastoral Constitution on the Church in the Modern World. http://www.vatican.va/archive/hist_councils/ii_vatican_council/documents/vat-ii_const_19651207_gaudium-et-spes_en.html.

SEEA. 2003. United Nations, European Commission, International Monetary Fund, Organisation for Economic Co-operation and Development, World Bank (2003): Integrated Environmental and Economic Accounting 2003, Studies in Methods, Handbook on National Accounting, Series F, No. 61, Rev. 1, (ST/ESA/STAT/SER. F/61/Rev. 1).

Sen, A. 1981. *Poverty and Famines. An Essay on Entitlement and Deprivation*. Oxford: Clarendon Press.

 1982. *Choice, Welfare and Measurement*. Oxford: Blackwell.

 1987. *On Ethics and Economics*. New York: Blackwell.

 1993. Does Business Ethics Make Economic Sense? *Business Ethics Quarterly*, 3

(1), 47-54.

1996. The Concept of Wealth. In R. H. Myers (ed.). 1996. *The Wealth of Nations in the Twentieth Century.* Stanford: Hoover Institution Press.

1997. Economics, Business Principles, and Moral Sentiments. *Business Ethics Quarterly*, 7 (3), 5-15. Also in Enderle 1999, 15-29.

1999. *Development as Freedom.* New York: Knopf.

2000. The Discipline of Cost-Beneft Analysis. *Journal of Legal Studies*, 29, 931-952.

2002. *Rationality and Freedom.* Cambridge, MA: Belknap Press of Harvard University Press.

2004. Elements of a Theory of Human Rights. *Philosophy & Public Affairs*, 32 (4), 315-356.

2005. Human Rights and Capabilities. *Journal of Human Development*, 6 (2), 151-166.

2008. The Economics of Happiness and Capability. In Bruni et al. 2008, 16-27.

2009. *The Idea of Justice.* Cambridge, MA: Belknap Press of Harvard University Press.

2017a. *Collective Choice and Social Welfare. An Expanded Edition.* Cambridge, MA: Harvard University Press.

2017b. The Idea of Rights. In Sen 2017a, 420-446.

Shehadeh, R. 2013. A World of False Frontiers. *Financial Times*, July 27/28.

Shleifer, A., & Vishny, R. W. 1997. A Survey of Corporate Governance. *The Journal of Finance* LII, 2 (6), 737-783.

Shue, H. 1996. *Basic Rights. Subsistence, Affluence, and U. S. Foreign Policy.* Princeton, NJ: Princeton University Press. Second edition (first edition 1980).

Sison, A. G. 2008. *Corporate Governance and Ethics: An Aristotelian Perspective.* Cheltenham, UK: Edgar Elgar.

Social Philosophy and Policy. 1999. Special Issue on Responsibility. 16 (2), 1-323.

2019. Special Issue on Responsibility. 36 (1), 1 - 248.

Smith, A. 1759/1976. *The Theory of Moral Sentiments*. Edited by R. H. Campbell and A. L. Macfie. Oxford: Clarendon Press.

1776/1976. *An Inquiry into the Nature and Cause of the Wealth of Nations*. General editors: R. H. Campbell and A. S. Skinner; Textual Editor: W. B. Todd. Volume 1 and 2. Oxford: Clarendon Press.

Smith, L. C., Smith, L. M., & Ashcroft, P. A. 2011. Analysis of Environmental and Economic Damages from British Petroleum's Deepwater Horizon Oil Spill. *Albany Law Review*, 74 (1), 563 - 585.

Sorkin, A. R. 2009. *Too Big to Fail: The Inside Story of How Wall Street and Washington Fought to Save the Financial System from Crisis—and Themselves*. New York: Viking.

Stabile, D. R. 1997. Adam Smith and the Natural Wage: Sympathy, Subsistence and Social Distance. *Review of Social Economy*, 55 (3), 292 - 311.

2008. *The Living Wage. Lessons from the History of Economic Thought*. Cheltenham, UK: Edward Elgar.

Steinmann, H. 2006. Corporate Ethics in Germany. In Lu & Enderle. 2006/2013, 247 - 257.

Steinmann, H., & Löhr, A. (Hg.). 1990. *Unternehmensethik*. Zweite, Überarbeitete und Erweiterte Auflage. Stuttgart: C. E. Poeschel Verlag.

Stiglitz, J. E. 2002. *Globalization and Its Discontent*. New York: Norton.

2006. *Making Globalization Work*. New York: Norton.

2012. *The Price of Inequality*. New York: Norton.

2015. *The Great Divide: Unequal Societies and What We Can Do About Them*. New York: W. W. Norton.

Stiglitz, J., Sen, A., and Fitoussi, J.-P. 2009. *Report of the Commission on the Measurement of Economic Performance and Social Progress*. http://www.stiglitz-sen-fitoussi.fr/documents/rapport_anglais.pdf.

Stüttgen, M. 2019. *Ethical Investing*. Opportunities and Challenges of Morally Justified Investments. Berlin: Peter Lang. [Original version in German in 2017.]

Summers, L. 2016. A Badly Designed Stimulus Will Only Hurt the Working Class. *Financial Times*, November 14.

Sustainable Development Goals (SDGs). 2015. http://www.undp.org/content/undp/en/home/sustainable-development-goals.html.

Svendsen, G. T., & Haase Svendsen, G. L. (eds.). 2012. *Handbook of Social Capital*. Cheltenham, UK: Edgar Elgar.

Syed, J., Klarsfeld, A., Ngunjiri, F. W., & Härtel, C. E. J. (eds.). 2018. *Religious Diversity in the Workplace*. Cambridge, UK: Cambridge University Press.

Tasioulas, J. 2007. The Moral Reality of Human Rights. In Pogge 2007, 75–101.

—— 2010. Taking Rights out of human rights. *Ethics*, 120 (4), 647–678.

—— 2018. Philosophizing the Real World of Human Rights. A Reply to Samuel Moyn. In Etinson 2018, 89–102.

Tavis, L. A., & Tavis, T. M. 2009. *Values-Based Multinational Management: Achieving Enterprise Sustainability Through a Human Rights Strategy*. Notre Dame, IN: University of Notre Dame Press.

Thaler, R. 2009. *Improving Decisions About Health, Wealth, and Happiness*. New York: Penguin.

The B Team. 2018. The Business Case for Protecting Civic Rights. http://www.bteam.org/announcements/the-business-case-for-protecting-civic-rights.

The Economist. 2005. *The Good Company. A Sceptical Look at Corporate Social Responsibility*. January 22–28.

The Economist. 2008. *Just Good Business. A Special Report on Corporate Social Responsibility*. January 19.

The Natural Capital Declaration. 2012. http://www.unepfi.org/fileadmin/documents/ncd_booklet.pdf.

Thomas, S. M. 2010. A Globalized God. Religions' Growing Influence in International Politics. *Foreign Affairs*, 89 (6), 93 – 101.

Thomas, R. S., & Hill, J. G. (eds.). 2012. *Research Handbook on Executive Pay*. Cheltenham, UK: Edward Elgar.

Topf & Sons. 2011. Builders of the AuschwitzOvens. A Historical Museum of the City of Erfurt. https://www.topfundsoehne.de/ts/en/index.html.

Tsui, A. S., Jiang, K., and Enderle, G. 2016. Income Inequality in Organizations. Paper Presented at the "A Global Compact for Sustainable Development Conference," University of Notre Dame, Indiana, April 4, 2016.

Tsui, A. S., Enderle, G., & Jiang, Kaifeng. 2018. Income Inequality in the United States: Reflections on the Role of Corporations. *Academy of Management Review*, 43 (1), 156 – 168.

— 2019. On Addressing the Puzzle of Extreme Income Inequality. A Response to Agarwal and Holmes. *Academy of Management Review*, 44 (2), 460 – 464.

Ulrich, P. 2008. *Integrative Economic Ethics: Foundations of a Civilized Market Economy*. Cambridge, UK: Cambridge University Press.

UNECE, OECD and Eurostat. 2008. *Measuring Sustainable Development*. Working Group on Statistics for Sustainable Development. New York: United Nations.

United Nations (UN). 1948. *Universal Declaration of Human Rights*. http://www.ohchr.org/EN/UDHR/Pages/Introduction.aspx.

— 2003. (Draft Norms) Economic, Social and Cultural Rights. Norms on the Responsibilities of Transnational Corporations and Other Business Enterprises with Regard to Human Rights. Commission on Human Rights, Sub-Commission on the Promotion and Protection of Human Rights, Fifty-fifth Session. E/CN.4/Sub.2/2003/12/Rev.2.

— 2005. Millennium Ecosystem Assessment. http://www.millenniumassessment.org/en.

— 2007. *Business and Human Rights: Mapping International Standards of Responsibility and Accountability for Corporate Acts*. Report of the Special Representative of the Secretary-General on the Issue of Human Rights and Transnational Corporations and Other Business Enterprises, John Ruggie. Human Rights Council. Fourth Session, A/HRC/4/35.

2008a. *Promotion of All Human Rights, Civil, Political, Economic, Social and Cultural Rights, Including the Right to Development. Protect, Respect and Remedy: A Framework for Business and Human Rights.* Report of the Special Representative of the Secretary-General on the Issue of Human Rights and Transnational Corporations and Other Business Enterprises, John Ruggie. Human Rights Council. Eighth Session, A/HRC/8/5.

2008b. *Promotion of All Human Rights, Civil, Political, Economic, Social and Cultural Rights, Including the Right to Development. Clarifying the Concepts of "Sphere of Influence" and "Complicity".* Report of the Special Representative of the Secretary-General on the Issue of Human Rights and Transnational Corporations and Other Business Enterprises, John Ruggie. Human Rights Council. Eighth Session, A/HRC/8/16.

2009. *Promotion of All Human Rights, Civil, Political, Economic, Social and Cultural Rights, Including the Right to Development. Business and Human Rights: Towards Operationalizing the "Protect, Respect and Remedy" Framework.* Report of the Special Representative of the Secretary-General on the Issue of Human Rights and Transnational Corporations and Other Business Enterprises. Human Rights Council. Eleventh Session, A/HRC/11/13.

2010. *Promotion of All Human Rights, Civil, Political, Economic, Social and Cultural Rights, Including the Right to Development. Business and Human Rights: Further Steps Toward the Operationalization of the Protect, "Respect and Remedy" Framework.* Report of the Special Representative of the Secretary-General on the Issue of Human Rights and Transnational Corporations and Other Business Enterprises. Human Rights Council. Fourteenth Session, A/HRC/14/27.

United Nations Human Rights Office of the High Commissioner (UN). 2011. *Guiding Principles on Business and Human Rights. Implementing the United Nations "Protect, Respect and Remedy" Framework.* New York and Geneva: United Nations.

2012a. *The Corporate Responsibility to Respect Human Rights. An Interpretive Guide.* New York and Geneva: United Nations.

2012b. *The Future We Want.* Outcome Document of the United Nations Conference on Sustainable Development. Rio de Janeiro, Brazil, 20 – 22 June 2012. https://sustainabledevelopment.un.org/content/documents/733FutureWeWant.pdf.

2015. *Transforming Our World: The 2030 Agenda for Sustainable Development.* http://www.un.org/ga/search/view_doc.asp? symbol = A/RES/70/1 & Lang = E.

United Nations Development Programme (UNDP). 1990. *Human Development Report* 1990.

2010. *Human Development Report* 2010. 20th *Anniversary Edition. The Real Wealth of Nations: Pathways to Human Development.* New York: Palgrave Macmillan.

United Nations, European Commission, International Monetary Fund, Organization for Economic, Co-operation and Development, and World Bank (UN et al.). 2003. *Handbook of National Accounting: Integrated Environmental and Economic Accounting* 2003. New York: United Nations. http://unstats.un.org/unsd/envaccounting/seea.asp.

United Nations Global Compact (UNGC). 2000. http://www.unglobalcompact.org.

Universal Declaration of Human Rights (UDHR). 1948. https://www.un.org/en/universal-declaration-human-rights/.

Velasquez, M. G. 2003. Debunking Corporate Moral Responsibility. *Business Ethics Quarterly*, 13, 531 – 562.

2006. *Business Ethics. Concepts and Cases.* Sixth edition. Upper Saddle River, NJ: Pearson Education.

Violini, L., & Rangone, G. 2020. Human Dignity, Development Policies and the EU's Human Rights Conditionality. In Carozza, P., & Sedmak, C. (eds.). *The Practice of Human Development and Dignity.* Notre Dame: University of Notre Dame Press.

Virt, G. (ed.). 2002. *Der Globalisierungsprozess. Facetten einer Dynamik aus Ethischer und Theologischer Perspective.* Freiburg i. Ue. : Universitätsverlag.

Visser, W., Matten, D., Pohl, M., & Tolhurst, N. (eds.). 2010. *The A to Z of Corporate Social Responsibility.* John Wiley & Sons.

Vocation of the Business Leader: A Reflection (Vocation). 2018. Fifth edition. Published by Dicastery for Promoting Integral Human Development, Vatican City. Co-published by John A. Ryan Institute for Catholic Social Thought of the Center for Catholic Studies, University of St. Thomas, Minnesota, USA. First edition 2012.

Vu, K., & Nguyen P. 2019. Vietnam, EU Sign Landmark Free Trade Deal. https://www.reuters.com/article/us-eu-vietnam-trade/vietnam-eu-sign-landmark-free-tradedeal-idUSKCN1TV0CJ. Accessed on 10/27/2019.

Waldman, D. A., & Galvin, B. M. 2008. Alternative Perspectives of Responsible Leadership. *Organizational Dynamics*, 37 (4), 327–341.

Waltman, J. L. 2004. *The Case for the Living Wage.* New York: Algora.

Ward, A. 2018. BP's Final Bill for Gulf of Mexico Spill Tops $65bn After Latest $1.7bn Charge. *Financial Times*, January 17.

Warsh, D. 2006. *Knowledge and the Wealth of Nations. A Story of Economic Discovery.* New York: Norton.

Webb, S., & Webb, B. 1897. *Industrial Democracy.* London: Printed by the Authors Especially for the Amalgamated Society of Engineers.

Weber, M. 1987. Politics as a Vocation. In: *Max Weber. Selections in Translation.*

Edited by W. G. Runciman; Translated by E. Matthews. Cambridge, UK: Cambridge University Press, 212 – 225.

Wegner, G., & Pascual, U. 2011. Cost-Benefit Analysis in the Context of Ecosystem Services for Human Well-Being: A Multidisciplinary Critique. *Global Environmental Change*, 21, 492 – 504.

Weischedel, W. 1992. *Das Wesen der Verantwortung*. [Third edition; first edition in 1933]. Frankfurt am Main: Klostermann.

Wells Fargo. 2017. Wells Fargo Sales Practices Investigation Report: https://www 08. wellsfargomedia. com/assets/pdf/about/investor-relations/presentations/ 2017/board-report. pdf?%3Ca%20href =.

Werhane, P. H. 1985. *Persons, Rights, and Corporations*. Englewood Cliffs, NJ: Prentice-Hall.

—— 2016. Corporate Moral Agency and the Responsibility to Respect Human Rights in the UN Guiding Principles: Do Corporations Have Moral Rights? *Business and Human Rights Journal*, 1 (1), 5 – 20.

Werhane, P. H., & Bevan, D. 2015. Capitalism in the Twenty-First Century: Tracing Adam Smith in Emergent Variations of Free Enterprise. In Enderle & Murphy 2015, 239 – 260.

Werhane, P. H., & Freeman, R. E. (eds.). 2005. *The Blackwell Encyclopedia of Management. Second Edition. Business Ethics*. Malden, MA: Blackwell.

Werner, A., & Lim, M. 2016. The Ethics of the Living Wage: A Review and Research Agenda. *Journal of Business Ethics*, 137, 433 – 447.

Wettstein, F. 2009. *Multinational Corporations and Global Justice*. Stanford: Stanford University Press.

Wettstein, F. 2012. CSR and the Debate on Business and Human Rights: Bridging the Great Divide. *Business Ethics Quarterly*, 22, 739 – 770.

Whelan, D. J. 2010. *Indivisible Human Rights. A History*. Philadelphia: University of Pennsylvania Press.

Whelan, G., & Muthuri, J. 2017. Chinese State-Owned Enterprises and Human Rights: The Importance of National and Intra-Organizational Pressures. *Business & Society*, 56 (5), 738 – 781.

Whipp, L., & Fleming, S. 2016. Push for Higher Wages Squeezes US Profits. *Financial Times*, July 2/3, 12.

Wicks, A. C., Freeman, R. E., Werhane, P. H., & Martin, K. E. 2010. *Business Ethics. A Managerial Approach.* Upper Saddle River, NJ: Prentice Hall.

Wiedenhöfer, K. 2013. Conflict Zones. *Financial Times*, January 4.

Wilkinson, R., & Pickett, K. 2009. *The Spirit Level: Why Equality Is Better for Everyone.* London: Penguin.

Williams, O. F. (eds.). 2008. *Peace Through Commerce. Responsible Corporate Citizenship and the Ideals of the United Nations Global Compact.* Notre Dame: University of Notre Dame.

Williamson, O. E. 1975. *Markets and Hierarchies, Analysis Antitrust Implications.* New York: Free Press.

Windsor, D. 2018a. Public Goods. In Kolb 2018, 3209 – 2815.

2018b. Cost-Benefit Analysis. In Kolb 2018, 773 – 778.

Witt, A. 2018. Socialism. In Kolb 2018, 31873191.

Wolf, M. 2014. *The Shifts and the Shocks: What We've Learned-and Still Have to Learn-from the Financial Crisis.* New York: Penguin Press.

Wood, D. J., Logsdon, J. M. 2002. Business Citizenship: From Individuals to Organizations. In: *Ethics and Entrepreneurship.* The Ruffin Series No. 3. A publication of the Society for Business Ethics. Charlottesville: Society for Business Ethics, 59 – 94.

Worker Participation Committee (WPC). 2015. Review of the Freedom of Association Policy. University of Notre Dame, May.

2018. Freedom of Association Policy Review. Final Report and Recommendations by the Worker Participation Committee. University of Notre Dame, September.

Worker Participation Committee: Criteria Subcommittee (CS). 2017. Minutes from May 6, 2016 to August 9, 2017. Available from G. Enderle.

World Bank. 1993. *The East Asian Miracle. Economic Growth and Public Policy.* New York: Oxford University Press.

2006. *Where Is the Wealth of Nations? Measuring Capital for the 21st Century.* Washington, D. C. : World Bank.

2008. *The Growth Report: Strategies for Sustained Growth and Inclusive Development.* Washington, D. C. : World Bank.

2011. *The Changing Wealth of Nations? Measuring Sustainable Development in the New Millennium.* Washington, D. C. : World Bank.

2017. *Riding the Wave: An East Asian Miracle for the 21st Century.* Washington, D. C. : World Bank.

2018. World Development Indicators. http://databank.worldbank.org/data/reports.aspx? source = world-development-indicators.

World Bank and Nordic Trust Fund. 2013. *Human Rights Impact Assessment: A Review of the Literature, Differences with Other Forms of Assessments and Relevance for Development.* Washington, D. C. : World Bank and Nordic Trust Fund.

World Business Council for Sustainable Development (WBCSD). 2016. Action 2020 Plan. http://action2020.org/business-solutions/operationalize-the-un-guiding-principles-on-business-and-human.

World Commission on Environment and Development (WCED). 1987. *Our Common Future.* New York: Oxford University Press, New York.

World Economic Forum. 2015. *Global Risks Report* (10th ed.). http://www3.weforum.org/docs/WEF_Global_Risks_2015_Report15.pdf.

Yawar, S. A. , & Seuring, S. 2017. Management of Social Issues in Supply Chains: A Literature Review Exploring Social Issues, Actions and Performance Outcomes. *Journal of Business Ethics*, 141, 621 – 643.

Yunus, M. 1999. *Banker to the Poor and the Battle Against World Poverty*. New York: Public Affairs.

——2004. The Micro-Credit Movement: Experiences and Perspectives. In Arruda & Enderle, 2004, 15 – 33.

——2007. *Creating a World Without Poverty: Social Business and the Future of Capitalism* (with K. Weber). New York: Public Affairs.

——2018. *A World of Three Zeros: The New Economics of Zero Poverty, Zero Unemployment, and Zero Net Carbon Emissions*. With Karl Weber. New York: Public Affairs.

Zingales, L. 2015. Presidential Address: Does Finance Benefit Society? *The Journal of Finance*, 70 (4), 1327 – 1363.

Zsolnai, L. (ed.). 2004. *Spirituality and Ethics in Management*. Dordrecht: Kluwer.

Zsolnai, L. 2015. *Post-Materialist Business: Spiritual Value-Orientation in Renewing Management*. New York: Palgrave Macmillan.

Zwolinski, M. 2007. Sweatshops, Choice, and Exploitation. *Business Ethics Quarterly*, 17, 689 – 727.

图书在版编目（CIP）数据

创造财富和尊重人权的企业责任 /（瑞士）乔治·恩德勒（Georges Enderle）著；张伟等译. -- 北京：社会科学文献出版社，2023.6
书名原文：CORPORATE RESPONSIBILITY FOR WEALTH CREATION AND HUMAN RIGHTS
ISBN 978-7-5228-1521-3

Ⅰ. ①创… Ⅱ. ①乔… ②张… Ⅲ. ①企业责任－社会责任－研究 Ⅳ. ①F272-05

中国国家版本馆 CIP 数据核字（2023）第 040766 号

创造财富和尊重人权的企业责任

著　　者 /	〔瑞士〕乔治·恩德勒（Georges Enderle）
译　　者 /	张　伟　郑学易　董一帆　郑童心
出 版 人 /	王利民
组稿编辑 /	刘骁军
责任编辑 /	易　卉
文稿编辑 /	王楠楠
责任印制 /	王京美
出　　版 /	社会科学文献出版社·集刊分社（010）59367161 地址：北京市北三环中路甲29号院华龙大厦　邮编：100029 网址：www.ssap.com.cn
发　　行 /	社会科学文献出版社（010）59367028
印　　装 /	三河市龙林印务有限公司
规　　格 /	开　本：787mm×1092mm　1/16 印　张：18.75　字　数：284 千字
版　　次 /	2023 年 6 月第 1 版　2023 年 6 月第 1 次印刷
书　　号 /	ISBN 978-7-5228-1521-3
著作权合同 登 记 号 /	图字 01-2023-2740 号
定　　价 /	128.00 元

读者服务电话：4008918866

版权所有 翻印必究